日本語 CBI シリーズ

コンテントベースの
デザインレシピ

小山 悟 著

学習者の
批判的思考を促す
日本語の授業

にほんごの凡人社

はじめに

　ご存知の方もいらっしゃるかと思いますが、私は長年、第二言語習得研究の知見を応用したトピックベースの教材開発に取り組んできました。その教材（小山悟 2002, 2007, 2008）は、「その日学習した文法や語彙を使って何が話せるか」と考えさせる従来の文法積み上げ式の教科書とは異なり、「その話題について話すためにどんな文型や語彙が必要か」と考えさせるものでした。しかし、当時の私は教材を作るところまでで満足してしまい、その教材が狙いどおりの学習行動を引き起こせていたかどうかには目を向けていませんでした。そんなときに出会ったのが大分の日本語学校の先生方で、その方たちと交流する中で日々の授業の大切さを再認識し、「どうすれば、より望ましい結果を引き出せるのか」を重視した教育実践研究に取り組むことになるのです。

　本書は私の6年間にわたる悪戦苦闘の歴史を綴ったもので、第2部で詳しく紹介する実践の特徴は以下の4点にまとめられます。

(1) 学生たちの**批判的思考**を促す手段として、**コンテントベース**の日本語授業に**質問作成活動**を導入することを提案していること

(2) 深く思考された高次の質問を引き出す方法を、**教育心理学**や**学習科学**の知見に基づき、具体的に示していること

(3) コンテントベースの授業で日本語の習得を促す方法を、**第二言語習得研究**の知見に基づき、具体的に示していること

(4) 学生を犠牲にすることなく、より望ましい結果を得ることを目標とする**デザイン実験**という新たな研究法を日本語教育に取り入れたこと

　なお、本書は研究論文または実践報告として学会誌等で既に発表済みの内容を、授業デザインの仕方という観点から新たに書き直し、一般の読者向けにわかりやすく解説したものです。本書のタイトルにある**レシピ**という言葉が示すように、「ここに書かれているとおりにやれば必ずうまく」というもの（マニュアル）ではありませんが、授業デザインの大きな手がかり（足場）にはなると思います。本書が「言語技能の訓練だけでなく、学生たちに深く考えさせる授業をしたい」と思っている先生方への一助となることを願ってやみません。

2023年6月12日 福岡にて

小山　悟

もくじ

第2部 《実践編》 授業をデザインする

第3部 《応用編》 実践の成果をレシピにまとめる

第1部
〈入門編〉
考えさせる日本語の授業

第1章　教材開発から授業デザインへ

1−1　久しぶりの再会

コンコン（ドアをノックする音）

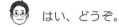 はい、どうぞ。

ご無沙汰しています、先生。お元気ですか。

ああ、久しぶり。待ってたよ。どうぞ、どうぞ。

失礼します。

> 先生とは大学3年のとき、春休みの集中講義でお世話になって以来のご縁だ。先生の講義はとても刺激的で、先生が普段どんなふうに留学生に日本語を教えているのか興味を持った私たちは、図々しくも先生の大学までお邪魔し、授業見学をさせてもらったこともある。3年前に地元長崎で念願の日本語教師になってからも、ときどきメールで助言をいただいたりしているが、直にお会いするのは久しぶりだ。

で、今日はどうしたの？

あ、はい。実は、今日友だちと博多駅で晩ご飯を食べる約束をしてて……。いい機会なので、久しぶりに先生にもお会いしたいな……と。

そのために、長崎からわざわざ福岡まで？　ふ〜ん。本当は何か悩み事でもあって来たんじゃないの？（笑）

いえ、いえ《バレてる……》。と、ところで、先生は今どんなクラスを受け持たれているんですか。

僕？　ごく普通の日本語の授業だよ。非漢字圏学習者対象の初級クラスとか。

そうですか《初級かあ、残念》。

あとは……、中・上級者対象の歴史の授業かな。

ちゅ、中・上級者対象の歴史の授業？　何ですか、それ？

CBI って知ってる？

はい、ことばだけは。Content-Based Instruction、「言語そのものを授業の中心にするのではなく、教材の内容を重視し、内容に関する言語活動を展開することによって、外国語能力を伸ばそうとする教授法」(牛田, 2007, p.194) のことですよね。

そう。それを最近実践しているんだよ。

それは面白そうですね。どんな内容の授業なんですか。

「ドラマで学ぶ日本の歴史」と言ってね、1853 (嘉永 6) 年の黒船来航から1894 (明治 27) 年の不平等条約改正[1] までの歴史を、2009 年に TBS 系列で放送されたテレビドラマ『JIN−仁−[2]』や 2008 年の NHK 大河ドラマ『篤姫[3]』などを副教材に、15 週間かけて学ぶというものなんだ。

面白そう。さすが先生。学生たちの反応はいかがですか。

最初の実践は 2011 年の前期で、受講者は 4 人と少なかったんだけど、みんな非常に興味を持って勉強してくれてね。「動機づけって、結局トピックとかコンテンツ次第なんだなあ」と改めて感じたね。ただ、学生たちには申し訳ないんだけど、個人的には見事に失敗したなあと。

どうしてですか。

「大学生にふさわしい学術的な内容を教えなければ」と勢い込んで始めたものの、歴史の専門家ではない僕にそんなことができるはずもなく、結局、ドラマのなかから「歴史ネタ」を拾って解説するだけの中身の薄い授業になってしまったんだ。で、「自分には無理だ」と一度は諦めかけたんだけど……、やっぱり悔しいじゃない？　それに、『JIN−仁−』や『篤姫』を見たときに感じた、「これを教材にしたら、これまでにない斬新で面白い授業ができるんじゃないか」という直感めいたものも拭いきれなかったんだよね。

私、いつも思うんですけど、先生のその嗅覚というか、「こっちのほうに行ったら、何か面白いものを見つけられそうだ」という直感は見事ですよね。

ありがとう (笑)。僕もそこだけは自信があるよ。

やっぱり (笑)。で、結局続けられたんですね。

うん。ただ、再開するにあたって改めて考えたんだ。常識にとらわれないことや、教師としての経験・直感を大切にすることも重要だけど、これでも一応 (笑) 日本語教育の専門家なんだから、自分のしている実践について自分のことばできちんと語れるようにしなきゃいけないって。例えば、な

ぜ授業にドラマを使うのか、なぜトピックでなくコンテンツなのか。それもできれば学術的な裏づけとともに。

それって、先生がご自身の教科書（小山悟, 2002, 2007, 2008）の「著者との対話」でされたことですよね。

そうだね。僕は第二言語習得の研究者ではないけど、自分の専門領域としてそれなりに学んできたわけだから、「なぜそのほうがよいのか」「なぜそうすべきなのか」を第二言語習得研究の知見と関連づけてきちんと説明しなきゃいけないって、あのとき思ったんだ。今度も同じさ。CBIを本気で実践しようと思うなら、どのような裏づけがあってそのようにしているのかをきちんと説明できなければならない。そうでなければ、ただ流行りものに飛びついたというだけで終わってしまうと思ったんだ。

なるほど《中・上級者対象の授業……、来てよかったかも》。

それと、もう1つ。今回は教材を作るだけでなく、そのあとのこともきちんと検証しようと考えた。それまでの僕は教材を作るところまでで満足してしまっていたからね。でも、本当に重要なのは、その教材がねらいどおりの学習行動を実際に引き起こせていたかどうか、期待したような成果が得られたかどうかなんじゃないかって。そのことを大分の日本語学校の先生方に気づかされたんだ。

大分？

1-2　授業デザインの研究を始めたきっかけ

実はある日、地元の書店の経営者から大分に僕が作った初級の教科書を正式採用してくれている日本語学校があると聞いてね。僕の教科書、おかげさまで初中級版のほうは今も非常によく売れているんだけど、初級版は『みんなの日本語』の強固な牙城を崩せず苦戦していたんだ。そんなときに地元九州の日本語学校が、それも主教材として使ってくれているという話を聞いて、どんな先生たちなのか会ってみたくなってね。で、行ってみたんだけど、教室の壁には学生たちが作った成果物がいくつも貼られていて、いかにも「学校」という雰囲気のところだった。「面白い授業をしているなあ」と感心していたら、教務主任のO先生が「教科書に沿って作成した」というプリント類をいろいろ見せてくれて、「こんなんでいいんでしょうか」って言うんだよ。

どうでしたか。

いいも何も、どれもすごく丁寧に作られていて「素晴らしい」の一言しかなかったよ。聞けば、授業もじっくりと時間をかけて丹念に行っているそうで、1つの課を50分授業10回でしていると。でも、それでもまだ足りないと感じているらしく、「本当は12回したいんですけど」ともおっしゃるんだ。返すことばもなかったよ。

先生の大学ではどのくらいの時間をかけていたんですか。

90分授業3回、課によっては2回だった。50分授業に換算すると4回〜6回だよね。もう恥ずかしくて、恥ずかしくて。文法シラバスの教材をあれだけ強く批判し、「運用力の養成が重要だ」と繰り返し強調していた自分が、各課のトピックについて十分に掘り下げもせず、従来の教科書と同じような時間配分で授業をしていたわけだから。それじゃあ授業をトピックベースにした意味がないよね。「著者のくせに、僕は今まで一体何をやっていたんだろう」と思ったよ。《む、胸が痛い……》原点に立ち返らなければ……、日々の授業をもっと大切にしなければ……と思ってね。で、最近は教材開発よりも**授業デザイン**のほうに力を入れるようになったんだ。

そうだったんですか。

それと、もう1つ授業デザインの研究を始めるきっかけとなった出来事があってね。これも恥ずかしい話なんだけど、以前、学士課程国際コース[4]の日本語授業を担当していたときに、インタビュープロジェクトというのをやったことがあるんだ。授業のない日、あるいは授業のない時間に町へ出て、通りすがりの人を捕まえてインタビューしてくるというものなんだけどね。

へえ、それも面白そう。

学生たちは母国の高校を出て日本にきたばかりで、日本どころか外国で暮らすのも初めて、日本語を勉強するのも初めてという人が大半だった。その学生たちに、入学して1〜2カ月の段階でこの活動をさせたんだ。目的はネイティブとのリアルなコミュニケーションを体験させることと、自分から日本語で話しかける勇気をつけさせることの2点。でも、入学してまだ1〜2カ月で、質問できることも限られていたんで、「福岡の〇〇と言えば何ですか」と質問をさせることにしたんだ。

〇〇は自分たちで決めさせるんですね。

そう。最初の質問だけ決めておき、相手の答えに応じて、2つ目、3つ目の質問をさせようと思ったんだけど……、これがまた大失敗（苦笑）。実はこ

のとき、本当にインタビューしたかどうかチェックするために、スマートフォンのボイスメモ機能を使って会話を録音し、それを提出するよう、学生たちに義務づけていたんだ。ところが、提出された会話を聞いてみたところ、ほとんどがこんな感じだったんだ。

　　学　生：福岡の○○と言えば何ですか。
　　通行人：う～ん、△△じゃないですか。
　　学　生：ありがとうございました。

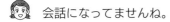 会話になってませんね。

そうなんだ。あらかじめ決めておいた質問だけをし、それに対する答えが理解できようができまいが、「ありがとうございました」と言って会話を打ち切ってしまう。これでは「福岡の○○と言えば何ですか」の単なるリピート、ドリルだよね。自分から日本語で話しかける度胸はついたと思うけど、リアルなコミュニケーションを体験したとはとても言えなかった。ただ、それも学生に会話を録音させていたからわかったことで、そうでなければ、僕は「町へ出てインタビューさせた」ということだけで満足してしまっていたと思う。

だから、想定どおりの学習行動を引き起こせたかどうかの検証が必要と思われたんですね。

うん。それに、検証すれば改善のヒントも見つかるしね。実際、僕も１つヒントを見つけたよ。

何ですか？

実は、国際コースの学生たちのなかには高校時代に日本語を勉強していたり、日本の高校に短期留学したことがあったりして、日本語が少し話せる学生が少数ながらいたんだ。その学生たちの会話を聞いてみると、ゼロ初級者とは違って「福岡の○○と言えば何ですか」ではなく、「あなたの好きな○○と言えば何ですか」と聞いていてね。当人たちのアレンジによるものなんだけど、この「あなたの好きな」がポイントだったんだ。というのも、インタビューを受けた日本人の返答を聞き比べてみると、「福岡の○○と言えば何ですか」と聞かれた場合には、みんな、留学生に嘘を教えちゃいけないと思うのか、模範解答をしようとするんだよ。

模範解答？

うん。例えば、ある学生が「福岡の有名なところと言えばどこですか」と聞いたとする。すると、質問された側は、これは特に2〜3人で連れ立っているときに多いんだけど、こんな答え方をするんだよ。

> 学　生：福岡の有名なところと言えばどこですか。
> 市民Ａ：福岡の有名なところ？　急に聞かれ……。福岡の有名な、福岡市なの？　福岡県なの？
> 学　生：福岡市。
> 市民Ａ：福岡市で有名ね。県だったらほら太宰府とか、ああいう学問の神さまのそういうところがあるんだけど。福岡市で有名なところ？　あなた、福岡市で有名なとこって何？　ねえねえねえ、福岡市で有名なとこってどこ？
> 市民Ｂ：福岡タワー。
> 市民Ａ：福岡タワーって。ドーム。

（実際の会話データから）

 なるほど。確かに模範解答しようとしていますね。

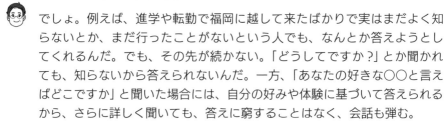 でしょ。例えば、進学や転勤で福岡に越して来たばかりで実はまだよく知らないとか、まだ行ったことがないという人でも、なんとか答えようとしてくれるんだ。でも、その先が続かない。「どうしてですか？」とか聞かれても、知らないから答えられないんだ。一方、「あなたの好きな〇〇と言えばどこですか」と聞いた場合には、自分の好みや体験に基づいて答えられるから、さらに詳しく聞いても、答えに窮することはなく、会話も弾む。

確かに。それで、改善の結果はどうでしたか？

それが……、その後担当を外れてしまったので、再挑戦できなかったんだ。

それは残念。

うん。でも、おかげで「引き出し」が1つ増えたよ。

1-3　教科としての日本語

あのう、2つ質問があるんですけど……。

来たね（笑）。どうぞ。

長年教材開発をされてきた先生が授業デザインへと研究テーマを広げられた理由はよくわかったんですけど、トピックベースからコンテントベースにシフトされたのはどうしてですか。

一言で言えば、その話題について「話させる」だけでなく、その話題について「考えさせる」授業をしたいと思ったからかな。

考えさせる？

うん。実はこれにも1つきっかけとなった出来事があってね。それが近藤有美先生の実践について知ったことだったんだ。近藤先生は当時メディアリテラシーをテーマにした実践をいろいろされていて、例えば「キム元工作員と拉致家族との面会」に関する日韓の報道を「記事の見出し語」や（キム元工作員の）「肩書きの記し方」、「取り交わした贈り物をめぐる報道」といった観点から比較させたり（近藤, 2009）、「上海万博のテーマソング盗作騒動」について学生に議論させたりされていたんだ（近藤, 2010[5]）。

メディアリテラシーですか。面白そうですね《これも参考になりそう》。

うん。そのほかにも、同僚の川崎加奈子先生と共同で長崎市の伝統行事「長崎くんち」を見学させ、印象に残ったことをクラスで報告・共有させる実践（近藤・川崎, 2015）や、休日に長崎市の平和公園に行き、そこを訪れる戦争体験者らしきお年寄りに声をかけ、体験談をまとめさせる（川崎, 2012[6]）というような、地域学習と絡めた実践もされているんだ。

日本語教育というより大学の教養教育という感じですね。

うん。でも、これこそ「**大学の教科**」としての日本語授業のあるべき姿かなとも思ったね。

大学の教科？

うん。当時僕は、さっきちょっと話した国際コースの日本語授業を担当することが決まっていて、「どんな授業をすればいいのか」と思案しているところだったんだ。国際コースの日本語授業はそれまで国立大学が行ってきた、どの日本語授業とも違うように思えてね。

どういうことですか。

日本の大学が行っている日本語の授業は、大きく4つに分けられる（表1.1）。1つ目は学部1・2年生を対象に大学での勉学に必要なアカデミックスキルを身につけさせようとするもの、2つ目は各大学が独自に行っている短期留学プログラムの学生を対象とした日本語・日本文化の授業。そして、3つ目

が主として国費の大学院生を対象とした入学前予備教育で、4つ目がその他大勢の大学院生・研究者を対象とした課外授業。

表 1.1　日本の大学で行われている様々な日本語授業

	対象	日本語力	単位認定
①基幹教育 / 共通教育	学部 1 ～ 2 年生	上級	有
②短期留学コース	短期留学生	初級～上級	無 / 有
③入学前予備教育	大学院生	初級	無
④課外授業	大学院生・研究者	初級～上級	無
⑤学士課程国際コース	**学部 1 ～ 2 年生**	**初級**	**有**

3つ目と4つ目は主に国立大学で行われている授業ですよね。

そうだね。で、これらの授業と国際コースの日本語授業を比較してみると、大学のカリキュラムに組み込まれた正規の授業[7]という点では学部1・2年生対象のアカデミックスキルの授業と同じなんだけど、この授業が入試の難関を突破してきた上級者を対象としているのに対し、国際コースは受講者の大半が初級者。一方、初級者対象という点では入学前予備教育や課外授業と同じだけど[8]、こちらは日常生活に必要な基礎的なコミュニケーション能力を身につけさせることが目標で、対象は大学院生。もちろん単位も出ない。

つまり、学部1～2年生対象の単位の出る授業なのに、これまでとは違って初級者が中心ということですか。

そういうこと。もう1つ付け加えるなら、彼らは将来的にも学業に日本語を必要としない。

日本語で勉強しないなら、毎日の生活に困らない程度のコミュニケーション能力を身につけさせればよいということになりますね。

学部の先生方はおそらくそう考えていただろうね。「授業はすべて英語とはいえ、日本語がまったく話せないのでは困るだろう」ぐらいに。だけど、この授業、必修科目だったんだ。必修化するということは卒業要件に加えるということで、それは極端に言えば、日本語の単位を落とせば、専攻教育の成績がどんなに優秀でも卒業できないということだよね。それほど重みのある授業が課外授業や予備教育と同じような、それも「日々の生活に困らない程度のコミュニケーション能力を身につけさせればよい」といった程度の単なる「語学」の授業であってよいのか。そう思ったんだ。

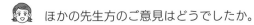 ほかの先生方のご意見はどうでしたか。

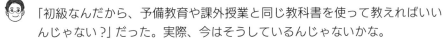 「初級なんだから、予備教育や課外授業と同じ教科書を使って教えればいいんじゃない？」だった。実際、今はそうしているんじゃないかな。

それで、どうされたんですか。

これまた恥ずかしい話なんだけど、うちの大学の教養教育の教育目標を改めて読み返してみた。そしたら、こう書かれていたよ（2010年当時）。

> 言語文化科目は、国際社会を積極的に生きるために必要な、また、専門分野を学習するために必要な外国語運用能力を涵養・向上させ、<u>グローバルな異文化理解と豊かな国際的感覚、国際的教養を育むことを目標とする</u>。

グローバルな異文化理解と豊かな国際的感覚、国際的教養……。ことばで言うのは簡単だけど、それって、どうやったら身につくんですかね？

ねえ。それも初級者対象の日本語の授業で。日本人学生[9]対象の第二外国語の授業なら、媒介語の問題はないので、いろいろやりようはあると思うんだけど、留学生対象の日本語教育の場合、その媒介語を今まさに勉強しているわけだから、できることは限られているよね。「何をどうすればいいんだろう」と思案していたとき、さっき話した近藤先生の実践を知ったんだ。先生の授業は異文化理解がテーマではなかったし、国際的感覚と国際的教養の育成を明確に目指したものでもなかったけど、大学生が身につけるべき力を育成しようとする「教育者」としての意志がはっきりと感じられるものだった。

大学の「教科」として成立していると？

うん。そこで、一度「第二言語教育」という枠組みを取り払って、高校を出たばかりの学部1年生に何を学ばせるべきかと考えてみたんだ。そのとき思い出したのが、10年ほど前に尊敬するお二人の先生から伺ったことばでね。1つは同じ大学の同じ日本語の教員だったS先生のことばで、ある日法学部のK先生とこんなやりとりをされたらしいんだ。

> K先生「日本語の授業って、結局何を教えるんですか？」
> S先生「考える力をつけさせるってことじゃないですか？」
> K先生「ですよね」

当時、僕はまだ 30 代で、正直お二人のやりとりの意味がよくわからなかったんだけど、何かすごく重要なことを聞いた気がしてね。記憶にとどめていたみたい。もう 1 つは、同じころ当時直属の上司だった M 先生が、国際交流基金の視察から帰ってきたときにおっしゃったことばで、

　　　M 先生「あそこは教育機関ではなく、外交機関ですね」

これも最初に聞いたときは何を言っているのかよくわからなかったんだけど、今はすごくよくわかるよ。

どういう意味なんですか。

要するに、大学も国際交流基金も、日本語学校も地域の日本語教室も、教えているのは確かに同じ日本語だけど、それぞれの機関にはそれぞれが果たすべき役割があるということさ。例えば、国際交流基金の場合、世界の日本語教育の発展に貢献するという役割のほかに、日本の文化や歴史に関する情報を世界に発信するという役割があるし、地域の日本語教室の場合には同じ地域に暮らす外国人の生活を支援するという役割がある。

確かに、国際交流基金が作る教材やウェブサイトには日本の文化情報がたくさん盛り込まれていますね。地域の日本語教室が作った教材も生活者の視点で書かれたものが多いように思います。

当然だね。コースデザインとは本来そういうものだから。同様に、同じ大学内でも新入生対象の教養教育と、国費の大学院留学生対象の予備教育、日本語・日本文化を専攻する短期留学生対象の授業と、その他大勢の学生・研究員対象の課外授業では、授業の目的も到達目標も異なるわけだから、教え方も教材も違って当然なんだよ。そして、それこそが僕がずっと感じていた違和感の正体だったというわけさ。以来、大学のカリキュラムに組み込まれた正規の日本語授業は、たとえ初級者対象であっても、ほかの一般教科と同様、大学の「教科」としての要件を備えたものでなければならないと考えるようになったんだ。

それが「考える力をつけさせる」ということなんですね。

そういうこと。

その「考える力」ですけど《何だか話がだんだん難しくなってきた》、先生は具体的にどのようにとらえていらっしゃるんですか。

言語文化科目については従来「その言語の背景にある文化や物事のとらえ方について理解を深める」とか、「ほかの言語を学ぶことによって母語や自国の文化を相対化する」といったことが具体的な教育目標として掲げられることが多かったように思う。「日本語」そのものを授業の「コンテンツ」と考えるなら、当然だよね。でも、僕はもう少し広く考えたいと思ったんだ。日本語の授業だからといって必ずしも「日本語」がコンテンツでなければならないわけではない。日本語以外の何かを日本語で学ぶなかで学習内容に対する理解を深め、合わせて日本語の習得も促すということもできるはずだと。

それで、CBI。

うん。そう考えると、教育目標も言語文化科目特有のものではなく、教科の違いに関係なく共通して目指すべきものが必要になるよね。それで、着目したのが**学士力**だったんだ。

学士力？　何ですか、それ？

学士力というのは、中央教育審議会が 2008 年度に発表した答申で指摘している「学士課程教育において分野横断的に共通して目指すべき学習成果」のこと。具体的な中身として「知識・理解」「汎用的技能」「態度・志向性」「統合的な学習経験と創造的思考力」の 4 つが挙げられているんだ（中央教育審議会, 2008）。

へえ。

また、2012 年度の答申では、生涯にわたって学び続ける力、主体的に考える力を持った人材の育成が重要であるとして、大学の授業もこれまでのような「知識の伝達・注入型」から、学生が主体的に問題を発見し、解を見いだしていく「能動的学修」へと転換させることが必要であると述べられている（中央教育審議会, 2012）。

そういえば、最近**アクティブラーニング**ということばをよく聞きますね。

近年、各大学のカリキュラムポリシーやディプロマポリシーにも「新たな知の創出」や「アクティブラーナー」、「批判的・創造的思考」といったことばが教育目標として盛り込まれるようになってね。各科目のシラバスもそれ

らを意識したものへと変更されていて、この大学でも何年か前から授業の到達目標を「知識・理解」「専門的技能」「汎用的技能」「態度・志向性」の4つの観点から示すことが求められるようになったんだ。

日本語の授業もですか？

もちろん。なかには「語学の授業はほかの教科と違って、このようなフレームは適さない」とか、「態度・志向性なんて、語学の授業でどうやって教育するんだ」と否定的な意見を述べる人もいるけど、これは「できる / できない」の話でもなければ、「したい / したくない」の話でもなく、大学教員として「しなければならない」ことだと思うんだよ。

先生らしいですね。それで、先生の考える「考える力」というのは、この学士力のなかの1つである「汎用的技能」のことなんですか。

そう。なかでも**批判的思考力**の育成に焦点を当てているんだ。これは批判的思考とリテラシーの関係について示した図なんだけど（図1.1: 楠見, 2011）、楠見孝先生は批判的思考を学生たちが一市民として身につけるべき「市民リテラシー」と、よき学生・研究者であるために必要な「学問・研究リテラシー」を支える汎用的技能ととらえていらっしゃるんだ。また、道田泰司先生は、批判的思考を「見かけに惑わされず、多面的にとらえて、本質を見抜くこと」と定義されていて（道田, 2001）、「見かけに惑わされないこと」とは批判的態度のことであり、「多面的にとらえること」と「本質を見抜くこと」はそれぞれ創造的思考と論理的・合理的思考を意味すると説明していらっしゃるんだ（図1.2: 道田, 2005, 2013b）。つまり、リテラシーは批判的思考によって支えられ、その批判的思考は「態度」（= 批判的態度）と「技能」（= 創造的思考 + 論理的・合理的思考）によって構成されているということだから、批判的思考こそが汎用的技能の中核であり、学士力育成の鍵ということになるわけさ。

なるほど《これなら私にもわかる》。

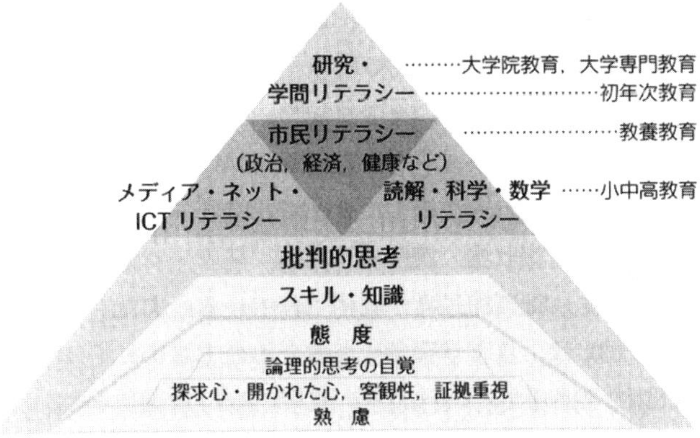

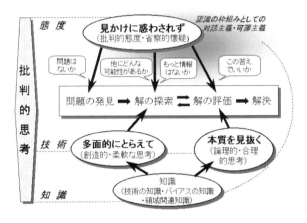

図 1.1 批判的思考に支えられたリテラシーの構造 (楠見, 2011, p.17)

図 1.2 批判的思考の概念図 (道田, 2005, p.54)

1-5 CBI の可能性と課題

もう 1 つの質問に行く前に確認したいんですけど、先生は CBI という教授法をどう評価されているんですか。現時点で最善の教授法と考えていらっしゃるんですか。

いや、そうじゃないね。仮に僕が今、大学進学を目指す日本語学校の教員だったら、迷うことなく「詰め込み教育」を選択するからね。

迷うことなく?

うん。実は、こんな面白いたとえをした人がいるんだ。

> どの教授法がもっとも優れているのかを問うことは、ハンマー、スクリュードライバー、ナイフ、ペンチの中で、どの道具がもっとも優れているのかを問うようなものである
>
> （米国学術研究推進会議, 2000, p.21）

学生のレディネスを把握し、目標を達成するための最適な方法を選択し、実行する。それがコースデザインの基本でしょ？ それに、どの教授法にも一長一短があるわけで、唯一絶対の教授法なんてありえないし。CBI をやっているから「自分は最先端の実践をしている」なんて思わないよ。僕が CBI に着目したのは、自分が大学の教員で、かつ大学のカリキュラムに組み込まれた正規の日本語授業を担当したからにすぎないんだ。

 そうなんですか《じゃあ、やっぱり私には関係ないか……》。

 これはさっき話した教務主任のO先生と話したことなんだけど、僕があるセミナーで「大学が行う正規の日本語授業には、考えさせるという要素が必要不可欠なんじゃないか」と話したら、たまたまその会場にいたO先生があとから僕のところに来て、「先生のお話を聞いて、ならば日本語学校は何を目指すべきなんだろうと考えたんです。で、やっぱり日本語学校も考える力をつけさせることを目指すべきなんじゃないかと思ったんですけど、先生はどう思われますか」って言うんだ。

 どう答えられたんですか。

 「おっしゃるとおりです」と。《 うん？ やっぱり関係ある？》「ただ、日本語学校は民間の教育機関だから、その学校独自の方針というものがあり、『コミュニケーション能力なんてあとで考えればいい。とにかく入試に合格させることが最優先』という選択をするところがあってもよいと思います」と。

 いいんですか？

 もちろん。それが学生たちのニーズなら。でも、大学には選択の余地はない。だって、公教育だから。僕が CBI を選択したのは、これまでトピックベースの教材開発に取り組んできたという背景もあるけど、考える力をつけさせるには思考の対象となる何かが必要であり、それには日本語の授業も伝統的な言語技能中心のアプローチから学術内容中心のアプローチに転換するのがよいと考えただけのことなんだ。もちろん、アプローチを変えれば

それで済むというわけではなく、さっきも言ったように、想定どおりの学習行動を引き起こせたかどうかがより重要なんだけどね。

はい。

実際、CBIも第二言語の習得を促すとともに批判的思考力の育成にも貢献できる教授法として期待されているんだけど（近松, 2009）、それはあくまでも可能性の話であって、日本語以外の何かをただ日本語で教えさえすれば自ずと身につくというものでもない。にもかかわらず、その成果を具体的なデータに基づいて検証した研究はほとんどないし（近松, 2011）、批判的思考力の育成法についても学術的な知見に基づいて具体的に示したものはほとんどないんだ。

日本語の習得についてはよくわからないんですけど、批判的思考力の育成法に関しては日本語教育でもいろいろ提案されているんじゃないんですか。そういうタイトルの本とかセミナーの案内をときどき目にしますけど……。

それがそうでもないんだよ。興味深い実践は多々あるものの、どの実践も**レシピ**は示せていないからね。

レシピ？

授業デザインの手順と方法を記したもののことだよ。

そういうマニュアル的なものが「教師の成長を妨げる」と言う人もいるみたいですけど……。

そうだね。でも、僕はまったくそう思っていないんだ。そもそもマニュアルなんて絶対に作れないし……。例えば、電化製品の取り扱い説明書を思い浮かべてごらん。マニュアルって、そこに書かれているとおりにやれば誰でも必ず操作できる、問題を解決できるというものでしょ？　電化製品の扱いに慣れた人はできるけど、慣れていない人にはできないというんじゃ、マニュアルとは言えないからね。でも、それは機械が相手だから成立することであって、人間相手の教育で「こうすれば必ずこうなる」なんてこと、あると思うかい？

いいえ。

僕が作りたいのはマニュアルではなく「レシピ」。

マニュアルと何が違うんですか。

例えば、何人かで同じレシピ本を買ってきて、同じページの同じ料理をそれぞれ作ったと想像してごらん。出来栄えは皆同じかと言えば、そうじゃ

ない。マニュアルと違ってレシピには最低限のことしか書かれていないからね。僕のようにほとんど自炊をしない人間は、そこに書かれていることをただそのとおりにするしかない。結果、これまでよりは美味しいものができると思うけど、日頃から料理を作り慣れている人と比べたら、差は歴然だと思うよ。その人たちにはレシピの行間を埋める**経験的知識**があるからね。

はい。

実は僕、細川英雄先生の提唱された「総合活動型日本語教育」(細川, 2004など) を真似て授業をしてみたことがあるんだ。「〇〇と私」という実践なんだけど、これがまたまた見事に失敗で……。

そうだったんですか。

もちろん僕がいけないんだけど、細川先生の書かれた本を読んでも、何をどうすればよいのかが具体的に書かれていないんだ。あくまでも僕の目から見て……なんだけどね。おそらく細川先生や先生のお弟子さんにとってそんなこと当たり前すぎて書く必要性すら感じなかったんだろうね。あるいは、「それは各自が自分で学び取れ」ということなのかもしれない。でも、なんの予備知識も経験もなく、見様見真似でやってできるほど簡単なものじゃないんだ。細川先生が何年もかけて作り上げられたものなんだから。

はい。

だから、もし僕の授業を見て「同じような授業をしてみたい」と言ってくれる人がいたなら、僕はその人たちに「足場」を提供したいと思ったんだ。「このとおりやれば、誰でも必ずうまくいく」というようなものは示せないけど、「こういう点に注意してやれば、似たような授業はできるよ」というものなら示せる。もちろん、そこから先は自分でいろいろ工夫し、最終的にはその人独自の授業を作り上げてもらわなければならないんだけどね。

確かに、それなら、自己成長の余地を残せますね。

うん。ついでに言うと、「マニュアル」と聞いただけで過敏に反応する人もいるけど、マニュアルに罪はないよ。僕も駆け出しのころ、『日本語の基礎』の教師用指導書を買ってきて、そこに書かれているとおりに授業をする「マニュアル教師」だったけど、今の僕をそんなふうに揶揄する人はいないでしょ？ つまり、マニュアルがいけないのではなく、いつまでたってもマニュアルから抜け出せない、抜け出そうとしないことが問題なんだ。

はい《反省》。

自分で工夫し、努力しようという意思はある。でも、経験がなくて何から手をつけていいかわからない。そういう人たちにまで「教師としての成長を妨げる」と言って初心者用のマニュアルの使用すら否定するのは、やりすぎじゃないかな。教師だって学生と同じように日々学んでいるんだから、少し詳しく具体的に書かれた授業デザインの教科書や参考書があってもいいんじゃない？

それで、歴史をテーマにした CBI を実践し、ある程度満足のいく授業ができるようになったら、その成果を授業デザインのレシピとしてまとめ、公開しようと考えた……わけですね。

そのとおり！　それもできれば、歴史に限らず、心理学とか異文化とか、各自の興味・関心に合わせて独自の授業を開発できるよう、汎用性の高いものにしてね。

先生の話はやっぱり刺激的だ。学士力とか、批判的思考力とか、最初はなんだか難しくて、正直、私には関係ないかなと思ったけど、そうでもないかも……。だったら、せっかく福岡まで来たんだし、聞いちゃう？　相談しちゃう？　いや、焦るな。もう少し話を聞いてからにしよう。

注

1 幕末期に結ばれた通商条約では日本側に①領事裁判権と②関税自主権が認められていなかったが、前者は日清戦争後の 1894（明治 27 年）に、後者は日露戦争後の 1911（明治 44）年に改正された。

2 2009 年 10 月から 3 カ月間 TBS 系列で放送された連続ドラマ（全 11 話）。原作は村上もとか氏の劇画である。自らの手術によって恋人を植物状態にしてしまった脳外科医が江戸時代にタイムスリップし、「自分の医療行為が歴史を変えてしまうのではないか」と葛藤しながらも懸命に人々を救い、医師として再生していく物語である。

3 2008 年に放送された NHK 大河ドラマ（全 50 話）。薩摩藩島津家の分家に生まれ、徳川将軍家に御台所として嫁いだ於一が、夫家定の死後も徳川家を守り抜き、江戸無血開城へと導いていく物語。

4 文科省の国際化拠点整備事業（G30）による教育の国際化の 1 つとして 2010 年 10 月に筆者の勤務校の工学部と農学部に設置された英語のみで学位を取得できるコース。

5 近藤有美（2010）「メディアを利用した実践―従来型の授業と比較して学びの質はどう変化したか―」九州日本語教育連絡協議会研修会発表資料.

6 川崎加奈子「戦争を『内容』として―日本国内の大学（留学生対象）での実践報告―」（小山悟・森岡明美・近藤有美・川崎加奈子（2012）「パネルセッション 大学の日本語教育の内容を問う」『日本語教育国際大会 名古屋 2012』30-31, 日本語教育学会）.

7 ここで言う「正規の」とは「大学のカリキュラムに組み込まれた単位の出る授業」のことを意味する。

8 課外授業に関しては、中上級レベルのクラスを開講している大学も少なくない。

9 本書では以下、「日本人学生」という言葉を「日本語母語話者」の意味で用いる。

第 2 章　トピックベースからコンテントベースへ

2−1　CBI とは何か

で、もう 1 つの質問というのは何？

そうでした。さっき先生は「歴史ネタ」ということばを使われたんですけど (p.4)、「ネタ」ってどういう意味ですか。

わかりやすく言えば「ふりかけ」さ。

ふりかけ？

うん。例えば、もし僕が大学の第二外国語の授業でフランス語や中国語を教えている先生方に「あなたの授業にはコンテンツがない」と言ったら、みなさん、怒るよね。

そりゃあ、もちろん。

(笑)　先生方はきっと「僕たちは言語だけを教えているわけじゃない。その国の文化や歴史についても紹介し、学生たちの興味・関心を広げ、理解を深めさせようとしている」と言うだろう。でも、そのとき紹介される文化や歴史の知識は、食事で言えばふりかけのようなものだと思うんだよ。想像してごらん。いくら白米が好きな人でも、毎日おかずも味噌汁もなく白米ばかり食べていたら飽きちゃうだろう？　そんなときは、ふりかけでもかけて味を変えようとする。語学の授業も同じで、言語知識の学習と言語技能の訓練ばかりしていたら飽きちゃうから、授業の合間にその国の文化や歴史の話をし、学生を飽きさせないようにしようとする。でも、それってふりかけを使って味を変えているだけで、主食が白米であることに変わりはないと思うんだ。

その国の文化や歴史の話が主食になって初めて「コンテンツ」ということですか。だとしたら、コンテンツとトピックの違いって何なんでしょう？　授業の合間合間に挿入されるその国の文化や歴史の話って、文字どおり「トピック」ですよね。でも、先生の教材 (小山悟, 2002, 2007, 2008) で扱っているトピックはぜんぜんふりかけじゃなかったと思うんですけど。

そうだね。だって、僕のはトピックベースだから。これについては岡崎眸先生がこんなことをおっしゃってるんだ。

伝統的な教室でもトピックやテーマを扱うことはあるが、その場合の
トピックやテーマが持ち込む内容は、教師が教えたいつまり焦点とし
ている言語項目や技能に文脈を与えるために副次的に持ち出されたも
のに過ぎない。

（岡崎, 1994, p.229）

つまり、「トピックベース」と言えるためには、言語の知識と技能の習得に
重きを置いた伝統的な語学の授業にその国の文化や歴史の話を挿入するの
ではなく、そのトピックまたはテーマを中心にしてシラバスを組む必要が
あるっていうことなんだ。

　ということは、同じトピックでも扱い方によってネタになったり、コンテ
ンツになったりするということですか。だとしたら、コンテントベースと
トピックベース、あるいはテーマベースの違いって何なんでしょう？

　いい質問だね。実は、僕もずっとそれを考えてたんだ。日本語教育で行わ
れた CBI の実践報告をいろいろと読み進めていくなかで「こんなこと、昔か
らみんなやってるじゃん」と思うことが何度かあってね。「CBI」ということ
ばだけが流行りもののように独り歩きしているように感じたんだ。それに、
これまでずっとトピックベースの教材開発をしてきた人間が、今度はコン
テントベースの授業デザインをやろうとしているわけだから、そこを曖昧
にしておくわけにもいかないしね。で、質問の答えだけど、僕自身はそれ
について「そのトピックについて深く考えさせているかどうか」の違いだと
思っている。

　つまり、「コンテントベース = トピック（テーマ）ベース + 思考」ということ
ですか。

　そう。これは日本語に翻訳してみるとわかりやすいんだけど、トピックは
日本語で「話題」、テーマは「主題」だよね。つまり、どちらも「お題」なん
だ。だから、「今日は○○について話そう」とか「○○に関する資料を読も
う」と言って、そのお題を中心に活動を展開させれば、その授業はトピック
ベースまたはテーマベースということになる。一方、コンテンツとは「内容」、
中身のことだから、お題を設けるだけじゃなく中身にも踏み込まなきゃな
らない。

　ということは、先生の作られた教材もトピックベースだから、中身に踏み
込んでいなかったということになってしまいますね……。

　残念ながら。僕の教材は、例えば「江戸町民の生活」という話題のなかで過

去の習慣を表す「〜ていた」や推量の「〜ようだ」を学ばせるというように、その課のトピックと関連の深い文法や表現を選ぶようにしていたので、岡崎先生がおっしゃるような「副次的に持ち出されたもの」ではなく、間違いなくトピックベースだったと思う。だけど、各課のトピックについて何をどう考えさせるのかは明示していなくて、そこは授業者任せであったことは否定できない。

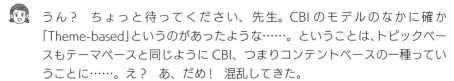 うん？　ちょっと待ってください、先生。CBI のモデルのなかに確か「Theme-based」というのがあったような……。ということは、トピックベースもテーマベースと同じように CBI、つまりコンテントベースの一種っていうことに……。え？　あ、だめ！　混乱してきた。

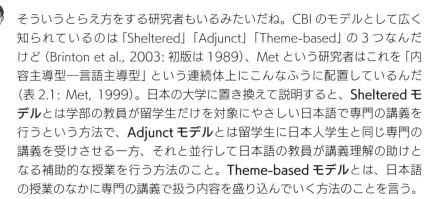 そういうとらえ方をする研究者もいるみたいだね。CBI のモデルとして広く知られているのは「Sheltered」「Adjunct」「Theme-based」の 3 つなんだけど (Brinton et al., 2003: 初版は 1989)、Met という研究者はこれを「内容主導型—言語主導型」という連続体上にこんなふうに配置しているんだ (表 2.1: Met, 1999)。日本の大学に置き換えて説明すると、**Sheltered モデル**とは学部の教員が留学生だけを対象にやさしい日本語で専門の講義を行うという方法で、**Adjunct モデル**とは留学生に日本人学生と同じ専門の講義を受けさせる一方、それと並行して日本語の教員が講義理解の助けとなる補助的な授業を行う方法のこと。**Theme-based モデル**とは、日本語の授業のなかに専門の講義で扱う内容を盛り込んでいく方法のことを言う。

表 2.1　Met（1999）による CBI の分類

Content-Driven					Language-Driven
Total Immersion	Partial Immersion	Sheltered Courses	Adjunct Model	Theme-based Courses	Language classes with frequent use of content for language practice

 先生の教材もこの Theme-based に近いタイプのものですよね。

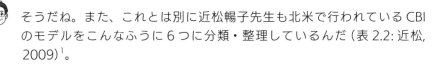 そうだね。また、これとは別に近松暢子先生も北米で行われている CBI のモデルをこんなふうに 6 つに分類・整理しているんだ (表 2.2: 近松, 2009)[1]。

この **New** って何ですか。

これはおそらく近松先生がネーミングされたものだと思うんだけど、日本語の教員自身が日本語以外の教科を日本語で教えるという方法で、教科内

容の理解を深めるとともに日本語の習得を促すことも目標としたものだよ。僕のやっている歴史の授業もこの New に相当するもので、近松先生の「米国シカゴ日系人史」（近松, 2009）や「戦争と日本人」（近松, 2008）などの実践に強く影響を受けているんだ。

表 2.2　北米における CBI モデル（近松, 2009, p.143）

モデル	主目的	主言語	学習者言語の役割	主講師	主対象者
① FLAC	内容	L1（+L2）	補助ツール	専門	母語話者
② LSP	言語	L2	主目的	言語	非母語話者（専門）
③ Theme-based	言語	L2	主目的	言語	非母語話者
④ Sheltered	内容	L2	主要ツール	専門	非母語話者
⑤ Adjunct	内容	L1・L2	主要ツール	専門	母語・非母語話者
⑥ New	内容＋言語	L2	主要ツール	言語	非母語話者

 研究者によって分類方法や定義が違うんですね。

 うん。Met の場合、その授業が言語学習と教科学習のどちらにより比重を置いているかで分類しているのに対し、近松先生は FLAC のように学生の母語で講義をしつつも部分的に日本語を用いていれば、コンテントベースと認定しているみたいだね。一方、僕は「その国の文化や歴史に関する話題が"主食"になって初めてコンテンツ」と思っているから、内容主導ではない CBI はあり得ないと思っているんだ。もちろん、それは言語の学習を排除するということじゃないんだけどね。

 じゃ、近松先生の表に挙げられた 6 つのモデルのうち、先生が CBI だと思っているのは Sheltered、Adjunct、New の 3 つだけということですか。

 うん。ただ、重要なのは「形」ではないとも思っているんだ。例えば、僕の作った初級者向けの教材（小山悟, 2007, 2008）は Theme-based という言語主導モデルに近いもので、トピックと融合させることでその言語形式の意味と使い方を理解させることを重視している。でも、大分の先生方のようにじっくりと時間をかけて各課のトピックを扱うようにすれば (p.6)、Theme-based の教材を使っていても、コンテントベースの授業はできると思うんだ。反対に、New のような内容主導の教授法を用いたとしても、そのトピックやテーマについて十分に掘り下げていなければ、コンテントベースとは言えない。僕の初期の実践と同じようにね。

先生はさっき「CBI ということばだけが流行りもののように独り歩きしていると感じる」とおっしゃっていましたけど、これまで日本語教育で行われてきた CBI の実践と研究についてはどう評価されているんですか。

ほかの先生がしていることにあまり批判的なことは言いたくないんだけど……[2]、正直、「これがコンテントベース?」って思うものもあるよね。

例えば、どんなものですか《言っちゃってるし……(^ ^;)》。

初級者対象ということで言えば、授業で着脱動詞を学習したあとに日本の若者のファッションについて意見を言わせたり、日本のサラリーマンの日常を紹介する文章を読んだあとに日本の労働人口について調べ、短い作文を書かせるというのがあったね。日本語の学習を始めたばかりの初級者相手だから、「教科書の進度に合わせて」ということなんだろうけど、コンテントベースとは言えないよね。大学や日本語学校のような教育機関で働いている場合、個人で勝手にシラバスを変えられないから、そういう通常授業に「上乗せ」するようなやり方しかできないのかもしれないけど。でも、それだと、授業数を増やさない限り時間的に無理が生じてしまい、個々の内容を掘り下げることはできないんじゃないかな。トピックベースの教科書を使っているなら、別だけど。

先生、チャンス!(笑)

(笑) 一方、「教科書から少し離れて」ということで言えば、学期中にプロジェクトとしてコンテントベースの活動を行うというのも初級でよく見かけるね。グループで決めたテーマ、例えば「日本人とビール」や「着物のイメージ」などについて情報を集め、それを日本語で発表・発信させるというような。でも、これも昔からよく行われているもので、なぜそれに「CBI」という新たなネーミングが必要なのかと思っちゃうよね。

中上級者対象の実践についてはどうですか。

それも大きく3つに分けられるみたいだね。1つは、通常の日本語授業をコンテントベースに組み替えたもので、一例として、同時期に開講されている2つの授業を「若者」や「政治」などのテーマで統一し、一方の授業で内容の学習を、もう一方の授業で日本語の学習をするというカリキュラムを組んでいるものがあったね。また、短編購読の授業で日本の歌や俳句、漫画など、様々なジャンルの作品を分担・協力して読み進め、学期末にはグループで短編を書き、創作短編集を作るというものもあったよ。

最初のはさっきの分類で言うと Adjunct モデルのようなものですかね。もう一方は、選んだ作品のテーマが、例えば「日本人の美徳」とかで統一されていて、学期末にそのテーマに関する各自の考えをまとめさせるというような内容なら、先生の考えるコンテントベースに近いのかなと思ったんですけど。

同感だね。2つ目は日本語の授業ではなく、日本事情の授業にコンテントベースの手法を取り入れたもので、文藝春秋の『日本の論点』などを題材にグループでディスカッションをさせるという実践や、茶道などの日本文化体験の前後にそれに関連した日本語の学習を行うといったものがあったよ。

これも昔からよく行われているような……。

つまり、CBI は少なくとも方法論的には特別新しい教授法ではないということさ。例えば、上級クラスを教えている先生が、学部の先生をゲストに招き、やさしい日本語で講義をしてもらうというようなことはこれまでも多々あっただろうし。またその際、講義で使う資料を事前に提供してもらって語彙の予習をしたり、講義を聞いたあとにまとめの活動をしたりするなんてこともあったんじゃないかな。

最初のは Sheltered モデル、もう一方は Adjunct モデルですね。

そうだね。実は意外と知られていないんだけど、日本語教育における CBI は結構昔から行われているんだよ[3]。「コンテントベース」ということばこそ使われていないけど、内容的には明らかに。ただ、初期の実践の大半は専攻教育への橋渡しを目的としたもので、それ自体が**独立した 1 教科として**成立しているわけではなかったんだ。

「独立した 1 教科」ってどういう意味ですか。

「専攻教育への橋渡し」のような補助的な役割の授業ではなく、文学や経済の授業と同じように、その授業自体に学ぶに値する内容があり、教科として完結している授業のことさ。代表的なのは日本語教員自身によるイマージョン型の授業、つまり、近松先生の分類で言う New モデルで、これが3つ目のタイプだね。

さっきおっしゃっていた「米国シカゴ日系人史」と「戦争と日本人」のことですね。それ、どんな内容の授業なんですか。

近松先生によると、「米国シカゴ日系人史」は「日英両語の教材や地域社会の人材や資料を教材とし、戦前から戦後そして現在に至るまでのシカゴ日系人社会を探ることによって、人権や差別偏見などの問題に対し提言し、

自分の生き方や将来について考察する」(近松, 2011, p.6) というもの。一方、「戦争と日本人」は「太平洋戦争が現在の日本社会や教育制度のなかでどのように受け止められ学習されているのかを、主に小中高生向けの生教材 (学校の教科書、映画、アニメ、漫画など) を使って探り、学習者が『戦争』というトピックでほかと対話するためには、自分をどう表現するかを考え、平和への提言・具体案を考察する」(近松, 2011, p.6) というものだね。

 すごく専門的な内容ですね《やっぱり大学の授業は違うなあ》。

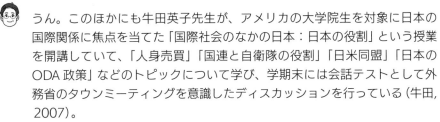 うん。このほかにも牛田英子先生が、アメリカの大学院生を対象に日本の国際関係に焦点を当てた「国際社会のなかの日本：日本の役割」という授業を開講していて、「人身売買」「国連と自衛隊の役割」「日米同盟」「日本のODA 政策」などのトピックについて学び、学期末には会話テストとして外務省のタウンミーティングを意識したディスカッションを行っている (牛田, 2007)。

これはもう日本語とか日本事情とか、そういうレベルじゃないですね。

そうだね。ただ、内容は必ずしもこのお二人のように専門的でなくてもいいと思うんだ。例えば、フーゲンブーム智子先生は「日本食文化」をテーマに授業をされていて、①日本食に関する生教材を読んでほかの学生と意見交換する、②日本食を扱った映画を見て「食べる」という行為について考える、③日本食の調理体験を通して日本人にとって素材や盛りつけがいかに重要であるかを学ぶという 3 つの活動をされているよ。(フーゲンブーム, 2011)

へえ、楽しそう。ということは、つまり、工夫次第では初級者対象の授業でもこのような授業は可能だということですか。

僕はそう思ってる。重要なのは「中身に踏み込んでいるかどうか」、「考えさせる授業になっているかどうか」で、内容が学術的だから考えさせられる、そうではないから考えさせられないということではないと思うからね。事実、初級者を対象に考えさせる授業を実践している先生もいるし。

2-3　中身に踏み込むとは？

　誰ですか《知りたい！　知りたい！》。

　佐藤慎司先生とロチャー松井恭子先生さ。「文字プロジェクト」（佐藤・ロチャー松井, 2011）というんだけど、学部の1年生を対象に2～3人のグループでカタカナの使用例を集めて分析したあと、カタカナの使用法に関する教科書の説明を批判的に考察させている。カタカナについては「外来語や擬声語・擬態語の表記に用いる」というふうに簡単に説明されることが多いけど、この実践ではそれを鵜呑みにせず自分たちで様々な使用例を集め、その結果をもとにカタカナ表記の持つ様々な機能について考えさせているんだ。

　日本語で意見を言わせるんですか。

　いや。初級者なんで、さすがに英語のようだね。ただ、その点を差し引いても学生たちの考察は十分に深く、批判的に思考されていることをうかがわせるよ。これはお二人の実践報告論文から引用した学生の意見なんだけど。

> たしかにもともとひらがなや漢字で表記する日本語の言葉を、人々の注意や興味を引くためにカタカナで表記することは頻繁にみられる現象だと思う。これは広告だけではなく、歌やドラマのタイトル、製品の名前などにも使われているようだ。日常の言葉をカタカナで表記するのは、人々の創造性の現れではないか。
>
> 文化言語学のクラスで、日本人にとってひらがなが一番「ウチ」の表記で、次がカタカナ、漢字、ローマ字であると習った。だから通常漢字で表記する言葉をカタカナ書きにするのは、言葉をウチに取り込む、「ウチ」化ではないか。
>
> （佐藤・ロチャー松井, 2011, p.41）

　すごい。

　この実践にはもう1つ評価すべき点がある。それは学習した知識の応用にまで踏み込んでいる点で、カタカナを使って俳句や詩、ショートストーリーなどの文学作品を日本語で作らせているんだ。例えば、これ。

> **ありますか、いますか**
>
> にほんごで「きがあります。」ですね。
>
> でも、
> ちいさいから**おおきい**まで
> きがセイチョースル。。。
>
> どうして「イマス」じゃありませんか。
>
> ははきのいちばんうえで
> にっこうをタベマス、
> くうきをスイマス。。。
>
> どうして「イマス」じゃありませんか。

（佐藤・ロチャー松井, 2011, p.43）

 素晴らしいですね。

 うん。僕と同じように CBI に挑戦している先生で「学生に何も考えさせていない」という人はおそらく 1 人もいないと思うんだ。ただ、踏み込みの深さには差があって、例えば**ブルームのタキソノミー【ノート A】**(p.30) で言う「記憶」や「理解」の段階にとどまっているのか、それとも授業で学んだ知識の「応用」や「分析」にまで踏み込んでいるのか、あるいはさらに踏み込んで「評価」や「創造」へと導いているのかで、その実践がコンテントベースと言えるかどうかも決まるんじゃないかな。

 この文字プロジェクトはどうですか。

「評価」や「創造」のレベルまで踏み込めていると思うね。ただその一方で、学生たちの振り返りコメントには「時間がかかりすぎる」「かわりに漢字を勉強したかった」「言語についてではなく、言語を勉強したかった」などのコメントが見られたそうで (佐藤・ロチャー松井, 2011)、ほかのプロジェクト型の実践にも言えることだけど、文法シラバスの教科書を使った従来型の授業に上乗せするというやり方には、やはり無理があるみたいだね。

【ノートA】 ブルームのタキソノミー （ブルーム他, 1973）

教育心理学者ブルームらが開発した教育目標の理論的枠組み。教育の目標を頭（認知）、心（情意）、体（精神運動）の3つの領域に分けて分類したもの。

6	評価		
5	統合	個性化	自然化
4	分析	組織化	分節化
3	応用	価値づけ	精密化
2	理解	反応	巧妙化
1	知識	受け入れ	模倣
	認知領域	情意領域	精神運動領域

図 2.1　ブルームのタキソノミー（初版）

認知領域については2001年に改訂が行われ、初版では「知識」のなかに混在していた内容的局面と行動的局面を分離し、知識と認知過程の二次元構成となった。

知識次元	認知過程次元					
	記憶	理解	応用	分析	評価	創造
事実的知識						
概念的知識						
手続的知識						
メタ認知的知識						

図 2.2　改訂版タキソノミー（石井, 2002; Krathwohl, 2002）

 ほかにも「評価」や「創造」のレベルまで踏み込めているものはありますか。

 わからないなあ。というのも、ほとんどの実践報告が学生の振り返りコメントをデータにしていて「何を持って深く考えたと見なすのか」について具体的な基準を示していないんだ。佐藤先生とロチャー松井先生もブルームのタキソノミーには触れていない。別の基準を設けているのかもしれないけど、それについても明示されていない。ただ、「評価」や「創造」のレベルまで踏み込むにはそれなりの時間が必要だから、その実践が90分授業1〜2回程度のものなら、そこまでは踏み込めていないと考えていいんじゃないかな。

2-4 「方法論」が意味するもの

さっき先生がCBIについて「第二言語の習得だけでなく、批判的思考力の育成にも貢献できる教授法として期待されているけど、学術的な知見に基づいた具体的な方法論はいまだ示されていない」（p.17）とおっしゃったとき、私はそれに疑問を呈したんですけど、それって「方法論」ということばに対する解釈が私と先生では違うっていうことなんでしょうか。

そうかもしれないね。僕の場合、グループで決めたテーマについて協力して調べ、その結果を日本語で発表させるとか、ある問題について意見交換をさせるとか、そういう活動のデザインだけじゃなく、それらの活動を想定どおり機能させるための**仕掛け**も含めて「方法論」と考えてるからね。

仕掛け？

つまり、「どんな活動をさせるか」だけでなく、「活動の質をどう高めるか」も重視しているということさ。もちろん、ほかの先生方も考えているとは思うけど、実践報告論文のなかでそれが明示されていることは少ないよね。

レシピが示されていないっていうことですか？

そう。僕が「仕掛けの開発」を意識するようになったのは、ある先生から「説明予期効果」の研究の話を聞いたことがきっかけなんだ。説明予期効果というのは、未知の文章を読ませる際、読み手に「読んだ内容をあとで（その文章の内容を知らない）別の誰かに説明してもらうよ」と予告することによって生じる影響のことなんだけどね。中国語母語話者を対象にした徐芳芳先生の実験（徐, 2015）では、文章を読んだあとにその内容を他者に説明することを求められた群のほうが、文章の内容を要約するよう指示された群よりも文章の理解度が高まることが明らかになっているんだ。

へえ、面白い。

これはたぶん、要約は自分さえ内容を理解していれば問題ないのに対し、説明は聞き手を意識し、あとで何をどう話すかを考えながら（内容を整理しながら）読まなければならないため、自ずと理解も深まるということなんだろうね。だとしたら、学生たちに何か文章を読ませる際には、2人または3人で1組にし、それぞれに別々の文章を与え、「読んだあとにほかの人に説明してもらいます」と指示を与えれば、学生たちの文章の読み方を変えられ、結果、理解も深まるということになるよね。

そうですね。

もちろん相手は人間だし、教室は実験室とは違って様々な要因によって影響を受けるから、なかなか想定どおりにはいかない。でも、そういう学生たちの学習行動に変化を与えられる**魔法のことば**をもっといろいろ知りたいと思ったんだ。

私も知りたいです。

ほかにもディスカッションの研究で事前にどんな指示を与えるかで議論の展開に影響を与えられることがわかっているんだ。丸野俊一先生たちの研究（丸野他, 2001）なんだけど、「入試制度の廃止」というテーマについて何の制約も与えず自由に話し合わせた自由群や、グループで問題点を5つ以上出し合うよう指示した拡散群に比べ、様々な問題点を出し合ったあともっとも重要だと思われるものを1つ指摘させた収束群では、「相手の意見を絡み合わせながらよりよいアイデアを生み出していくという相互交流的なディスカッションを引き起こす」（丸野他, 2001, p.17）高次の質問が多く産出されたそうだよ。また、議論がいくつかの視点を行ったり来たりしつつ徐々に深まっていく螺旋型の展開を示したのは収束群だけだったことも報告されているんだ。

ということは、グループとしての目標を与えたうえで議論させれば、話し合いは自ずと深まるということになりますね。

理屈上はね。実は、日本語教育でも昔同じような研究が行われたことがあってね。意味交渉を促すタスクの研究（Pica et al., 1993）なんだけど、それによると、インターアクションの参加者が互いに異なる情報を持ち、相互に情報を提供し合う双方向タスクで、協力して1つのゴール目指し（収束タスク）、かつ、得られる結果がただ1つ（閉じたタスク）という場合に意味交渉がもっとも起こりやすいことが明らかになっているんだ。また、日本でも榎本安吾先生が同様の研究をされていて、描写説明型のタスクのほうが意見型タスクよりも意味交渉が生じやすいことや、それらの性質の違いによる差はタスクの難易度が上がるにつれて大きくなることを明らかにしている（榎本, 1997）。

そうなんですか。

でも、日本語教育で行われたCBIの実践報告には、さっきも言ったように、どんな仕掛けをしたのかを明示しているものが少ないんだ。例えば、熊谷由理先生と深井美由紀先生の「教科書書きかえプロジェクト」（熊谷・深井, 2009）だね。誤解のないように最初に言っておくけど、僕はこの実践がすごく好きで、自分でもいつかやってみたいと思っているんだ。でも、だか

らこそ、「そこをもっと知りたい」というのがあってね。

 どんな実践なんですか。

 アメリカの大学2年生を対象に行ったものなんだけど、日本とアメリカの教育制度を比較した教科書の文章に「アメリカの大学は入るのは簡単だが卒業するのは難しい」と書かれていたことに1人の学生が異議を唱えてね。それをきっかけに、各自が調べた関連資料や日本の大学生にメールでアンケートした結果をもとにみんなで教科書の文章を書き換えようということになったらしいんだ。

 へえ。

 で、話し合いの様子を記録した録音データや学生たちの様子をメモしたティーチングログを分析してみたところ、学生たちがプロジェクト全体を通して「情報源や情報発信者の意図などを考慮し、その信憑性などについて考え、取捨選択している様子」(熊谷・深井, 2009, p.130)が確認されたそうだよ。ただ、学生たちのした書き換えには批判的に思考したと思われる高次の書き換えがある一方で、古い情報を新しい情報に差し替えただけの低次の書き換えや、学生の思い込みによる断定的な描写も見られたことも報告されている。

 面白い。

 うん。ただ、残念なことに、(この2009年の論文には)その先が書かれていないんだ。例えば、高次の書き換えができた学生と低次の書き換えしかできなかった学生の比率はどのくらいだったのか。また、何が原因でそのような違いが生じたのか。回を重ねるにつれて低次の書き換えは減っていったのか。翌年度にどのような改善を行い、結果、書き換えの質は高まったのか。同じ実践者として知りたいのはそこだよね。

2-5　批判的思考を促す質問作成

 今日ここまでお話を伺って、先生が「お題を設けるだけでなく、その中身に踏み込んでこそコンテントベースだ」と考えていらっしゃることはよくわかりました。それと、「授業で何をし、結果どうだったか」を報告するだけでなく、「そのような学習行動の変化が何によって生じたのか」を学術的・経験的に考察することで授業づくりの手がかり、つまり「レシピ」を提供した

いと考えていらっしゃることも。それを踏まえて、2つ質問があります。

何だろう。改まって。こわい（笑）。

「中身に踏み込む」という点についてなんですけど、先生の授業では具体的にどのようなことをされているんですか。グループで何かの課題に取り組んだり、話し合いをさせたり、そういったことですか。

それもしてはいるんだけど、僕の授業は「幕末・明治の歴史」がテーマで、予備知識のない学生がほとんどなので、まずは資料を読み、講義を聞いて、1人でじっくり考えることを優先している。

1人でじっくり考える。

うん。僕が学士力、なかでも批判的思考力の育成に重きを置いていることはさっき話したとおりだけど、批判的思考力の育成法には大きく分けて3つのアプローチがあってね（道田, 2011a, 2013a）。1つは**普遍アプローチ**と言って、「批判的思考入門」のような専用の科目を設け、批判的思考の一般原則を教える方法。それに対し、既存の科目のなかで思考の一般原則を示していく方法を**インフュージョンアプローチ**と言うんだ。ただ、どちらも批判的思考の仕方を教えなければならないので、専門家ではない僕にはハードルが高すぎるかなと。それで着目したのが、思考の一般原則は示さず、間接的に批判的思考を誘発していく第3のアプローチ、**イマージョンアプローチ**だったんだ。

間接的な方法とは、例えばどんなものですか。

分野を問わずもっとも広く用いられているのは、教員が学生に「なぜ？」と質問を投げかける方法だね。ただ、これには「他者からの問いが先にあること」の問題点、つまり「それは問いがあってはじめて考えるということであって、そこで育成された思考は他者からの問いがなければ発揮されないかもしれない」という問題点が指摘されているんだ（道田, 2007）。

なるほど。

Kingという研究者は、「良き思考者は良き質問者であり、自分が見たこと、聞いたこと、読んだこと、経験したことすべてを絶えず分析し、何が重要かを考え、説明を求め、自己の経験や既有知識と関連づけて思索する」（King, 1995, p.13）と述べていてね。だとすれば、重要なのは自ら進んで問う心や問い続ける態度を育てることであって、それには質問される側ではなく、自己・他者を問わず質問する側でなければならない。そこで、もう1つの方法として授業の最後に学生に質問を書かせ、翌週教師がそれに答えると

いう方法（**質問作成**）があって、僕もこの方法を採用している。先駆的な試みとして有名なのは田中一先生の**質問書方式**【ノート B】（田中一, 1996）で、先生はもう何年もこの実践をされているんだけど（論文発表当時）、この年の前期にも 2 クラス 370 名の学生に質問を書かせたそうだよ。

【ノートB】 質問書方式の手順と概要 （筆者の要約）

1. 講義終了前の15分間に講義の内容に関する質問と質問の説明を質問書に書かせ、提出させる（質問は前回の自分または他学生の書いた質問に対する教師の回答に関する質問でもよい）。

2. 教師は授業後、質問書に書かれた質問を読み、これを3段階で評価する。

3. 質問書に書かれた質問のなかから50問程度を選び、回答をつけて翌週の講義の冒頭に配布する。

---

 370 名……、大変ですね。

 うん。先生の報告では、質問の評価と回答作成に毎回 8 〜 9 時間かかるらしい。それも 1 科目だけで。だから、誰にでも気軽に取り組めるというものではないけど、それでもなお少なからぬ教員がこの方式を取り入れているのは、それ相応の効果があるからだろうね。これは複数年度にわたって質問書方式を実践された先生方の報告を僕なりにまとめたものなんだけど……。

(a) 授業の最後に質問を書くと意識することで予習が促され、授業への集中力も高まる。結果、授業内容の理解も深まる（田中一, 1996; 田中裕, 2008）

(b) 教師からの回答を読む（または聞く）ことで授業内容の理解が深まる（田中一 , 1996）

(c) 他の学生の質問とその回答を読む（または聞く）ことで問題を多面的にとらえ、柔軟に思考できるようになる（田中一, 1996; 田中裕, 2007, 2008）

(d) 他の授業や授業以外の日常場面でも質問・疑問が思い浮かぶようになる（田中裕, 2008, 2009）

これほど効果があるなら、「どんなに負担が大きくても、やってみよう」と思う人がいても不思議じゃないですね。

うん。でも、1科目8〜9時間はさすがに厳しいよね。僕も1クラス10〜15人程度の日本語授業だから「やってみよう」と思ったけど、そうじゃなきゃ、やはり躊躇していただろうね。

先生の場合はどのくらい時間がかかっているんですか。

今は2〜3時間かな。留学生対象の授業で文書で回答する場合、難しい漢字にルビを振ったりしなければならないからね。

それでも決して楽な方法じゃないですね。

うん。でも、やってみて気づいたんだけど、質問って結局「文字による学生たちとの対話」なので、質問に答えることでこちらもすごく勉強になるし、いろいろ気づかされることも多いんだ。学生だけじゃなく、教師にとっても非常に有益な方法だと思うね。最近では、他大学で行っている集中講義でも学生に質問を書かせ、そのすべてに回答するようにしているんだ（詳細は第10章）。

あの、先生はさっき「幕末・明治の歴史に関してほとんどの学生が予備知識を持っていないから、まずは1人でじっくり考えさせるようにしている」とおっしゃいましたけど、それは裏を返せば、歴史以外の教科だったら、別の方法を採用していたかもしれないということですか。

そうだね。これはさっき紹介した道田先生がおっしゃっているんだけど、批判的思考は決して難しいものではなく、誰もが日常的に行っていることなんだ。その証拠として先生はこんな事例を紹介されているよ。

> 私事であるが、筆者の子どもを観察していると、4歳ぐらいでも論理的な推論を行っていたりして驚くことがある。たとえばあるとき、コップに入っていたはずの牛乳がなくなっていた。そこで筆者の娘は、父親である私に、牛乳を飲んだかどうかたずね、次に母親にたずねた。父親も母親も飲んでいないと答えたところ、彼女は結論づけた。「じゃあしーちゃん（下の娘）が飲んだんだ」。ごく単純な状況といえばそれまででではあるが、論理学的にいうならば、彼女が行っていることは選言三段論法である。あるいは批判的思考的にいうならば、彼女が行っていることは、即断をすることなく、複数の可能性を考えたうえで、情報収集を行って結論を出しているのである。Ennis流[4]にいうならば、何を信じるかを決定するために行われた、合理的かつ反省的な思考である。
>
> （道田, 2005, p.57）

なるほど。

ただ一方で、「もっとも、なくなっていたものが牛乳ではなく、彼女にとって思い入れの強い、たとえば大好きなぬいぐるみなどであれば、このように冷静な推論を行うことなく、感情的になって即断したり一面的にみていたかもしれない」（道田, 2005, p.57）ともおっしゃっている。だとすれば、批判的思考教育とは、感情の絡まない場面・内容ではできている思考を、そうではない場面・内容でも行えるようにすることととらえることができるよね。

はい。

じゃあ、このような「感情や思い入れが出やすい場面・内容」以外に、どんな場合に批判的思考が難しくなるのかと言うと、道田先生は次の3つを挙げている（道田, 2005）。1つは知識や経験があまりない分野で考えなければいけない場合、2つ目は議論や考慮すべき状況が単純ではない場合、そして3つ目がいつもやっていることで、こうすれば多くの場合はうまくいくと思っている場合。僕の歴史の授業は第一のケースだね。

それで、まずは必要な知識を学ぶところから始めようと考えたんですね。ということは、例えば3つ目の「いつもやっていることで、こうすれば多くの場合はうまくいくと思っている」トピック・テーマの場合には、まずは自由に意見を言わせ、その後反証を示し、学生たちの思考を刺激していくという方法が考えられますね。

そうだね。一方、2つ目の「議論や考慮すべき状況が単純ではない」トピック・テーマの場合には、グループでの話し合いが有効だろうね。もちろん、ただ「この問題についてみんなで話し合いましょう」と指示するだけでは不十分で、そこにもやっぱりなにがしかの「仕掛け」が必要なんだけどね。

その仕掛けなんですけど、どうやって開発したらいいんでしょう。教育効果の検証には通常、**比較実験法**を用いますよね。でも、日本語の授業は少人数で行うことが多いので、クラス内に実験群と統制群を設けることは物理的にかなり難しいです。また、仮にできたとしても、一方のグループにだけ自分が効果的と信じる方法で授業をするのは倫理的にどうかと……。となると、通常授業とは別に実験の場を設ける必要がありますけど、学生たちは皆、学期中様々な授業を日本語で受けていますから、調査の結果、例えば、日本語の習得状況について事前・事後でなんらかの変化が見られたとしても、それが自分の授業の成果だとは言い切れません。先ほど先生は「レシピ」まで示せている実践報告論文は非常に少ないとおっしゃいましたが、

そういうことも原因の１つなんじゃないかなと。

なるほど。

そこで、お聞きしたいんですけど、先生はどんな方法で仕掛けの開発をされているんですか。

いい質問だね。それに答える前に場所を変えようか。

え？

しゃべりすぎて、喉が乾いちゃった（笑）。

あ、はい。

コントエントベース、批判的思考、質問書方式……。どれも面白い。来てよかった。自分がこれからやろうとしている授業にどう生かせるのか、まだよくわからないけど、でも、何かすごく重要なことを聞いているような気がする。うん？　私にも「嗅覚」、身についてきた？

注

1　FLAC は「Foreign Languages Across the Curriculums」の略で、LSP は「Language for Specific Purpose」の略である。

2　よって、本書では実践者の氏名は伏せて概要のみ紹介することにした。引用文献リストにも記載していない。

3　横田 (1993)、中村 (1991)、深尾 (1994)、西谷 (2001) など。

4　Robert H. Ennis は批判的思考を「何を信じ、何を行うかの決定に焦点を当てた合理的で反省的な思考」と定義している (道田, 2013 など)。

第3章 仕掛けの開発

3-1 デザイン実験

きれいですね。学食とは思えません。

（笑） できたばかりの新キャンパスだからね。ところで、さっき研究室で話した「マニュアル的なものが教師の成長を妨げる」(p.17) という話だけど、学習科学の分野では、研究成果を積極的に一般化することで教育現場に還元しようとしているんだよ。

そうなんですか。

うん。その成果の1つが**知識構成型ジグソー法【ノートC】**という教授法でね。すごく簡単に言うと、3種類の資料を用意し、最初に同じ資料を持った学生同士が協力して資料の内容について理解を深める。その後、別々の資料を持った学生同士がグループを作って互いの資料を説明し合い、共有した情報をもとに課題の答えをみんなで考えるっていうものなんだ。

へえ《これも面白そう》。

学習科学では、人はそれまでに自分が経験してきたことを土台にして自らの経験則を作り、それを活用することで科学的な概念などの原理原則を学ぶと考えているんだ。ところが、その原理原則というのは、個人の経験則だけを頼りに理解できるような簡単なものではないし、教員がどんなにわかりやすく説明したとしても、学生が持つ経験則は一人一人違うから、すべての学生に等しく理解させられるわけじゃない。そこで導入されたのが、ほかの学生と一緒に考えながら学ぶ**協調学習**で、自分の考えをことばに出して確認する場面（課題遂行）と、ほかの学生のことばや活動を聞いたり見たりしながら、自分の考えと組み合わせてより良い考えを作る場面（モニタリング）を、個人内で何度も生じさせることによって（**建設的相互作用**）、理解を深めさせようと考えたんだ（三宅・三宅, 2014; 三宅他, 2017）。

なるほど。

【ノートC】 知識構成型ジグソー法 （三宅他, 2017など）

「生徒に課題を提示し、課題解決の手がかりとなる知識を与えて、その部品を組み合わせることによって答えを作りあげるという活動を中心にした授業デザインの手法」（三宅他, 2017, p.17）のこと。以下の手順で進められる。

1. 問いを提示し、その時点で思いつく答えを書き出させる。

2. その問いについて考えるための手がかりをいくつかの部品として渡し、その資料に書かれた内容や意味を話し合い、グループで理解を深める（**エキスパート活動**）。

3. 違う資料を読んだ学生同士でグループになり、エキスパート活動で理解した内容を説明し合う（**ジグソー活動**）。理解が深まったら、それぞれのパートの知識を組み合わせて、問いに対する答えを作る。

4. 答えができたら、その根拠も添えてクラスで発表する（**クロストーク**）。

5. その日の授業でわかったことを踏まえて、もう一度自分で答えを作る。

※イラストは一般社団法人教育環境デザイン研究所（CoREF）のウェブサイトから転載

だけど、そのような相互作用は、グループで話し合いをさせるだけで自ずと生じるものではない。できる学生が1人で解決してしまって、ほかの学生はそれに黙って従うだけなんてことがあるかもしれない。知識構成型ジグソー法というのは、そのような事態を引き起こさないための「仕掛け」として開発されたものでもあるんだ。

全員に均等に役割を与え、みんなで協力しないと答えを導き出せないようにしているわけですね。

そういうことだね。そして、この教授法の開発に使われたのが**デザイン実験【ノートD】**という研究方法なんだ。

【ノートD】 デザイン実験 (Brown, 1992; Collins, 1992)

「従来の実験室での統制群と実験群の比較による検証方法とは根本的に異なり、複雑な要因が絡み合って成立している教育実践現場に研究者が入り込み、あるいは実践者自らが研究者となって、教育実践をデザインする中でこれまでの研究知見を活用し、それを発展させていくための枠組みである」

（鈴木・根本, 2012, p.1）

表3.1　従来の実験室実験とデザイン研究の違い（益川, 2012, p.180）

	従来の実験方法	デザイン研究
場　　所	実験室	複雑な状況（教室など）
扱う要因	1つの変数を変える	複数の変数を扱う
実験状況	実験者が意図的にコントロール	コントロールしていない特定状況
実験手続き	固定した手続きで	柔軟にデザインの修正も行う
社会との連携	社会と分離している	社会と相互作用している
研究スタイル	仮説を検証する	枠組みを開発していく
立　　場	実験者として	デザイン・分析の共同参加者として

デザイン実験？

うん。これまでは、その教育介入が有効かどうか確かめるために、学習者を実験群と統制群に分け、結果に影響を与える可能性のあるその他の要因をできる限り同質にしたうえで働きかけを行っていた。だけど、人間の学

びは能動的なもので、状況に依存することを考えると、学びのプロセスに影響を与える可能性のある複数の要因のなかから1つだけを取り出してその影響を調べるというやり方は、現実的ではないよね（三宅他, 2017）。実践者として知りたいことは「どういう学習活動が起きたらどれほど望ましい学びが起きるのかであり、そういう学習活動を起こすにはどうしたらいいか」（三宅・白水, 2003, p.70）なんじゃないかな。だったら、「実験室に囲い込んでできるだけ単純化して一つずつ解き明かそうというよりは、混沌とした『現場』を混沌としたまま丸ごと受け止め、複眼的に何が起きるかを観察し、厳密さは多少犠牲にしながらも次の実践に直接役立つような知見を得ることを目指す」（鈴木・根本, 2012, p.6）べきではないかというのが、デザイン実験の基本的な考え方なんだ。

 なるほど。

 これは教育の仕事をしている人間なら誰もが経験していることだと思うけど、同じ授業を担当していても「今年の学生は去年とちょっと違うな」と感じることがあるよね。ましてや相手が留学生の場合、それまで受けてきた教育の中身も文化的な背景も違うわけだから、結果に影響を与える可能性のある要因は数え切れない。なにがしかの理論を構築するための研究なら、条件を統制したうえで比較実験をするのがいいと思うんだけど、僕の目標はあくまでも「結果を出す」ことであって、この教授法がほかの教授法よりも優れていると証明することじゃない。期待したような学習行動を実際に引き起こせていたのかどうか、引き起こせていたなら、その結果、学期初めに立てた到達目標を達成できたのかどうか。僕にとってはそこが重要なんだ。

 知識構成型ジグソー法で言えば、建設的相互作用は頻繁に生じていたのか、その結果、学生たちの理解は本当に深まったのかということですね。

 そう。実は、このような「より望ましい結果を得るためにはどうすればよいか」に焦点を当てた研究方法は古くからあってね。**構成法【ノートE】**（または構成実験）と言うんだけど、この方法のいいところは「日々の授業を、学生を犠牲にすることなく、そのまま実験・研究の場にすることができる」という点で、この点はデザイン実験も同じなんだ。

【ノートE】 構成法

「比較実験法に対する語。すでに形成が可能であることが知られている行動の形成要因の寄与率を比較研究するよりは、むしろ特定の行動がいかなる要因によって形成可能となりうるかを、要因の組合わせによって実際に形成してみることによって、未知の因果関係を見出そうとする方法である。いわば、発明とか発見の過程に対応するものである。」(牛島義友他, 1969, p.279)

伏見・麻柄 (1993) による構成法の説明

教育心理学の分野でも、比較実験はオーソドックスで "お行儀のよい" 伝統的正統派の実験方法であった。

この実験方法の原理はこうだ。「要因A」が「結果R」に影響をもたらしているかどうかを調べたい。ひとつの群(実験群)には「A」を与える。もうひとつの群(統制群とか比較群と言われる)には与えない。あるいは別の「A′」を与える。それで「R」に違いがあるかどうかを調べる。と、まあ単純ながらも美しい世界だ。この場合、仮説は次のような形になる。

「A」がないよりあるほうが、「R」の程度が大きいであろう。
「A′」があるより「A」があるほうが、「R」の程度が大きいであろう。

では構成実験(構成法)はどのようなものか。

この方法を用いる人は、まず、比較実験の仮説にあった「Rの程度が大きい」というようなことに満足しない。今かりに「結果R」を「事後テストの得点」だとしよう。比較実験だと、たとえば実験群の事後テストの平均点が60点、比較群が40点だったとすると、実験者は大喜びだ。仮説は支持されて、やっぱり「要因A」が効いているのだとなる。

構成法の立場では、「ちょっと待てよ。60点で満足できるかい。まだ不十分だよ」となる。

「結果R」に影響を与えているのは「要因A」だけではないはずだ。「要因B」や「要因C」「要因D」も合わせて用いればもっと有効かもしれない。それらの要因をすべて取り入れて子どもたちに教えてみる。そうすれば事後テストの得点が100点とは言わないまでも相当高くなるはずだ。

だから、構成法では、比較法とは発想を逆にして、できるかぎり望ましい「結果R」をもたらすためにはどのような手立てをうてばよいかを考える。そして実際にその方法で教え

てみる。さて実際に最高の結果が得られるか。そこがポイントだ。

　つまり目標としている反応や状態を実際に形成する（構成する）ための諸要因（とその組み合わせ）を捜し出すのが構成法の目的なわけだ。この場合、仮説は次のような形になる。

　「A」「B」「C」「D」……という要因を取り入れてカクカクシカジカの教え方をすれば、相当高い「R」がもたらされるだろう。

（伏見・麻柄, 1993, pp.216-217）

 どんなふうに行うんですか。

 三宅なほみ先生と白水始先生（三宅・白水, 2003）によると、まず「人はこういうふうに学ぶとうまくいくはず」「こうすると、ここまで学べるだろう」という、各研究者の持つ学びについての考え方（**学習モデル**）に基づいて授業をデザインする。そして、実際に授業を行ってみて、そこで起きたことを観察・分析し、どういう条件が揃ったときに何が起きると見せばよいのかを検討する。因果関係についての決定的な証拠は得られないけど、似たようなことが何度も起き、それについて一貫した説明ができるなら、その仮説は真実を表している可能性が高いと見なす。そして、その仮説をもとに学習モデルを修正し、そこからより強力な授業デザインを引き出す（図3.1）。

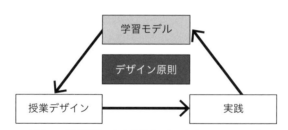

図 3.1　学習科学の研究方法 (三宅・白水, 2003, p.71)

 アクションリサーチみたいですね。

 この表（表 3.2）は鈴木克明先生と根本淳子先生の論文（鈴木・根本, 2012）から引用したものなんだけど、デザイン実験が「誰でもが使うことのできる、できるだけ一般性の高いデザイン原則を提案すること」（三宅・白水, 2003, p.72）を目的の1つにしているのに対し、アクションリサーチは特定の現場に密着し、現場を改善することを目指していて、一般化には慎重なようだね（横溝, 2000）。

表 3.2　デザイン実験とアクションリサーチの違い（鈴木・根本, 2012, p.2[1]）

デザイン実験	アクションリサーチ
理論に基づいた実践 ↓ 効果測定 ↓ 実践の改定 ↓ 効果測定 ↓ **デザイン原則の提案** ↓ 理論の見直し	現状分析 ↓ 理論に基づく改善案提案 ↓ 実施 ↓ 評価 ↓ （一般化と限界の検討）

3-2　学習モデル

先生もこのデザイン実験という方法で教授法開発をされたんですか。

そう。もっとも、僕がしているのは学習科学の先生方がされているような綿密なものではないので、デザイン実験もどきなんだけどね。

先生はどんなモデルを立てられたんですか。

最初に考えたのは「講義後の質問作成を意識させることで学生たちの講義を聞く態度を変えさせ、より深く思考された高次の質問を引き出す」という非常にシンプルなもので、図にすると、こんな感じ（図 3.2）。さっき質問書方式の利点として「授業の最後に質問を書くと意識することで授業への集中力が高まり、授業内容の理解も深まる」とか、「繰り返し質問を書くことでほかの授業や授業以外の日常場面でも質問・疑問が思い浮かぶようになる」などの点が指摘されてると話したよね（p.35）。それを図式化してみたんだ。

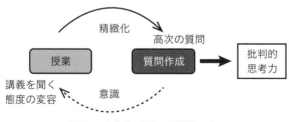

図 3.2　本実践で想定した学習モデル

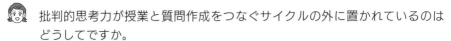 批判的思考力が授業と質問作成をつなぐサイクルの外に置かれているのはどうしてですか。

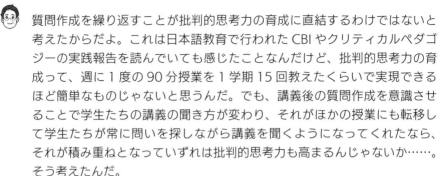 質問作成を繰り返すことが批判的思考力の育成に直結するわけではないと考えたからだよ。これは日本語教育で行われた CBI やクリティカルペダゴジーの実践報告を読んでいても感じたことなんだけど、批判的思考力の育成って、週に 1 度の 90 分授業を 1 学期 15 回教えたくらいで実現できるほど簡単なものじゃないと思うんだ。でも、講義後の質問作成を意識させることで学生たちの講義の聞き方が変わり、それがほかの授業にも転移して学生たちが常に問いを探しながら講義を聞くようになってくれたなら、それが積み重ねとなっていずれは批判的思考力も高まるんじゃないか……。そう考えたんだ。

なるほど。

ただね、それだけだと、特別な仕掛けをすることもなく授業で毎回質問を書かせていれば、批判的思考力は自然に身につくということになってしまうよね。実は質問書方式にも「質問の質が問われない」（道田, 2011b）という欠点が指摘されていて、授業とは無関係な質問や感想に近い質問をいくら書いても、批判的思考力の育成にはつながらないと思うんだ。

はい。

実は、大学生の質問力についてはいくつか調査があってね。例えば生田淳一先生らの調査（生田他, 2001）によると、講義中に「質問を思いつかない」と回答した大学生は 8.1% だけだった[2]。質問生成のプロセスは大きく①困惑した気持ちが生起する段階、②質問を思いつく段階、③質問する段階の 3 つに分けられるんだけど（生田・丸野, 1999）、同じ無質問でも「思いつかないから、質問しない」児童（生田・丸野, 2005a）と違って、大学生の場合は「常に」ではないけれど、ほとんどの学生が講義中になんらかの質問を思いついているみたいだね。ただ、質問の質という面では課題は少なくない。例えば、道田先生が「教育心理学」の授業を受講した学生 64 名の書いた質問を KJ 法を使って分類されているんだけど、結果は「授業に役立たせにくいもの」が 24（37.5%）、「理解を確認し深めるための質問」が 18（28.1%）、「疑問や反論・問題点の指摘」が 22（34.4%）というものだった（道田, 2001）。

「授業に役立たせにくいもの」って、どんなものですか。

単なる感想や漠然とした質問、授業の範囲外の質問のことさ。また、「理解を確認し深めるための質問」とは授業や教科書で言われていることを理解す

ることを目的とした質問で、道田先生の表現を借りれば、教師と学生が一種の「主従関係」（道田, 2001, p.166）のなかにある質問のことを言う。一方、「疑問や反論・問題点の指摘」というのは対等な立場からの疑問や問題点の指摘で、批判的思考の現れと見なせる質問のことだね。

 最初の2つを合わせて64問中42問、3分の2くらいですか……。

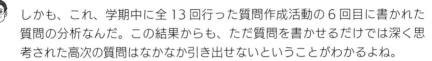 しかも、これ、学期中に全13回行った質問作成活動の6回目に書かれた質問の分析なんだ。この結果からも、ただ質問を書かせるだけでは深く思考された高次の質問はなかなか引き出せないということがわかるよね。

そうですね。

もう1つ同じような調査がある。小野田亮介先生らが大学生80名を対象に行ったもので（小野田他, 2011）、学生の記述を①授業内容に対する自分の感想や意見などの「単純報告記述」、②授業内容に自分なりの解釈を加えた「解釈的記述」、③授業内容を具体的な場面や自分自身の経験に当てはめた「具体化記述」、④授業内容とは関係のない私的なコメントや意見の「脱文脈的記述」の4つに分けて分析してみたんだ。その結果、単純報告記述が全体の55.52%を占める一方、解釈的記述は19.84%、具体化記述は23.37%にとどまったんだ。これは全5回の調査の平均値なんだけど、この結果を見ても、やっぱり大学生にとって良い質問をするというのは、なかなかに難しいようだね。

はい。

この点は質問書方式を実践された先生方も指摘されていて、「質問を考えることは多くの学生にとって最初はかなり難しく、最後まで上達しない学生が一定程度いる」（田中一, 1996; 田中裕, 2008）とか、「質問は思いついてもそれを言語化することに難しさを感じる学生がいる」（田中裕, 2008, 2009）といった報告があるね。また、学生のなかには「質問を作ることに価値を見出せない者がいる」（田中裕, 2007, 2009）といった報告もあるんだ。

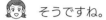 **3-3　質問作成の手順と方法**

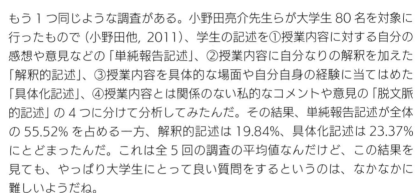 その質問書方式を実践された先生方ですけど、学生たちから良い質問を引き出すためにどんな工夫をされているんですか。

それは大きく2つにまとめられるね。1つは質問作成の「手順と方法」に関するもので、まず挙げられるのは**記述の仕方や内容を指定**することだね。例えば、田中一先生は質問だけでなくその質問の説明、つまり、ただ単にわからなかった点や疑問に感じた点を書くのではなく、なぜそのような疑問を感じたのか、質問の「背景」も書くよう指示されている。その結果、質問文の長さは平均500字程度まで伸びたそうだよ（田中一, 1996）。

500字はすごいですね。

うん。それも平均だからね。また、田中裕先生（田中裕, 2008）は質問の内容について「資料に答えが載っていない質問に限定する」という条件を課している。そうすることで「それまでの自分の知識体験とその日の講義の話を結びつけた思考をせざるを得なくなるから」というのが理由らしい。また、字数についても「いろいろな事物の関連のなかで質問をしてほしいから」との理由で、「100字以上」という下限を設けていて、結果、先生の意図どおり「かなりの人が授業以外の日常場面で質問・疑問が出てくるようになった」（田中裕, 2008, p.26）そうだよ。

なるほど。

もう1つは、**フィードバックとその返し方**を工夫することだね。田中一先生はアンケート調査で「他の学生の質問に対する回答が参考になった」と答えた学生が75%以上いたことや、「他の学生の質問とその回答を見て、1つの事実のとらえ方に様々な道があることを知った」という意見が毎学期散見されることから、フィードバックには質問の回答からの直接的な効果だけでなく、いろいろな質問の仕方があることに気づかせる効果があるとおっしゃっている（田中一, 1996）。また、田中裕先生も「授業開始当初質問を作ることの意味もわからなかった学生たちに役に立ったのは他の学生の質問を集めた質問集であった」と報告されているね（田中裕, 2008）。

より多くの例に触れることで、良い質問とはどのようなものかを具体的に学ぶということですか。

そういうこと。一方、フィードバックの返し方には「質問への回答を口頭で行うか文書で行うか」という問題と「質問に評価をつけるか否か」という2つの問題があってね。前者については、田中一先生が一部の質問に文書で回答しているのに対し、田中裕先生はすべての質問に文書で回答している。また、比佐篤先生は初めは一部の質問にのみ口頭で回答していたけど、その後は一部の質問に文書で回答するとともに、特に重要な質問については授業冒頭の20～25分を使って口頭でも答えるようにしたそうだよ（比佐, 2010）。

どちらが効果的だったんですか。

 それについては特に触れられていないね。ただ、比佐先生は今も話したように、途中からできるだけ多くの質問に文書と口頭で答えるようにされたんだけど、変更後の学生たちの様子について「質問作成が評価につながり、且つ教員が答えてくれるという期待も抱けるため、ある程度以上の関心があれば、積極的に書こうとしてくれる」（比佐, 2010, p.19）とおっしゃっている。また、質問書方式と同じタイプのコメント用紙「**大福帳**」【ノートF】の効果について検証した向後千春先生は、「自分が書いたことに対して学生は教員からの毎回の返信を期待しており、それがなかったときのネガティブな効果は見過ごすことができない」（向後, 2006, p.27）と述べていらっしゃるよ。

【ノートF】 「大福帳」

　講義型の授業で学生に質問やコメント・感想などを書いて提出させる紙媒体の授業ツール（コメント用紙）のこと。質問書方式で使われる質問の記入用紙も同種のものであるが、「大福帳」では記述内容を質問に限定していない。ほかにも「何でも帳」（田中毎, 1997）や「ミニットペーパー」（関内他, 2007）、「リアクションペーパー」（小野田他, 2011）など、様式と使い方の異なる様々なタイプのものがある。

向後（2006）の「大福帳」（右図）
　A4サイズの紙の両面に全15回分のコメント欄と教員の回答欄が印刷されている。

 せっかく書いたのに、何も返答がないのは、確かに寂しいですよね。

 そうだね。この点については小野田先生たちも解釈的記述や具体化記述よりも単純報告記述のほうが多かった理由として、教員という発話の対象を強く意識したことによって「授業の振り返り」という本来の目的が薄らぎ、教員とのコミュニケーションツールととらえられてしまったのではないかと

述べていらっしゃるよ（小野田他, 2011）。要するに、口頭か文書かという問題より、どれだけ多くの質問に答えられたかが重要ということなんだろうね。また、評価については、全員が質問の評価を成績に入れていて、田中一先生のように期末テストは行わず、質問の評価だけで成績をつけている先生もいる。ただ、質問に評価をつけることでより良い質問が引き出されるのかという点については未解明で、比佐先生によれば、学生の授業評価への影響は特になかったそうだ（比佐, 2010）。

 そうですか。

3-4　質問作成の下地作り

さて、今まで話したのが、より良い質問を引き出すための直接的な働きかけだとすれば、もう1つは間接的な働きかけ、「下地作り」だね。これには3つの点が指摘されていて、なかでも重要なのは**授業の理解度を高める**ことなんだ。田中一先生は、予習をよくする学生ほど質問作成に対する慣れが高く、逆に授業をあまり聞かない学生の慣れは低いことを指摘し、授業の理解と質問作成が強い相関を持っていることを示唆していらっしゃる（田中一, 1996）。そして、「質問書方式がもっとも効果を上げるのは、やや易しいテキストを用いて、比較的理解しやすい講義をする場合かもしれない」（田中一, 1996, p.121）とも述べていらっしゃるんだ。

確かに。自分が理解できていない内容について「質問しろ」と言われてもできませんね。

うん。また、田中裕先生も「資料や教師の説明に答えがない質問ができるようになるためには、まず理解する必要がある」（田中裕, 2009, p.74）と述べていて、学生の理解を助ける手段として講義内容に関する質問を教師があらかじめ与え、授業の最後に学生同士で解答を交換し採点したあと、最後に自分自身の質問を考えるという方法を取り入れていらっしゃる（田中裕, 2009）。また、比佐先生も講義を始める前に各自レジュメを読ませ、主題を3つ書き出してもらうことで、事前に授業内容をある程度理解させておくという方法を試みていらっしゃるよ。そしてその結果、学生の授業評価が「授業の内容は分かりやすいか」と「授業の内容は興味や関心を抱かせるか」などの項目で高まったと報告されている（比佐, 2010）。

実際、文章を読む場合なんかも、その先の展開や文章全体のフレームを意

識して読むと理解しやすいと言われていますものね。

「先行オーガナイザー[3]」だね。この場合は「授業内で予習をさせている」と考えてもいいかもしれないね。

ああ、なるほど。

そのほかには、学生たちの**興味・関心を引く**ことと**有効性の認知**の2つがあって、前者については、田中裕先生が「学生たちは興味がわかないと質問を思いつかない」と述べていらっしゃる（田中裕, 2009）。まあ、これもなんとなくわかるよね。

はい。考えようという気持ちそのものがわかないですから。

一方、有効性の認知だけど、これは学習方略研究で用いられている概念で、学習方略の選択には「方略に関する知識」「有効性の認知」「コストの認知」などの認知的要因が影響を与えるとされているんだ（瀬尾他, 2008; 植阪, 2010; 篠ヶ谷, 2012 など）。このうち、「方略に関する知識」というのは文字どおり、そのような方略があると学習者が知っているかどうかで、どんなに効果的な方略でも学習者がそれを知らなければ使わないよね。じゃあ、知ってさえいればいいのかと言えばそうじゃない。その方略が役に立つと思わなければ使わないだろうし（有効性の認知）、役に立つと思っても、日常的に使うにはあまりに負担だと思えば、やはり使わないだろう（コストの認知）。

つまり、学生たちに「質問作成は負担の少ない、有効な学習方法だ」と感じさせることが重要だということですね。

そう。この点について田中裕先生は、さっきも話したように「質問を作ることに価値を見出せない学生がいる」ことを指摘していらっしゃって、その原因として「質問とは自然に浮かぶもので、強い意志で無理矢理作るものではないという考えが浸透している」（田中裕, 2009, p.72）ためではないかと述べていらっしゃるよ。

だとしたら、どうすればその有効性を実感させられるかですかね。

うん。田中裕先生が指摘されているのは2つ（田中裕, 2009）。1つは他人の良い質問をたくさん見せることで、ことばによる説明だけでは学生たちに質問作成の意義と有効性を理解させるのは難しいとおっしゃっている。もう1つは質問作成の訓練を繰り返すことで、「それによって多くの学生は単なるわからないとは異なる質問ができるようになり、質問を思いつく時間が早くなることで進歩を実感する」と述べておられるね。

質問作成と有効性の認知の関係について調査した研究はあるんですか。

あるよ。小山義徳先生の研究（小山義徳, 2014）なんだけど、質問作成に影響を与える要因として「質問の効果の認知」「質問生成のコスト感」「質問方法の未知」「質問の言語化の容易さ」「メタ認知」「テキストの理解度」の6つを想定し、産出された「質問の数」と「質問の質」との相関を調べたところ、「質問の数」には「質問生成のコスト感」と「質問方法の未知」が弱い相関を示すことが明らかになったそうだよ。

つまり、「質問作成は大変だ」と感じている学生や、「質問の作り方がわからない」という学生は質問の数が減るということですか。

そのとおり。また、「質問の質」には「質問のコスト感」が弱い相関を示し、質問作成が大変だと感じている学生ほど、質問者と回答者の両方の批判的思考を活性化するような「思考を刺激する質問[4]」の数が減ることも明らかになった（小山義徳, 2014）。これらの結果を総合すると、質問作成の練習をただ繰り返すだけでなく、どうすれば良い質問が書けるのかを具体的に示し、質問作成のコスト感を減らす、あるいはコストを超えた有効性を実感させることが必要ということになるね。

3-5　質問の質を高める方法 I：質問の型を教える

その「どうすればもっと良い質問が書けるのか」という点についてですけど、もっと直接的な指導法について検証した研究というのはないんですか。

あるよ。例えば、教育心理学の実験で質問を考えることで文章の内容理解が深まることを実証した研究はたくさんあって（例えば、秋田 (1989)）、どの方法がより効果的かについてもメタ分析[5]が行われている。例えば、文章の意味理解を深める質問作成の方法としてこのような5つの方法が提案されているんだけど、Rosenshine et al. (1996) の分析によると、Signal Word 法と Generic Question 法がもっとも効果量[6]が大きかったそうだ。

(a) **Question Type 法**：①答えが文の中にある質問、②答えを出すには複数の文の内容を統合する必要がある質問、③答えがテキストになく背景知識や推測が必要な質問という3種類の質問を考えさせる方法

(b) **Story Grammar Categories 法**：物語を読む前に「主人公はどのような人物か」「主人公の目的は何か」などの問いを立てさせる方法

(c) **Main Idea 法**：文章を読んだ後、その文章の要点は何かと考えさせ、それを質問として書かせる方法

(d) **Signal Word 法**：文章を読んだ後でその内容について「誰が」「何を」「どこで」「いつ」「なぜ」をキーワードに質問を作らせる方法

(e) **Generic Question 法**：「How are … and … like ?」のような質問の文型を提示し、空欄を埋める形で質問を作らせる方法

(Rosenshine et al., 1996; 小山義徳, 2012)

 かなり明示的ですね。キーワードを与えたり、質問の文型を与えたり。

 そうだね。このような「質問の型を教える方法」（道田, 2007）で文章ではなく講義内容の理解が深まるかどうかを検証したのが King という研究者でね (King, 1989, 1991)。学習者に「質問語幹リスト」（表 3.3）を配布し、そこに記載された「〜と〜の違いは何か」や「それがもし本当なら、〜はどうなるのか」などの文型を使って質問を作らせるというもので、(e) の

表3.3　質問語幹リスト (生田・丸野, 2005b, p.39) [10]

一般的・包括的	概念の説明	7 8 10 11	Explain why 〜 Explain how 〜 What is the meaning of 〜 ? Why is 〜 important?
	既有知識や経験の活性化と利用	5 6	What do we already know about 〜 ? How does 〜 tie in with what we learned before 〜 ?
具体的・分析的	比較と対照	4 12 13 16	What are the strength and weakness of 〜 ? What is the difference between 〜 and 〜 ? How are 〜 and 〜 similar? Compare 〜 and 〜 with regard to 〜 .
	予想を立てる	3 18	What would happened if 〜 ? What do you think causes 〜 ?
	関係性の分析	9 17	How does 〜 affect 〜 ? How does 〜 effect 〜 ?
応用的	例を作り出す	1	What is new example of 〜 ?
	アイデアの統合	15	What are some possible solutions for the problem of 〜 ?
	適応例を作り出す	2	How would you use 〜 to 〜 ?
	評価・判断を作り出す	14 19	What is the best 〜 , and why? Do you agree or disagree with this statement 〜 ? Support your answer.

「Generic Question 法」に相当する。ただ、調査の結果、大学生対象の調査でも中学生対象の調査でも講義内容の理解は深まるものの、質問と回答の作成を 1 人で行うかグループで行うかに関わらず質問の質に有意な変化は見られなかったようだね (King, 1991)。

そうなんですか。

また、生田先生たちは、さっき話したように、質問生成のプロセスを①困惑した気持ちが生起する段階、②質問を思いつく段階、③質問する段階の 3 つに分け、小学生を対象に King と同じ質問語幹リストを使って調査をしている (生田・丸野, 1999, 2005a)。それによると、質問語幹リストの使用は子どもたちの困惑した気持ちを高め、質問の数でも実験群と統制群の間に有意差をもたらしたものの、質問の質についてはやはり有意差が見られず、「包括的・一般的質問に終始し、より知識を深め、精緻化するような具体的・分析的質問、応用的質問は見られなかった」(生田・丸野, 1999, p.58) そうだ。

型を与えるだけではダメなんですね。

その点について検証した面白い研究が 2 つあるよ。1 つは大学生 79 名を対象に 6 週間にわたって質問語幹リストを使った質問作成の効果について調査した尾坂柚稀先生らの研究 (尾坂・山本, 2014) で、この調査では最初の 3 週間は「授業中に感じた疑問や質問を記入してください」とだけ指示し、リストは配布しなかった。そして、4 週目と 5 週目に「質問する際の参考にするように」と言ってリストを配布し、質問を書かせ、介入前後の質問の質の変化を分析したんだ。その結果、「思考を刺激する質問」の得点には介入前と介入後で有意差が見られ、介入によって高次の質問を引き出せることがわかったと報告されている。

効果ありですね。

うん。もう 1 つは小山義徳先生の研究 (小山・Manalo, 2013; 小山義徳, 2014) で、3 カ月間の授業を 1 カ月ごとに「ベース期」「訓練期」「自発期」の 3 つに分け、訓練期には「質問マトリックス[7]」の印刷されたワークシートを配布して質問を書かせた。大学生 92 名を対象に調査を行ったところ、訓練期には思考を刺激する質問の数は増加したものの、訓練の効果は自発期には維持されないという結果になった。尾坂先生たちはその後の変化については調査されていないので、はっきりとは言えないけど、質問の型を与える方法では即時的効果はあっても持続的効果は期待できないのかもしれないね。

なるほど。

 じゃ、なぜ自発期に効果が見られなかったのかだけど、小山先生は、質問することで自分の理解が深まるということを学生たちが実感できていなかった可能性、言い換えれば質問の効力感を実感できていなかった可能性を指摘している（有効性の認知）。これらの結果から、質問の型を与える方法は「質問とはどのようなものか」を具体的に示すことで、学生たちに疑問を感じさせることや疑いの気持ちを持って授業を聞く態度を促すことには役立つものの、それだけでは知識の精緻化につながる深い思考を促すことはできないと言えそうだね。

3-6 質問の質を高める方法Ⅱ：質問経験を積ませる

 質問の型を教える以外の方法について試された先生はいらっしゃらないんですか。

 道田先生が「質問経験を積ませる」という方法を提案されていて、教職課程の「教育心理学」の授業で、以下のような手順で学生たちに質問を書かせているよ (道田, 2011b)。

1. あるグループが教科書の指定個所の重要ポイントをコンセプトマップにして発表する。
2. 発表を聞いた学生たちはグループで協議して質問を1つ作り、発表グループがそれに答える。
3. その後授業者が補足説明をし、授業に関連したビデオを視聴した後、各自が質問書に質問を書いて提出する。
4. 翌週の授業で発表グループと授業者がそれに答える。

 グループで発表させ、グループで質問を考えさせるんですね。

 そう。道田先生は大学生が質問をしない理由の1つとして「質問に触れる経験が少ない」ことを指摘されていて、質問を書くだけでは豊富に質問に触れることはできないと述べていらっしゃってね。それで学生たちに質問経験[8]を積ませようと考えられたみたいだね。事前・事後の調査で、授業では扱わない章から 1,000 字程度の文章を作成し、その内容についてできるだけたくさん質問を書くよう指示したところ、思考を刺激する質問の数と質問

の総数が有意（または有意傾向）に増加することがわかり、質問紙を使った質問態度の調査結果も有意に高くなることがわかったんだ。

どうして質問の質が向上したんですか。

その点を明らかにするために、先生は別の調査（道田, 2015）で同じ内容・同じ方法で授業を行ったあと、4つのグループにグループインタビューをされたんだ。その結果、学生たちから語られたのは①毎時間小グループで質問を作成したこと、②他グループの質問を見たこと、③知識が増えたことの3点だった。そして、この結果を「小グループで質問を作ることを繰り返す中で質問することの必要性を感じ、他者に伝える中で表現できるようになり、質問への回答を聞いて納得した」（道田, 2015, p.104）とまとめていらっしゃる。

他者との対話というのは質問作成にも効果があるんですね。

そうだね。もう1つ興味深い研究があるよ。リアクションペーパーの記述を分析した結果、教員の存在を強く意識したことで解釈的記述や具体化記述よりも単純報告記述のほうが多くなってしまったというさっきの研究だけど。ならばということで、教育心理学の講義で2つの大学の学生に授業終了前の10分間に「わかったこと」「わからなかったこと」「その他の感想」の3つを書かせてみたそうだ（小野田・篠ヶ谷, 2014）。そしてその際、一方の大学では「この授業で書いた質問を、来年のこの授業の受講者に匿名で開示する」と伝え、もう一方の大学では学生たちの書いた質問を翌週の授業の冒頭にいくつか読み上げ、補足説明を行ったところ[9]、後者の大学では低次の質問が抑制され、逆に高次の質問が増加することが示されたんだ。

へえ。

ただし、その効果は学生たちがリアクションペーパーをどうとらえているかによっても影響を受け、低次の質問が抑制されるのは内容記憶志向の低い学生たちで、高次の質問が増加するのも私的交流志向の低い学生であることも明らかになった。ここで言う「内容記憶志向」とは、リアクションペーパーを授業内容の記憶のためのツールだととらえる信念のことで、「私的交流志向」とは授業者とのコミュニケーションツールだととらえる信念のことを言う。

つまり、学生たちがリアクションペーパーというものをどうとらえているかによって結果に違いが出るということですか。

そういうこと。ただ、小野田先生らは教師が質問に回答することの効果が、

授業者が学生に「このような質問を書いてほしい」と思っている質問を意図的に取り上げ、提示したことによるもの、つまりモデリングの効果によるものなのか、それとも授業者が学生の質問に答えてくれたことによるものなのかは示せていないという点も指摘しているね。また、質問の開示を予告したことの効果が見られなかった点についても、読み手が増えることを予期させただけで、実際に授業者がすべての質問を学生に提示したわけではない点にも注意が必要だとも述べていらっしゃる。

 確かにそうですね。その様子を目撃したわけじゃないですしね。

 さらに、今後の展望として2点指摘されている。1つは科目との関係で、学生自身の生活や経験に照らして考えられる教育心理学はほかの教科に比べて高次の質問を作りやすいという可能性があり、ほかの教科でも同じような効果が得られるかどうかはわからないという点。もう1つは質問を書く時間が10分に制限されていた点で、記述時間を長くすることで拡張記述が促進される可能性があるけど、学生たちがそれを有効活用するかどうかはわからない。

 結局、学生たちがどれだけ真剣に質問作成に取り組んでくれたかが重要ということですね。

いやあ、びっくりした。質問の考え方や書かせ方だけでこんなにもたくさん研究があるんだ。それとデザイン実験。こういう授業研究の方法があるなんてぜんぜん知らなかった。「大事なのは意図したとおりの学習行動を引き起こせていたかどうか」かあ。このことばを聞けただけでも、今日福岡まで来た甲斐があったかもしれない。

注

1 研究アプローチの種類と特徴についてまとめられた表からデザイン実験とアクションリサーチの研究プロセスについて記された部分だけを抜き出した。

2 「質問を思いつくこともないし、自分から積極的に考えて質問しようともしない」学生 5.9% と、「質問を思いつくこともないし、指名されても質問を出そうとしない」学生 2.2% を合わせた数値である。

3 「先行オーガナイザーとは、学ばせたい知識を整理したり対象づけたりする目的で、当該知識に先立ち（先行して）提供する枠組み」のこと（鈴木他, 2016, p.96）。

4 それとは対照的に、ことばの意味を確認するような質問を「事実を問う質問」と言う（道田, 2011b, p.197）。

5 複数の研究結果を統計的手法によって統合し、解析を行う方法のこと。

6 効果の大きさを表す統計的指標のこと。t 検定や分散分析で用いられる p 値の場合、サンプルが大きければ大きいほど有意差が出やすいという特徴があるのに対し、効果量の場合にはサンプル数の影響を受けないため、異なる方法によって測定されたデータ間でも効果の大きさを比較することができる（水本・竹内, 2008; 羽多野他, 2015）。

7 質問作成を促す 6 つのキーワード（「なぜ」「関係・影響」「メリット・デメリット」「違い・似ている点は」「もし」「そもそも」）を、「なぜ人はやる気がなくなるのか」のような質問の例とともに示したもの。p.53 の Signal Word 法の一種。

8 ここで言う質問経験とは「自分が質問する経験」「同級生に質問される経験」「同級生の質問を聞く経験」「質問を通して理解が深まったという経験」の 4 つを意味する。

9 第 6 週から第 8 週をベースライン期、第 9 週から第 12 週を介入期とし、ベースライン期では両群ともに授業者宛に質問を書かせ、成績評価の対象にしないことも伝えた（質問の非開示を要求することも可能）。

10 生田・丸野（2005b）が King（1989）の質問語幹リストをブルームのタキソノミーに基づいて分類したもの。

第2部

〈実践編〉

授業をデザインする

第4章　実践知を積み上げる

4-1　とにかく一度やってみた

前置きがだいぶ長くなっちゃったね。そろそろ僕がやっている授業の中身について話そう。

待ってました。

（笑）　最初にも話したように、この授業を始めたのは 2011 年の前期で、最初はほとんど「思いつき」だった。でも、少しだけ（笑）真面目に考えた部分もあって、その 1 つが授業の「偏り」だったんだ。当時、短期留学生向けに開講されていた上級の授業は「現代（日本）」や「（日本）社会」ということばの入ったものばかりで、内容的に学生たちを満足させられていないんじゃないかと思ってね。まあ、授業を担当しているのが僕も含めて全員日本語の教員で、文学や社会学の専門家ではないから仕方ないとは思うんだけど。それにしても、もう少しなんとかならないものかと思ったんだ。

「内容的に学生たちを満足させられていない」って、どういうことですか。

個々の授業について触れるのは差し障りがあるので、「例えば」ということで話すけど、仮に「日本の文学」という授業があったとしよう。夏目漱石や芥川龍之介らの小説を読むだけでなく、それと合わせてその作家の作風とか、その作品が日本文学の発展に与えた影響などについても教えていれば、それは確かに「文学」の授業だと言えるし、学生たちも「文学を学んだ」と思ってくれると思う。でも、ただ作品を読んで意見・感想を述べ合うだけだったなら、それは単なる「読解」の授業でしょ？

それで、学生たちを満足させられるような授業を自分でしてみようと。

うん。

そして見事に失敗したと。

うん。こら！（笑）

（笑）　でも、どうして歴史、それも幕末・明治の歴史だったんですか。

歴史は暗記科目というイメージが強いから、批判的思考の訓練をするのに最適だと思ったんだ。同じ理由で通史的な授業より特定の時代に絞った授業のほうがよいとも思った。通史だとどうしても「浅く広く」になってしま

うからね。「じゃあ、どの時代を？」と考えたとき、日本でも人気の高い戦国か幕末かなと。もちろん、『JIN−仁−』や『篤姫』という良質のドラマを見つけたというのもあったんだけど、より現代に近く、身近に感じられる時代で、かつ「福岡に留学したことの喜びも感じてもらえる」という理由で「幕末・明治」に焦点を当てることにしたんだ。

「福岡に留学したことの喜び」ってどういう意味ですか。

福岡は幕末・明治の変革期において主導的な役割を果たした土地ではないけど、薩摩（鹿児島）、長州（山口）、長崎という3つの都市の真ん中に位置しているから、授業で学習した内容を実際にその土地を訪れ、自分の目で確かめることができるでしょ？　それに、なかには内心「本当は東京か京都に行きたかった」と思っている学生がいるかもしれない。そういう学生たちに「福岡でよかった」と思ってもらえるようにしたいと思ったんだ。

それは地方の学校で教えている教員の共通の願いですよね。

そうだね。

授業にドラマを使ったのはどうしてですか。

これも理由が2つあって、1つはもちろん、幕末・明治の歴史に興味を持ってもらうためさ。実は今から20年ほど前に中国のある大学で2週間の実験授業をしたことがあってね。そのとき学生たちに『君の手がささやいている』[1]という2時間ドラマを字幕なしで見せたんだ。聴覚に障害のある女性ミエコが会社の同僚ヒロフミと恋に落ち、彼の両親の反対などに遭いながらも、最後は結婚して幸せになるっていう物語なんだけどね。1週目の終わりにドラマの前半、二人が恋人になるまでを学生に見せ、「この後2人はどうなるでしょう？」と先の展開を予測させたんだ。そうしたら、それまでなかなか口を開かなかった学生たちが自分から意見を言いはじめたんだよ。しかも、翌週後半を見せると、何人かの女子学生が涙を浮かべて泣いていてね。で、そのなかの1人に「ドラマの日本語、わかりましたか」って聞いたら、「ぜんぜんわかりません。でも感動です」って（笑）。そのときにドラマの持つ威力というか、感情移入の効果を実感したんだ。

確かに『JIN−仁−』にも咲とか野風とか、視聴者が感情移入しやすい魅力的な人物が複数登場しますよね。

うん。そうやってドラマの世界に没入することが、歴史学習の間接的な動機づけになるんじゃないかと思ってね。ちなみに、学生たちのイチオシは龍馬みたい。途中から龍馬が出てくるだけで、みんなクスクス笑うように

なるからね。僕は「咲さん推し」だけど。

（笑）

もう1つは、ドラマの与える視覚情報が学習内容を理解するうえで大きな助けになると思ったことだね。歴史は実体験できないし、特に留学生の場合、当時の人々の生活ぶりや社会状況をイメージすることは難しいから。

でも、ドラマは必ずと言っていいほど脚色されているので、時代考証の専門家がチェックしているとはいえ、やっぱり史実どおりじゃないですよね。

もちろん。でも、ドラマで見た内容を安易に信じないことも批判的思考の訓練の1つなんじゃないかな。例えば、安政の大獄を主導した井伊直弼は悪役として描かれることが多いけど、地元の彦根では日本を開国に導いた英雄とされているし、『篤姫』でも日本を守るために死を覚悟して自らの役割を全うした人物として描かれている。なので、見方によってその人物の評価は変わるし、その後の為政者によって都合よくイメージが作られることもあるということを学べば、それでいいと思うんだ。

授業の進め方についてはどうですか。さっき研究室でお話を聞いたとき、「歴史の専門家ではない自分が専門家の真似をして歴史を教えようとして失敗した」とおっしゃっていましたけど（p.4）。

初年度の授業でしたような歴史ネタの解説は学生たちの興味・関心を広げるための「コラム」と位置づけ、学生の発表を中心に授業を進めることにしたんだけど、今考えると、それもある種の「逃げ」だったのかもしれないね。

逃げ？

「学生とともに考え、ともに学ぶ」授業とか、「学生の主体性を重んじる授業」と言えば聞こえはいいんだけどね。まあ、これはもう少しあとで話そう（第5章5節）。

はい《き、気になる》。

で、新たな授業の内容だけど、その年の受講者16人を4人ずつ4つのグループに分け、各グループ交代で学期中2回ずつ、つまり合計8回発表させることにした。そして、毎回1つのテーマについてグループで協力して調べ、共通のレジュメを作成・準備させた。

テーマは先生が与えたんですか。

うん。これ（表4.1）がその年の授業内容で、例えば最初の発表を担当した

Ａグループには「江戸幕府はどのような方法で265年にもわたる天下太平の世を作り上げたのか」という問いを与え、「幕藩体制」について調べさせたんだ。ただ、ほとんどの学生が幕末史について断片的な知識しか持っていなかったので、このような広いテーマの与え方では何をどう調べてよいかわからないだろうと思ってね。それで、テーマに関連したキーワードをいくつか与えることにしたんだ。

 このグループの場合は何を？

「鎖国」「禁教令」「参勤交代」の3つだった。

発表はどのように進められたんですか。

表4.1　2012年度の授業内容

回	グループ発表のテーマ【担当グループ】	コラム
1	オリエンテーション	ドラマの時代背景①
2	幕藩体制【A】	ドラマの時代背景②
3	文久2年（1862年）とは？【B】	人々の暮らし
4	幕末の英雄 坂本龍馬とは？【C】	江戸時代の伝染病
5	蘭学者 緒方洪庵とは？【D】	吉原と花魁
6	再発表①	江戸時代の医学
7	復習	本道と蘭方医
8	再発表②	江戸時代の産業
9	幕臣 勝麟太郎（勝海舟）とは？【A】	江戸時代の娯楽
10	倒幕へ（長州藩の動き）【B】	江戸の町火消し
11	倒幕へ（薩摩藩の動き）【C】	その後の日本①
12	大政奉還から戊辰戦争、明治へ【D】	その後の日本②
13	期末試験／総復習	まとめ

※【　】内は発表を担当したグループを表す。

 発表者以外の学生12人を3人ずつ（発表者の人数と同じ）4つのグループに分け、発表者には各自の担当グループで同じレジュメを使い、同じ内容の発表を別々にさせた。持ち時間は10分。その後、発表を聞いた学生が各自3つずつ質問を作り、発表者に質問する。

 発表者はその場で質問に答えるんですね。

 そう。もちろんその場では答えられない質問もあるので、それらについては授業後に改めてグループで集まって調べ、翌週の授業までに発表に使っ

たレジュメと質問に対する回答を僕宛に連名で提出させた。そして、それを僕が発表者以外の学生にも配布し、期末試験の出題範囲にしたんだ。

授業全体の時間配分はどんな感じですか。

グループ活動とドラマの視聴がそれぞれ 45 分ずつで、その後の解説（コラム）が 30 分。

うん？　120 分……ですか？

うん。90 分授業でドラマを 45 分見てしまうと、授業の半分がドラマになってしまうので、30 分延長して 120 分授業とし、昼休みの途中から始めたんだ。

質問の作り方については何か指導をされたんですか。

いや。なにぶん初めてのことで、学生がどんな質問を書くのか予想できなかったから、特別な指導はせず、まずは自由に書かせてみた。ただ、結果は正直、「むむむ」だったね。「どうして日本はオランダと貿易しますか。中国や朝鮮や韓国が近いのは理解できるが、オランダは遠いじゃないか[2]」のような質問者自身の考えや疑問が付された質問や、「鎖国を始めた要因にはキリスト教を拡げたくないという理由以外にも何かほかにあったのでしょうか[3]」のような発表内容の一部を引用した質問は本当に少なくて……。4 グループ中 2 グループの 1 回目と 2 回目の発表に対する質問を分析してみたんだけど、そういう質問は 115 問中 27 問（23.5%）しかなく、残りは「幕府はなぜ 250 年以上続けた」（原文ママ）のような唐突な質問が大半だった。

確かに、批判的思考が促されたとは思えませんね。最後の「幕府はなぜ 250 年以上続けた」（原文ママ）なんかは発表のテーマそのものですものね。

うん。それで、何がいけなかったのかを、学期末に学生たちに書いてもらった振り返りコメントを読みながら考えてみたんだ。原因は 3 つ考えられた。1 つは「**基礎知識の欠如**」。道田先生は批判的思考を促す要因として①他者との対話、②経験できる場作り、③アウトプット、④知識、⑤教師自身の思考の 5 つを挙げているんだけど（道田, 2011a）、批判的思考の前提となるのはやはり「知識」だよね。

そうですね。さっきも「授業内容の理解を深めることが重要だ」というお話がありましたけど（第 3 章 4 節）、消化不良の状態で質問を書けば、こういう質問しかできないのもわかる気がします。

2 つ目は「**発表者の問題**」。この年の授業では僕の講義についてではなく、ほかの学生の発表に対して質問を考えさせたから、発表の上手下手が聞き

手の内容理解に影響を与え、結果として質問の質にも影響を与えたことが考えられた。実際、学生たちの振り返りには「改善してほしい点」としてこんなコメントが散見されたよ。

(a) あるグループは調べたことがわからないのに、そのままネットからとった複雑なことばで発表してしまったこと。結局、後半のことがあまりわからなくなった。　　　　　　　　　　　　【学生 A: 非漢字圏】

(b) ほかの人の発表を聞くとき、よく分からなくてあまり勉強にならなかった　　　　　　　　　　　　　　　　　　　　　　　【学生 M: 非漢字圏】

(c) 先生の説明をもっと聞きたいです。時々時間のため、先生の分かりやすい説明を聞くことができませんでした。学生の発表の時間をもう少し短くして、先生の説明を長くすれば、もっといいと思います。

【学生 J: 漢字圏】

内容をよく理解しないまま、使い慣れないことばで発表していた学生もいたみたいですね。

うん。実は象徴的な出来事があって、第 4 週に「坂本龍馬」について勉強したとき、発表した学生が発表が終わったあとで僕に「先生、坂本龍馬は結局何をしましたか?」って聞いてきたんだ。「それは君が調べることだろう!」と言いたかったけど (笑)、学生のなかにはときおり発表をノルマのように考えていて、ネットの記事をプリントアウトしてきて、それをそのまま読み上げる学生もいるんだ。この授業に限らず。

奨学金をもらって K 大に来るような学生でもですか。

うん。以前も K 大の大学院で日本語教育を教えていたとき、こんなことがあったよ。日本語教育講座の全教員と研究生・修士 1 年生が一堂に会する演習があって、教授の先生がある本を輪読させていたんだ。ところが、学生たちの発表を聞いてみると、自分が担当した章の大切だと思う部分を抜き出して読み上げているだけで、誰も質問しないし、発表者も意見を言わない。それで「あなたの意見はないんですか?」と聞いたんだけど、「私は留学生だからありません」と。

K 大の院生が……ですか?

お恥ずかしながら。おそらくそれまで何のために輪読するのか、何のために発表するのかを考えず、ノルマをこなすようなやり方で乗り切ってきたんだろうね。その体験をこのとき思い出して「これはまずい」と。それで急

きょスケジュールを変更し、2回目の発表の前に最初の発表をもう一度やり直させることにしたんだ。それがこの6週目と8週目の「再発表」さ（表4.1）。実はそれまでにも何度か「重要なこと、自分が理解できたことだけを話すように」と注意していたんだけど、ことばだけでは不十分だったみたい。それで、「制限時間を厳守すること」と「レジュメを見ずに話すこと」の2つを条件に、発表のやり直しをさせたんだ。時間をちゃんと計測してね。制限時間を守ろうと思えば、要点を絞って話さなければならないし、レジュメを見られなければ、使い慣れた平易なことばで話さざるを得ないだろうと思って。

 結果はどうでしたか。

 具体的にどの程度改善されたかははっきりしないんだけど、振り返りの「2回目の発表は最初の発表と比べてどうだったか」という質問に対し、以下のようなコメントが見られたよ。

> (d) よくなったと思う。発表した内容がもっと短くして、時間も短くなった。第一回の発表のとき、メンバーたちは私の発表は漢字の固い表現が多いという意見を受けて第二回の時できるだけ理解しやすい簡単な日本語で解釈した。それなりの効果があると思った。もし第三回があったらもっと改善すべき点もいろいろ考えた。発表の仕方をたくさん勉強した。自分が発表ではなく、もっと聞く人の立場に立ったらいい発表ができると思う。相手はどれほど自分が言ったことを頭に入れたのかは一番考えすべき問題だ。　　　　【学生 D: 漢字圏】
> (e) よくなると思う。ちゃんと自分が理解してからみんなに簡単なことばを説明して、最初の発表と比べていいと思う。　　【学生 E: 漢字圏】
> (f) いろいろ考えて2回目の発表は大体自分のことばで話したので理解しやすくて皆も大体理解できたみたいと思います。【学生 K: 漢字圏】
> (g) もっとうまくできた気がした。分かったものだけ、そしてそれの一番大切な部分だけを発表したら分かりやすくなると分かった。
> 　　　　　　　　　　　　　　　　　　　　　　　　【学生 M: 非漢字圏】

 伝わったみたいですね。

 だといいんだけど。そして、3つ目が「**学習言語の問題**」。対象が日本人学生であれ、留学生であれ、同じ大学生である以上、批判的思考力の育成法は基本的に変わらないと思うんだけど、日本語で発表を聞き、その内容を吟味し、質問を書くという作業は、中上級者であってもやはり負担が大き

すぎたかもしれない。そこで、この点について検討するために、日本人学生を対象とした調査を行うことにしたんだ。講義理解に言語面で支障のない日本人学生が批判的に思考された（と思われる）高次の質問をいくつも産出できたなら、留学生対象の授業では、たとえ中上級者であっても、言語面でのより細かな配慮が必要ということになる。逆に、日本人学生も高次の質問が書けなかったら、質問作成の手順自体を見直す必要があると判断できるからね。

 はい。

4-2　日本人学生との比較

調査は 2013 年度後期に Y 大学の集中講義「第二言語習得論」で行った。

私の大学！　え？　私が受けたあの集中講義ですか？　そういえば、私たちのときも質問を書かされ、いえ、書きましたね《めっちゃきつかったです、先生》。

（笑）　で、これがそのときのシラバス（表 4.2）。覚えてる？

覚えてますよ、もちろん。この丸数字が質問作成の時間ですよね。全部で6回。

表 4.2　集中講義の授業内容

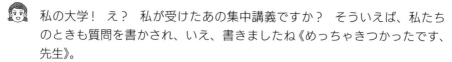

	1 時限目	2 時限目		3 時限目	4 時限目
1 日目		序論	事前	テーマ 1	①
2 日目	テーマ 2		②	テーマ 3	③
3 日目	テーマ 4		④	テーマ 5	⑤
4 日目	テーマ 6		⑥	結論	事後

講義の内容

序　　論：第二言語習得とは何か
テーマ 1：習得理論と外国語教授法
テーマ 2：中間言語
テーマ 3：習得順序
テーマ 4：第二言語習得に影響を与える内的要因
テーマ 5：第二言語習得に影響を与える外的要因
テーマ 6：意識的な文法教授の効果
結　　論：日本語教育への応用

そう。90分授業2回で1つのテーマについて講義し、講義が終わるたびに10分程度時間を与えて質問を書いてもらった。質問は少なくとも2つ書くように指示し、書いた質問は0点から3点で点数化し、成績に反映させるとも伝えた。と言っても、採点基準は「質問なし」が0点、「授業に関係のない質問や単なる感想」が1点、「事実を問うだけの質問」が2点なので、その日の授業内容について理解を深めようとしたことがうかがえる質問であれば、すべて「よく吟味された質問（3点）」になるようになっている。

優しいですね。

でしょ！（笑）　また、質問を書く紙は学生1人に1枚（A4サイズ両面）ずつ用意し、それを4日間通して使い、その都度回収するようにした。時間的な制約を与えることで、時間内に質問が書けるよう、質問を考えながら講義を聞くことを促すためにね。また、帰宅後も講義の内容を思い出し、考えを深めてくれることを期待して、それ以前の講義で書いた質問を加筆・修正することは認めないけれども、あとから別の質問を書き足すことは認め、その結果、質問の数が3つ以上になった場合は、点数の高い上位2問を成績に換算するとも伝えた。

質問の書き方に関する指導はされたんですか《私たちのときはあったような……》。

留学生対象の実践（本章1節）ではしなかったけど、今度はした。ただ、あまり具体的な例を示すと、型だけを真似てしまうのではないかという懸念があったので、質問作成のヒントとして口頭で「例えば『講義のなかで先生は__（引用）__と話していたが、私は__（自分の意見・考え）__と思う』のような前置きをするといいよ」とだけ伝えた。

この「事前」と「事後」というのは何ですか（表4.2）。

講義を聞く態度に関する6件法の質問紙調査（表4.3）さ。留学生に質問を書かせてみて、質問記述の分析だけでは本当に学生の批判的思考が促されたのかを判断することは難しいと思ったので、やってみることにしたんだ。

これ、何か参考にされたものはあるんですか《そう言えば、やったなあ》。

さっき紹介したKing（1995）の「質問語幹リスト」（表3.2）をね。生田先生たちはそれをブルームのタキソノミーに沿って「一般的・包括的質問」「具体的・分析的質問」「応用的質問」の3つに分類しているんだけど（生田・丸野, 2005b）、それを転用した。15ある質問のうち11が質問語幹リストからで、1・2・5は【概念の説明】、8は【既有知識の活性化】、9は【比較と対照】、

10・11 は【予測立て】、12 は【関係性の分析】、13 は【例の創出】、14 は【アイデアの統合】、15 は【適応例の創出】にそれぞれ相当する。なお、質問3・4・6・7 は僕が独自に追加したものだ。

 つまり、先生はこのリストを質問作成の補助ではなく、学生たちの講義の聞き方を測る指標として使ったということですね。学期の最初と最後に。

そういうこと。事後調査では「私はいつも〜と考えながら講義を聞いている」の部分を「<u>この講義では</u>いつも〜と考えながら講義を聞い<u>ていた</u>」に書き換えたけどね。

表 4.3　質問紙の内容 (6 件法)

Q. 以下のコメントに「6」(まったくそうである) から「1」(まったくそうではない) の
6 段階で自己評価してみましょう。

1. 私はいつも「それはなぜか」と考えながら講義を聞いている。
2. 私はいつも「それはどういう意味か」と考えながら講義を聞いている。
3. 私はいつも「それは果たして本当か」と考えながら講義を聞いている。
4. 私はいつも「そう言い切れる根拠は何か」と考えながら講義を聞いている。
5. 私はいつも「なぜそれが重要なのか」と考えながら講義を聞いている。
6. 私はいつも「ほかの見方、考え方もあるのではないか」と考えながら講義を聞いている。
7. 私はいつも「(今日の講義で) 一番重要な点は何か」と考えながら講義を聞いている。
8. 私はいつも「それは以前習ったこととどう関連しているか」と考えながら講義を聞いている。
9. 私はいつも「○○と△△の違いは何か / 共通点は何か」と考えながら講義を聞いている。
10. 私はいつも「それがもし本当なら、○○はどうなるのか」と考えながら講義を聞いている。
11. 私はいつも「○○の原因は何か」と考えながら講義を聞いている。
12. 私はいつも「それは○○にどのような影響を与えるのか」と考えながら講義を聞いている。
13. 私はいつも「ほかにどんな例があるか」と考えながら講義を聞いている。
14. 私はいつも「その問題はどうすれば解決できるか」と考えながら講義を聞いている。
15. 私はいつも「それは何にどう応用できるか」と考えながら講義を聞いている。

 結果はどうでしたか。

質問紙調査のほうは期待以上だったね[4]《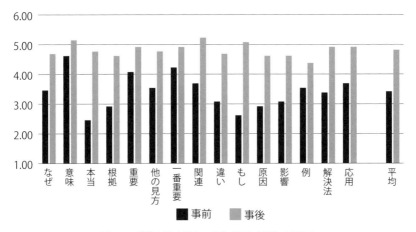 さすがY大生 !》。3.00未満を「否定的回答」、4.00以上を「肯定的回答」、3.0以上4.0未満を「グレーゾーン」と考えると、事前調査ではグレーゾーン（3.42）だった平均値が事後調査では肯定的回答（4.82）になった（図4.1）[5]。また、質問別で見ても、事前調査では「疑いを持って聞く」（質問3）や「学習した知識の応用を考えながら聞く」（質問9・10・12）、「原因や根拠を考えながら聞く」（質問4・11）などの意識は少し薄かったけど、事後調査ではすべての質問が「肯定的回答」へと変わったよ。なかでも変化が大きかったのは質問3の「それは果たして本当か」と質問10の「それがもし本当なら、〇〇はどうなるのか」だった。ただ、この結果は集中講義という特殊な環境で得られたものであることも注意しないといけないんだけどね。

図4.1　講義を聞く態度の変化（日本人学生1回目）

 どういうことですか。

 学生たちは4日間僕の講義だけを、日によっては6時間（90分×4コマ）も聞かなければならず、そのうえ、講義終了後には毎回質問を書かされ、それが成績に反映されるわけだから、否が応でも講義内容について真剣に考えざるを得なかっただろう。《 確かに》なので、正直ここまではっきり出るとは思わなかったけど、ある意味、想定どおりの結果だったとも言える。問題は質問の質のほうで、およそ6割（62.1%）が「批判的に思考したとは言えない質問」だったことだね。

 どうやって評価したんですか。

まず、質問になっていないものや、質問と言えば質問だけど「先生はどう思いますか」のように教師の個人的見解を尋ねているものを「単なる感想・コメント」とした。次に、講義の内容とは直接関係のない質問を「無関係な質問」、無関係とまでは言えないものの本筋から外れていたり、自分で考えず教師に解答を求めている質問を「思考を深めない質問」と評価した。この3つが「批判的に思考されなかった質問」ということになるね（図4.2）。

逆に言えば、①講義のポイントをとらえ、②自分なりにいろいろと考えていれば、とりあえず「批判的に思考された質問」ということになるわけですね。

うん。ただ、読んでみると、「批判的に思考された質問」にもかなり程度の差があって、「それらをひとまとめにしてよいものか」という疑問が湧いてきたんだ。それで、生田先生らの用語（生田・丸野, 2005b）に沿って「一般的・包括的質問」、「具体的・分析的質問」、「応用的質問」の3つに分け、この分類には当てはまらないものの、「批判的に思考しようとしていることはうかがえる」という質問については「漠然とした質問」とした。

質問の分類は難しくなかったですか。

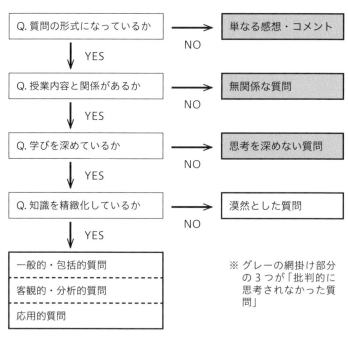

図 4.2　質問の分類方法

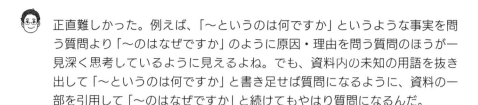

正直難しかった。例えば、「〜というのは何ですか」というような事実を問う質問より「〜のはなぜですか」のように原因・理由を問う質問のほうが一見深く思考しているように見えるよね。でも、資料内の未知の用語を抜き出して「〜というのは何ですか」と書き足せば質問になるように、資料の一部を引用して「〜のはなぜですか」と続けてもやはり質問になるんだ。

つまり、表面的にはなかなか判断できないということですね。

そう。でも、それでは実践の成果を検証することはできないので、1つ1つの質問に対し、学生の意図を様々に想像しつつ、できる限り慎重に判断したよ。それでもまだデータとしての正確さは完全には担保できていないし、「このような分類法でよいのか」という疑問が未だにあることも事実だね。ただ、僕のように年度間で比較する場合に一番やってはいけないことは、意図的であれそうでなかれ、途中で判断基準を変えてしまうことだと思う。なので、判断に迷った質問については特に「そのとき、なぜそう判断したのか」をメモとして残すようにし、翌年の実践で質問を分類する際に参照するようにしたよ。

そうやって慎重に分類した結果が「6割」という数字だったわけですね[6]。

うん。留学生の書いた質問に比べれば、「批判的に思考したと思われる質問」の割合は高いし、質問も長い[7]。だけど、6割というのはやはりちょっとショックだった。でも、これではっきりしたよね。学習内容も学習期間も違うので単純比較はできないけど、どちらの調査においても「批判的に思考されなかった質問」が半数以上を占めたということは、留学生対象の調査結果に学習言語の影響、つまり母語以外の言語で学び、考えることの認知的負担もあったかもしれないけど、それ以前に質問の書かせ方や授業設計の点で問題があったということが。

具体的には何が問題だったとお考えですか。

1つは、やはり「授業内容の理解」だね。「幕末史」の授業を受けた留学生の多くは日本の歴史に関する事前知識が少なく、「第二言語習得論」の集中講義を受けた日本人学生も4日間で15回の講義を受けなければならなかったため、消化不良を起こしていた可能性が考えられた。

はい《確かに集中講義はきつい》。

2つ目は「フィードバック」が不十分だったこと。当初の予定では、翌日の授業の冒頭に口頭でできるだけ多くの質問に回答するつもりだったけど、講義が予定どおり進まなかったため、ほとんどできなかったんだ。

でも、留学生対象の調査では発表者の回答をほかの学生にも配布していたんですよね。

ただ、学生たちがそれを本当に読んだかどうかは確認できていなかった。

そうだったんですか。

そして、3つ目が「モデリングの欠如」。「リストを配布すると形式だけを真似てしまうかもしれない」という懸念は確かにあるけど、質問を書くことに慣れていない学生たちに具体例を示さず、ただ「良い質問を書け」としか言わないのは酷だったかもしれない。さっき田中裕先生の知見として紹介したように (p.47)、ほかの学生が書いた良い質問をたくさん見せることが重要だと思ったね。

確かに学生としては「良い質問って何 ?」って聞きたくなりますね。

そこで、翌年度の授業ではさらに3つの改善を行うことにしたんだ。まず、学生たちが消化不良を起こさないよう、学習内容を見直すこと。次に、学生たちが午前中の授業で書いた質問には午後の授業の冒頭で、午後の授業で書いた質問には翌日の朝の授業の冒頭で、毎回4つか5つが限度だけど、欠かさずフィードバックを返すこと。そして3つ目が、前年度の学生が書いた質問を例に「良い質問とは何か」をみんなで考えるモデリング活動を行うこと。とにかく思いつく限りのことをやってみようと思ったよ。

はい。

4−3　日本人学生対象の再調査

翌年の講義は、今話したように、講義内容を一部削減して行った。ただし、扱うテーマや調査方法は変えていない[8]。

モデリング活動はどんなふうに行われたんですか。

まず、初日の午後に何の指導もせず、テーマ1「習得理論と教授法」について最初の質問を書かせ、翌朝フィードバックを返した。ここでは質問の質についてまだ何も言わず、テーマ2の講義が終わったあと、2回目の質問作成の前にモデリング活動を行ったんだ。これがそのときスクリーンに投影した質問の具体例だよ。

例1：パタン・ドリルは、ある程度日本語がわかる人には効果的だと思うけど、日本語がぜんぜんわからない場合はどうやって教え始めるのか気になりました。

例2：標準語とは、どんな人たちが話していることばか？

例3：幼児のする間違いの例はどれも文法についてだったが、発音などの間違いにも共通点が見られるかどうか？

例4：母語を習得した人とはどのような基準がありますか？　知らない語があっても日常会話ができればいいのですか？　異なる言語習慣を身につけるというのは身についている習慣から上書きする形になると思うのですが、2つの言語習慣を身につけることになるのかどちらでしょうか？

例5：子どもは親のマネをしているわけではないということですが、方言においては親がなまっているほど子どももなまります。これは親のマネをしているということにならないでしょうか？　もしくはそもそも母語と方言では別問題なのでしょうか？（原文ママ）

前年度の学生がテーマ1について書いたものですね。

そう。これを自分たちが前日に同じ講義内容について書いた質問と比較し、自己評価させたんだ。

どんな理由でこの5つを選ばれたんですか。

例1は質問ではなく感想になっている点、例2は講義とは無関係な質問である点が問題だと思った。ただ、それについてこちらからは言わず、何が問題かも学生たちに考えさせたよ。

例2については確かにちょっと唐突な気がしますし、講義のテーマが「習得理論と外国語教授法」だったことを考えると、「無関係」と判断された理由もわかるんですけど、例1については「質問の形式になっていない」と言うだけで、「悪い質問」と評価されてしまうのはちょっと厳しすぎるんじゃないかなと思うんですけど……。

それはよく言われるね。「この学生が批判的に思考していないとなぜ言い切れるのか」と。例2も「何をどう考え、こういう質問になったのか」がわからない以上、「授業と無関係」とは言い切れない。それで学生たちには「自分は真面目に講義を聞き、質問も一生懸命考えたのに、書き方が悪いために『講義内容を理解していない』とか『深く考えていない』と評価されたら、皆さんも心外でしょ？だから、質問の背景をちゃんと書くようにしよう」と指導することにしたんだ。

質問書方式で田中一先生がされていたこと（p.35）ですね。

うん。最初の質問を「練習」とし、成績評価から外しているのもそのためさ。「良い質問」とは何かを具体的に示さないまま質問を書かせ、成績評価に入れるというのはフェアではないしね。

すみません、もう 1 ついいですか。私が気にしすぎなのかもしれないんですけど、その「良い質問」ということばに少し抵抗があるんですけど……。

わかるよ。同業者のなかにも「学生の思考に良し悪しをつけるのか」と過敏に反応したり、「教員の考える正解に学生を誘導しようとしている」とおっしゃる方もいるからね。そのような意見に対して僕がどう答えているかだけど、ここでそれを話すと論点がずれてしまうので、後ほど改めて説明する（第 11 章 1 節）ということでいいかな？

わかりました。

じゃ、話を戻して、まずは 4 日間で講義を聞く態度がどう変わったかだけど、初日の事前調査では平均値が 3.84 だったのに対し、事後調査では 4.52 だった（図 4.3）。上がり幅は前回より少し小さいけど、やはり高まっていると言ってよさそうだね。統計的にも有意だったし。また質問別で見ても、前回と同様、事前調査の段階では「それはどういう意味か」（質問 2）と考える姿勢は身についていたようだけど、「それは果たして本当か」（質問 3）とか「それがもし本当なら」（質問 10）と疑いの気持ちを持って聞く態度は少し欠けていたようだった。でも、事後調査では 15 項目中 14 項目で数値が上がり、そのほとんどが肯定的回答（4.00 以上）となった。

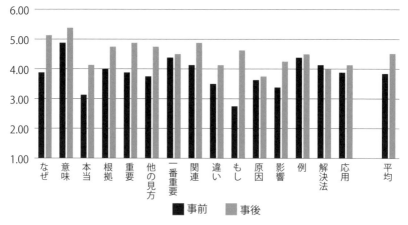

図 4.3　講義を聞く態度の変化（日本人学生 2 回目）

問題は質問の質ですね。

 うん。前年度と同じ方法で分析してみたところ、「批判的に思考されなかった質問（表4.4のグレーの網掛け部分）」は62.1％から39.0％に減った一方、「批判的に思考された質問」の割合が増えていて、これも統計的に有意だった。また、質問の長さ（表4.5）についても、質問の背景を書くように指示したから当然と言えば当然だけど、前回の平均値105.7字から152.1字へと40％ほど伸びていたね。

表 4.4　質問の質の比較（日本人学生対象の調査）

	前回の調査		今回の調査	
単なる感想・コメント	8	5.0%	6	6.0%
無関係な質問	11	6.8%	4	4.0%
思考を深めない質問	81	50.3%	29	29.0%
漠然とした疑問	5	3.1%	21	21.0%
一般的・包括的質問	36	22.4%	26	26.0%
具体的・分析的質問	20	12.4%	14	14.0%
応用的質問	0	0.0%	0	0.0%

表 4.5　質問の長さの比較（日本人学生対象の調査）

	前回の調査	今回の調査
質問数	161	100
総文字数	17,021 字	15,208 字
平均	105.7 字	152.1 字

 学生たちの反応はどうでしたか。

 最終日に振り返りを書いてもらったんだけど、おおむね好意的だった。「自分は質問を考えることが苦手なので、宿題にしてもらったほうがよかった」などの意見もあったけど、その学生も「質問を考えながら聞くのは、集中して聞けるのでよかった」と答えていて、質問を考えながら聞くことへの否定的なコメントは1つもなかった。「ほかの人の質問を聞いて新しく発見することがあった」とか、「小さなことでも疑問を持つようになった」「普段の授業より何倍も集中して聞いていた」などのコメントも見られたよ。面白かったのはこのコメントだね。

(h) 質問を考えることに関しては、自分がした質問以外にも、ほかの人の質問を聞いて新しく発見することがあったので、良かったと思います。しかし、その日質問したことが、その次の授業で説明されているものもあり、<u>少しくやしい気分になりました。</u>　　　【2 年生】

（笑）　でも、これはこの学生が授業の流れとポイントをしっかりとつかめていたということの裏づけでもありますよね。

そうだね。

4-4　苦悩は続く

これで講義を聞く態度だけでなく、質問の質も高まりましたから、問題解決ですね。学生たちの評価も上々だったようだし。

ところが、実はそうじゃなかったんだ。日本人学生対象の再調査がうまくいったので、その年の秋に留学生対象の授業でも同じ 3 つの改善をし、再調査をしたんだけど、思うような成果が得られなくてね。

そうなんですか。

うん。これがその年のシラバス（表 4.6）。受講者は 11 名で、そのうち 4 名が漢字圏出身者で、7 名が非漢字圏出身者だった。

全体を 3 つのステージに分けたんですね。

うん。徐々に内容を掘り下げながら 3 度学習することで、基礎知識のない学習者でも授業についていけるようにしようと考えたんだ。

先生の作った教科書（小山悟, 2002, 2007, 2008）の構成と同じですね（笑）。

そうだね（笑）。各ステージのねらいだけど、最初の 5 週間は「知識編」ということで、ペリー来航から戊辰戦争終結までの大まかな流れを理解することを目標とした。教材は NHK のアーカイブス「10min. Box 日本史『第 12 章　幕末の日本』」[9] と高校の教科書[10] を使うことにし、映像を用いて視覚的に理解したあと、教科書を読んでより詳しく勉強するという手順を踏んだんだ。

グループ発表は 6 週目から始めたんですね。

うん。前回は1回目の発表を第2週～第5週に、2回目の発表を第9週～第12週に行ったけど、「基礎知識のない段階ですぐに発表」というのは負担が大きすぎると思ってね。それで今回は基礎編で大まかな流れを理解したあと、理解編から始めることにしたんだ。

表4.6　2014年度のシラバス

	回	教室活動	テーマ	教材
知識編	1	オリエンテーション	旗本とは？	NHK 10min. Box
	2	講義：歴史の流れをつかむ①	藩と大名	NHK 10min. Box
	3	講義：歴史の流れをつかむ②	幕府の仕組み	高校教科書
	4	講義：歴史の流れをつかむ③	幕藩体制	高校教科書
	5	講義：歴史の流れをつかむ④	幕末の重要人物	高校教科書
理解編	6	グループ発表Ⅰ【A】	坂本龍馬	
	7	グループ発表Ⅰ【B】	和宮	
	8	グループ発表Ⅰ【C】	勝海舟	
	9	グループ発表Ⅰ【D】	緒方洪庵	
	10	まとめ		
分析・応用編	11	グループ発表Ⅱ【A】	（自由選択）	
	12	グループ発表Ⅱ【B】	（自由選択）	
	13	グループ発表Ⅱ【C】	（自由選択）	
	14	グループ発表Ⅱ【D】	（自由選択）	
	15	まとめ	その後の日本	

※【　】内は発表を担当したグループを表す。

発表のテーマとしてこの4人を選んだのはどうしてですか。

坂本龍馬、勝海舟、緒方洪庵の3人についてはドラマ『JIN-仁-』に出てくる主要人物であるというのが大きな理由だけど、ここに和宮を加えることで幕末という時代を異なる立場でとらえ直そうと思ったんだ。勝海舟は幕臣、和宮は公家、坂本龍馬は志士、緒方洪庵は学者というようにそれぞれ立場が違う。幕末史の大まかな流れは基礎編で勉強しているので、今度はそれとは異なる立場からとらえ直してみようと思ってね。

なるほど。

そして、最後の5週間が「分析・応用編」で、ここで2回目のグループ発表を行い、今度は学生たちにテーマを決めさせた。また、発表の準備期間も2週間に延ばすことにした。前回は毎週授業の最後に「来週のテーマは○○です」と言って発表のテーマを与えていたから、学生たちに与えられた準備期

間は1週間しかなかった。今回はそれを2週間に延ばし、発表の1週間前に各自が調べた情報を持ち寄り、僕も入って発表の内容と構成を考えることにしたんだ。

「フィードバック」についてはどうですか。

発表者が質問に回答するのはそれまでと同じだけど、今回は授業後に文書で回答するのではなく、翌週の授業の冒頭で各自2題ずつ口頭で答えてもらい、それ以外の質問については時間の許す限り僕が答えた。また、「モデリング」については、全4グループの1回目の発表が終わったところで、前回の学生が書いた質問と1回目の発表で自分が書いた質問を比較し、「良い質問」とは何かを考える時間を設けた。

それ以外で何か変更したことはありますか。

各出来事の背景因果を説明させる記述問題（数題）を宿題として出し、日本語についても語彙の整理を中心とした課題を宿題として課した。ただ、これは今考えると、学生たちの負担を増やしただけで、余計だったかもしれない。

結果は？

まず、講義を聞く態度の変化だけど、期待を大きく裏切るものだった。これは事前調査で重複回答のあった学生1名を除く10名の結果だけど、事後の平均値は事前の4.32から3.75と大きく下落し、質問別でも15項目中14項目で下落していた（図4.4）。

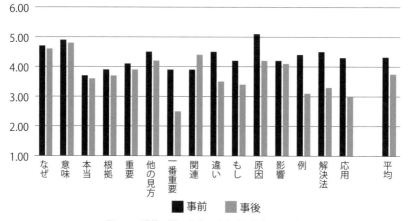

図4.4　講義を聞く態度の変化（留学生2回目）

下がったんですか？

 うん。統計的にも有意に。つまり、僕の期待とは逆に、それまで本国の大学で受けてきた授業ほどには深い思考を促せていなかったということになるね。

 ショックでしたか。

 ショックというより混乱したね。というのも、質問の質は大きく改善されていたからね。これは最初の実践と今回の実践の結果を比較したものなんだけど（表 4.7）、1 回目の発表では「批判的に思考されなかった質問」が 80.0% を占め、前回と変わらない結果だったんだけど、2 回目の発表ではそれが 42.6% に減り、具体的・分析的質問も 5 つ（8.2%）産出されたんだ。統計的検定の結果も、前回と今回との比較、今回の 1 回目と 2 回目の比較ともに有意だった。また、質問の長さについても全期間の平均文字数が 33.8 字から 62.1 字に伸びていて、これも統計的に有意だった（表 4.8）。日本人学生の平均値（152.1 字：表 4.5）と比べると、まだ半分以下だったけどね。

表 4.7　質問の分類と質の変化（留学生：前回と今回）

	前回の調査				今回の調査			
	1 回目		2 回目		1 回目		2 回目	
単なる感想・コメント	3	2.6%	2	2.0%	0	0.0%	6	9.8%
無関係な質問	1	0.9%	2	2.0%	0	0.0%	4	6.6%
思考を深めない質問	100	87.7%	77	77.8%	48	80.0%	16	26.2%
漠然とした疑問	0	0.0%	0	0.0%	0	0.0%	10	16.4
一般的・包括的質問	10	8.8%	18	18.2%	12	20.0%	20	32.8%
具体的・分析的質問	0	0.0%	0	0.0%	0	0.0%	5	8.2%
応用的質問	0	0.0%	0	0.0%	0	0.0%	0	0.0%

表 4.8　質問の長さの比較（留学生：前回と今回）

	前回の調査			今回の調査		
	1 回目	2 回目	全期間	1 回目	2 回目	全期間
質問数	114	99	213	60	61	121
総文字数	3,673 字	3,517 字	7,190 字	2,815 字	4,702 字	7,517 字
平均	32.2 字	35.5 字	33.8 字	46.9 字	77.1 字	62.1 字

つまり、講義を聞く態度に変化は見られなかった、というか、むしろ低下したにも関わらず、質問の質は高まったということですか。

 うん。僕が想定した学習モデルは、講義後の質問作成を意識することで学生たちの講義を聞く態度が変わり、結果、質問の質も高まるというものだった。つまり、態度の変容を質問の質の変化の前提と位置づけていたわけだけど、結果はそれとは真逆のものだったんだ。ただ、講義を聞く態度が高まらなかった原因については、学期末に学生たちに書いてもらった振り返りコメントからなんとなく想像できたよ。これは「質問作成」に関する記述を抜き出したものなんだけど……。

(i) いいと思います。毎回質問を考えるために、細かく発表を聞かなければならない。でもやはり<u>どの発表でも質問が考えられるというわけでもないと思う</u>、どうしても発表に関係がある質問が出るとは限らない。　　　　　　　　　　　　　　　　　　　　【学習者 I: 漢字圏】

(j) 質問を考えることによって、学んだ知識を再思考できます。でも、勉強する過程で自然にいろいろ質問が頭に浮かぶはずだから、<u>このとき出された質問とわざと考えた質問とは同じ効果ではないかと思います</u>。　　　　　　　　　　　　　　　　　　　　【学習者 K: 漢字圏】

(k) 質問は次の日に書いたらよかったと思います。<u>発表を聞いてすぐに質問を考えるのは辛かったのです</u>。発表を聞くのかそれともその発表のなかにどうやって質問をするかということ考えながら、発表は一生懸命にされているのに注意できませんでした。発表のときただ発表をよく聞き、後で、帰ってその発表のいい点とか自分で何を知りたいかを考えて書いたほうがもっと楽しかったかもしれません。　　　　　　　　　　　　　　　　　　　　【学習者 B: 非漢字圏】

 Y 大生とは対照的ですね。

 うん。「質問を書かされている感」満載だよね。質問作成に慣れていなくて苦労した点は日本人学生と同じだけど、「授業の最後に質問を書くと意識したことで講義への集中度が増した」や、「疑いを持って聞く態度が身についた」などの肯定的なコメントが見られない点が対照的だね。

 なのに、質問の質は高まった……。

 今思えば、このころが一番苦しかったね。何をどうしたらいいのかわからなくて。でも、ここでもやはりある人との出会いが救いになったんだ。

先生が授業の準備にかなり時間をかけていることは、学生時代からなんとなく感じていたけど、これほどとは思っていなかった。てっきり、湯水のようにアイデアが浮かんでくる人なんだと……。それと比べたら……。なんだか相談するのが恥ずかしくなってきちゃったなあ。

注

1　講談社の漫画雑誌『mimi』に1992年11月号から1997年1月号にかけて掲載された軽部潤子原作の漫画。1997年から2001年にかけて年に1回のスペシャルドラマとしてテレビ朝日系列で放送された。

2　本書で引用する学生たちの質問やコメントは、特に断りがない限り、母語話者か非母語話者かを問わず、すべて原文のままである。

3　小山悟 (2021, p.126) より転載。

4　この年の受講者は13名で、内訳は4年生と3年生が各1名、2年生が11名であった。

5　小山悟 (2015c) では小数点以下第1位までしか計算しておらず、全体の平均値も算出していない (各質問の平均値のみ)。この数値は本書の執筆にあたり、再計算したものである。

6　分類の結果は、「単なる感想・コメント」が8、無関係な質問が11、「思考を深めない質問」が81だったのに対し、「漠然とした疑問」は5、「一般的・包括的質問」は36、「具体的・分析的質問」は20、「応用的質問」は0であった。

7　留学生の平均は40字にも満たないのに対し、日本人学生は100字強であった。

8　この年の受講者は10名だったが、そのなかに留学生が1名、大学院生が1名いたため、分析は残りの8名 (4年生と3年生が各1名、2年生が6名) を対象に行った。

9　現在は次のウェブサイトで視聴ができる。NHK for School「10min. ボックス　日本史『幕末の日本』」https://www2.nhk.or.jp/school/watch/bangumi/?das_id=D0005120365_00000 (2023年5月26日アクセス)

10　実教出版『日本史B』の第9章第1節「開国」と第2節「明治維新」(pp.218-228)。

コラム「発表を聞きに行く学会か、発表をしに行く学会か」

　私が JSET（日本教育工学会）に入会したのは 50 歳を過ぎてからのことです。留学生対象の質問実践が行き詰まり（第 4 章）、問題解決の手がかりを教育心理学や教育工学、学習科学などの研究知見に求めはじめていたころ（第 5 章）でした。

　知り合いがまったくいない他分野の学会に参加するというのはそれだけでも十分に新鮮だったのですが、長年所属してきた日本語教育学会との違いに気づくことも多く、なかなかに刺激的でした。なかでも印象的だったのが「研究発表の数」と「大会の雰囲気」でした。前者をコロナ前の 2017 年度で比較すると、日本語教育学会が春・秋合わせて 145 本（口頭 75 本、ポスター 70 本）だったのに対し、JSET は年 1 回 3 日間の開催で 473 本（口頭 266 本、ポスター 207 本）もありました。参加者の数は日本語教育学会がおよそ 1,900 名、JSET が 930 名でしたから、1 大会あたりの人数ではほぼ同数です。ですが、参加者に占める発表者の割合で見ると、日本語教育学会が 13 人に 1 人だったのに対し、JSET は 2 人に 1 人で、そのことが大会の雰囲気にも大きく影響していたように感じました（ちなみに、会員数は JSET も日本語教育学会もおよそ 3,500 名）。「発表を聞きに行く学会」と「発表をしに行く学会」の違いと言えばわかりやすいでしょうか。

　なぜそのような違いが生じるのかと考えていたときに思い出したのが、教育実践系の別の学会に所属する A 先生とのやりとりでした。

　　小：先生の学会では研究発表の採択率は何％ぐらいですか。日本語教育学会は〇％
　　　　ぐらいと聞いているのですが。
　　Ａ：え⁈　研究発表って落とされるんですか？

　そう言えば、以前、理系出身の方から「研究は論文になった時点で完成。研究途上のものを発表し、参加者と議論するのが大会」とうかがったことがありました。JSET もおそらくそのような考え方なのでしょう。実際、私が聞いた発表のなかにも「この段階で発表するの？」と（それまでの感覚では）疑問に感じるものがいくつかありました。他方、日本語教育学会は応募の規定や書類の書式を見る限り、完結したものだけを採択し、発表させるという方針のようです。どちらが正しいとは言えませんが、個人的には、間口を広げ、できるだけ多くの人に発表の機会を与えることで「発表をしに行く学会」へと転換していったほうが日本語教育界全体の発展につながるのではないかと思っています。実践の価値は学術的な評価基準によってのみ決められるものではないと思うからです。試みレベルの実践の中にも参考になる点はたくさんありますし、発表者も聞き手からの質問やコメントを通して多くのことを学ぶでしょう。これぞ「協調学習」と思うのです。

第5章　経験を理論と関連づける

5-1　精緻化方略としての質問作成

さて、ここまで田中一先生らの実践を参考に見様見真似でやってきて、僕なりに実践知を積み上げることはできたんだけど、それもどうやらこの辺りが限界だったみたい。完全に壁に突き当たってしまってね。そんなとき、**自己調整学習**について研究している大学院生と知り合い、その人の研究について話を聞いたことから質問作成が「精緻化」という**学習方略**の１つであることに気づいたんだ。それがこの実践を大きく前進させる突破口になったよ。

精緻化……ですか？

うん。深い処理の認知的方略の１つで（表 5.1）、学習内容を既有知識と関連づける方略のことさ。深く思考された高次の質問を作るためには、その日学習した内容だけでなく、それ以前に学習した事柄や過去の体験などと関連づけて考えることが必要なんだって気づいたんだ。だとすれば、精緻化方略の使用を促す要因に直接・間接的に介入することで、学生たちの講義を聞く態度を変えられ、その結果、質問の質も高まるんじゃないかって。それで、いろいろ文献を読み、精緻化方略の使用に影響を与える要因についてまとめてみた。それがこれ（表 5.2）で、「学習者内要因」と「学習者外要因」の２つに大きく分けられる。１つずつ順番に見ていこう。

お願いします。

まず**学習者内要因**のほうだけど、これには「既有知識」「認知」「学習観」「動機づけ」の４つがある。**既有知識【A-1】**というのは、要するに「その学生が学習内容に関する事前知識をどれだけ持っているか」ということ。精緻化方略というのは今も述べたように、新しく学習した知識を既有知識や過去の経験と関連づけて理解しようとする方略のことだから、関連づけの対象となる既有知識がなければ機能しない。近年の学習方略研究をレビューした篠ヶ谷圭太先生（篠ヶ谷, 2012）によると、その領域に関する知識が豊富な学習者ほど、テキストを読む際に自分のことばで言い換えたり、内容を要約したりするそうだよ。

つまり、「言い換え」や「要約」も精緻化方略の１つということですね。

表 5.1　領域横断的な学習方略の分類[1]

A. 認知的方略
　　1. 浅い処理の方略　……　リハーサル方略、丸暗記方略
　　2. 深い処理の方略　……　体制化方略、精緻化方略
B. メタ認知的方略
C. リソース管理方略

表 5.2　精緻化方略の使用に影響を与える要因[2]

A. 学習者内要因	B. 学習者外要因
・既有知識【A-1】	教室
・認知【A-2】	・目標構造【B-1】
・学習観【A-3】	・評価構造【B-2】
・動機づけ【A-4】	教材
	・課題要因【B-3】
	・補助リソース【B-4】

 そういうことだね。で、次の**認知【A-2】**だけど、これはさっき話した有効性の認知とか、コストの認知のことを言う（p.51）。どんなに効果的な学習方略でも学生がそれを知らなければ使えないし、知っていても役に立つと思わなければ、やはり使わないだろう？　また、役に立つとわかっていても、日常的に用いるには負担が大きいと思えば、やはり使わないよね。

 はい。

 3つ目の**学習観【A-3】**というのは、日本語教育で言う「ビリーフス」のことで、東京大学の市川伸一研究室では、先行するいくつかの質問紙を統合・改定して、このような2つの上位因子と8つの下位尺度からなる学習観尺度の構造を提案しているんだ（図5.1）。

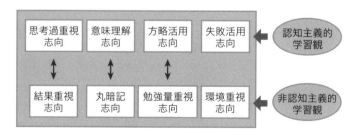

図 5.1　学習観尺度の構造 (植阪他, 2006; 市川他, 2009)

この「認知主義的学習観」というのは何ですか。

 「効果的な学習には意識的な認知処理が重要だと考える信念」（植阪他, 2006, p.890）のことで、植阪友理先生らの研究で成績との間に正の相関があることが確認されているよ（植阪他, 2006）。また篠ヶ谷先生は、中学生を対象とした世界史の授業で「意味理解志向」の高い学習者ほど背景因果の理解が深まり、メモ量が増えることを明らかにしていて（篠ヶ谷, 2008）、この「メモを取る」というのも精緻化方略の１つなんだ。

 へえ。

 そして、４つ目が**動機づけ**【A-4】。動機づけの研究と言うと、古くは「道具的動機づけ」と「統合的動機づけ」、あるいは「内発的動機づけ」と「外発的動機づけ」というように、大きく２つに分けて議論されることが多かったけど、市川先生たちは「学習の功利性」と「学習内容の重要性」という２つの要因を組み合わせて、こういう新たなモデルを提案されている（図 5.2）。

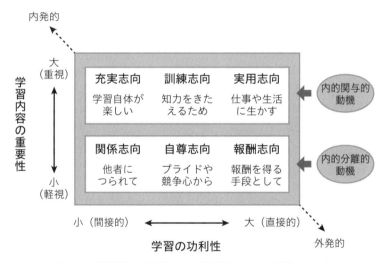

図 5.2　学習動機の 2 要因モデル（市川他, 1998; 市川他, 2009）

 全部で６種類ですか。

 うん。そして、このモデルを用いて学習動機と学習観の相関を調べたところ、「内容関与的動機」の３つの尺度はいずれも認知主義的学習観の４つの尺度と正の相関を示すことが明らかになったそうだよ（市川他, 2009）。また、堀野緑先生らが高校生を対象に行った英単語の学習方略調査では、内容関

与的動機は体制化方略やイメージ化方略のような深い処理の方略とはもちろん、リハーサル方略のような浅い処理の方略とも関連が深いことが明らかになったんだ（堀野・市川, 1997）。

つまり、認知主義的な学習観と内容関与的な動機づけは相互に関連し合っていて、学習者の方略使用にも影響を与えているということですね。

そういうことだね。振り返ってみれば、日本語教育で言語学習ストラテジーの研究が早々と行き詰まったのは、アンケート調査の結果を出身地や日本語力別に比較するばかりで、なぜそのような結果になったのかを深く追求してはいなかったからじゃないかな。ビリーフスの研究もね。

そうだったんですか《私、そのころたぶん幼稚園……かな》。

さて、もう一方の**学習者外要因**だけど、これも「目標構造」「評価構造」「課題要因」「補助リソース」の４つに分けられる。このうち、**目標構造【B-1】**というのは学生個人の持つ目標とは別の学習環境、例えば教室や家庭で強調されている目標のことを言う。学生たちを取り巻く「場の雰囲気」と言い換えてもいいかもしれないね。小学生を対象に行った三木かおり先生らの研究（三木・山内, 2010）によると、教室が一人一人の進歩や努力が評価される熟達志向的な雰囲気になっていれば、子どもたちは自己の進歩や理解、知識の習得に関心を抱き、そのことが深い処理の方略使用を促すそうだ。また、その効果は「教室の目標構造→個人の達成目標志向→学習方略」のような個人の志向を介した間接効果だけでなく、教室の目標構造から学習方略への直接効果があることもわかったそうだ。

つまり、個々の学生がどのような動機づけを持っているかに関係なく、学習方略の使用に影響を与え得るということですか。

そうなるね。次に**評価構造【B-2】**だけど、これは成績評価の方法と考えていいと思う。村山航先生の研究（村山, 2003）によると、授業で毎回記述式の確認テストを受けたグループは、空所補充式の確認テストを受けたグループに比べて深い処理の方略を多く使用し、ノートへの書き込み量も多かったそうだよ。反対に、空所補充式のテストは、記述式テストに比べ、「意味を考えずに暗記する」といった丸暗記方略の使用を促し、精緻化方略の使用を抑制することも明らかになった。

クイズの形式を変えるだけで子どもたちの学び方を変えられるんですね。

そのようだね。3つ目の**課題要因【B-3】**だけど、これは教材や課題の「難易度」の影響のことで、篠ヶ谷先生（篠ヶ谷, 2012）によれば、事前に本文のアウトラインを読んでおくことで授業中の精緻化方略の使用が促されることが

わかっているそうだ。ただ、一方で本文の内容が易しい場合にはそのような影響が見られないことも報告されている。

 補助リソース【B-4】というのはプリントや資料などの副教材のことですか。

そう。これも篠ヶ谷先生の論文（篠ヶ谷, 2012）からの引用なんだけど、アウトライン形式や図表形式のノートを使用することでメモ方略の使用が促され、内容理解が深まることが先行研究で明らかになっているそうだよ。そして、その理由について先生は「講義のトピックやサブトピックがすでに手元のノートに記されているために、そうした概念を関連づけるメモが取りやすくなった」（篠ヶ谷, 2012, p.96）ためではないかと分析していらっしゃる。

なるほど。

5-2 **学習フェイズ関連づけモデル**

このように精緻化方略の使用は学習者内外の様々な要因によって影響を受けるわけだけど、個々の学習者の持つ学習観や学習動機への介入は容易ではない（篠ヶ谷, 2010）。人の気持ちや信条を変えるということだからね。比較的介入しやすいのは4つの学習者外要因と、学習者内要因の既有知識じゃないかな。というのも、例えば目標構造なら「歴史は暗記科目ではない。その出来事の背景に何があり、ほかの出来事とどう関連しているかを理解することが重要だ」と繰り返し強調すればいいわけだし、評価構造についても記述式の試験をしたり、質問の質を成績評価に加えたりすればいいわけだから。

そのうえで教材の難易度や形式を工夫し、既有知識についても「予習」のさせ方を工夫すればいいわけですね。

うん。問題はその予習のさせ方だけど、篠ヶ谷先生は学習者が①事前学習、②本学習、③事後学習の各学習フェイズにおいて適切な方略を使用しながら理解を深めていく学習プロセスのモデルを**学習フェイズ関連づけモデル**（図 5.3: ノート G）と名づけ、このモデルを用いた研究の意義について以下のように述べていらっしゃるんだ。

　　これまでの研究では、深い処理の認知的方略の使用において、動機づ

けが重要な要因であることが示されているが、動機づけは、それを高めること自体が難しい問題であり、動機づけへの介入から学習者の学習改善を図ることは容易ではない。それに対し、授業中の深い処理方略の使用と関係する予習方略を見いだすことができれば、教師はその方略を用いて予習してくるように指導すればよい。予習場面と授業場面における学習方略の直接の関係を見いだすことで、効果的な学習サイクルの実現に向け、有用な示唆が得られるものと考えられる。(篠ヶ谷, 2010, p.453)

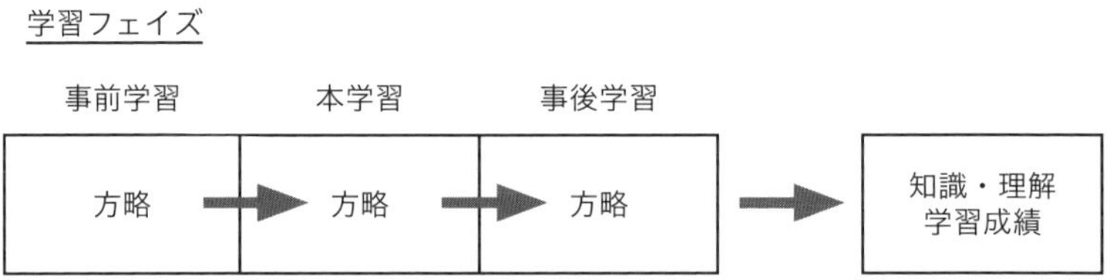

学習フェイズ

図 5.3　学習フェイズ関連づけモデル (篠ヶ谷, 2012, p.93)

【ノートG】 学習方略研究の分類 (篠ヶ谷, 2012)

篠ヶ谷 (2012) は学習方略研究を「学習フェイズ不特定型」「学習フェイズ特定型」「学習フェイズ関連型」の3つに分類している。このうち、フェイズ不特定型とは「学習者が日々の学習のなかで用いている方略について測定した研究」のことであり、学習フェイズ特定型とは「具体的な学習場面で何をしているかを調査した研究」のことを言う。それに対し、学習フェイズ関連型とは「複数の学習フェイズを経ることで、内容の理解が深まるプロセスを検討した研究」(篠ヶ谷, 2012, p.97)のことを言い、例えば前述の「事前に本文のアウトラインを読んでおくことで、授業中の精緻化方略の使用が促される」という研究知見は、事前学習に介入することで本学習時の方略使用に影響を与えられることを示したものと言えるであろう。また、村山 (2003) の「テストの形式が授業中の学習方略の使用に影響を与えるか」を調査した研究も、事後学習への介入によって本学習時の方略使用が変わるのかを調査していることからこのタイプに含まれると考えられる。

なるほど。名案ですね。でも、先生。これ、先生がY大学でされているような集中講義には活用できませんよね。学生たちは4日間連続で毎日3〜4コマ授業を受けるわけだし、そのうえ翌日の予習なんてできないでしょうし……《私が今度担当するのも2週間の集中コースなんです、先生……》。

それは大丈夫。《 え?!》ここで言う「事前/事後学習」には自宅での予習・復習だけでなく、授業中に行う準備活動やまとめの作業も入るから。そういう意味では、僕がしている「講義を聞いたあとに質問を書かなければならないと意識させることで学生たちの講義を聞く態度を変えさせよう」という試みも、事後学習と本学習の関連づけを意識した実践ということになるね。

なるほど《そうか、授業内でやればいいんだ》。

そこで、その篠ヶ谷先生の予習の効果に関する研究だけど、中学生対象の世界史の授業で、事前に教科書を読んで「どのような事件が起こったか」などの知識を得ておくと、授業では学生の注意が背景因果に向けられ、理解が促進されることが明らかになったんだ（篠ヶ谷, 2008）。ただし、授業でされる説明が予習で得られる情報よりも詳細なものでなければ、学習者の注意は背景因果に向けられず、理解も促されないことも明らかになっている（篠ヶ谷, 2010）。

特に目新しい情報がないから、「集中して聞かなきゃ」という気にならないんでしょうか。

そうかもしれないね。また、篠ヶ谷先生は予習のさせ方についても検討していて、予習時に質問を作らせるだけでは効果はないけれども（篠ヶ谷, 2008）、解答に必要な情報が教科書に部分的に記述されている背景因果質問を教師が作成し、それへの解答を準備させると、意味理解志向の高低に関係なく、背景因果の理解が促進されることも明らかにしている（篠ヶ谷, 2011）。これはおそらく、意味理解志向の高い学生は出来事の背景について考える習慣がもともと身についているけど、そのような習慣がない学生には教員による「足場かけ」が必要だということなんだと思う。

えっと、まとめると……、事前に資料を読んで「いつ、どこで、何が起きたか」などの歴史的事実を学ばせておき、授業では「その裏に何があったのか」などの背景因果情報を与えるようにすると、学生たちの思考は刺激され、精緻化方略の使用が促される……と。それだけでは不十分な場合は、教科書を読み、自分で少し考えれば答えられるような質問を事前課題として与え、足場かけをする必要がある……ということですね。

そのとおり。

でも、先生。まだ1つスッキリしない点があります。留学生対象の実践で講義を聞く態度に変化が見られなかったのに、なぜ質問の質だけが高まったんですか。

それなんだけど、実は「留学生も日本人学生も講義内容を深く理解できていなくても書ける質問にとどまっていた」と考えたらどうだろう？ 実は、市川先生が提唱された**教えて考えさせる授業**（図5.4: 市川, 2008, 2010a）では、学習を「習得」と「探求」という2つのサイクルに分けていらっしゃるんだ。

習得と探求？

うん。「習得サイクル」とは、授業を中心に予習と復習を繰り返すことで学習内容の定着をはかり、考える土台を作るサイクルのことで、授業は「教師の説明」から始まり、「理解確認」「理解深化」「自己評価」へと進んでいく。一方、「探求サイクル」とは習得サイクルで築いた土台のうえに自らの興味・関心に応じた課題を設定し、探求活動や表現活動を行うサイクルのことを言う。要するに、「すべてを自力解決に委ねるのではなく、教科書に解説されていることや、答えの出ている例題はいわゆる『受容学習』として教えたうえで、それを理解確認し、さらに、理解深化で発見的な問題解決学習に取り組む」（市川, 2010a, p.33）ようにしようということだね。

なるほど。

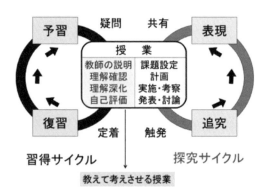

図5.4　教えて考えさせる授業 (市川, 2018, p.34)

で、この「教えて考えさせる授業」のモデルに沿って、子どもたちの書く質問をタイプA、タイプB、タイプCの3つに分類したのが湯澤正道先生なんだ（湯澤, 2009）。タイプAとは「学習内容の理解を目指した質問」で、簡単に言えば、「わからないところを尋ねる質問」のこと。また、タイプBとは「学習内容の構造化を目指した質問」で、「大切だと思うところを尋ねる質問」と言い換えることができるだろう。そして、3つ目のタイプCとは「学習内容の応用を目指した質問」を意味する。質問書方式を実践された田中裕先生は学生の書いた質問について「最初はわからない点に関する質問で、しかも漠然としている」（田中裕, 2009）と述べていらっしゃるんだけど、これは「最初はタイプAの質問が多く産出された」ということなんだと思う。

はい。

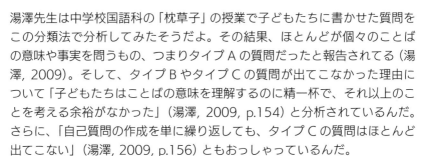湯澤先生は中学校国語科の「枕草子」の授業で子どもたちに書かせた質問をこの分類法で分析してみたそうだよ。その結果、ほとんどが個々のことばの意味や事実を問うもの、つまりタイプAの質問だったと報告されてる（湯澤, 2009）。そして、タイプBやタイプCの質問が出てこなかった理由について「子どもたちはことばの意味を理解するのに精一杯で、それ以上のことを考える余裕がなかった」（湯澤, 2009, p.154）と分析されているんだ。さらに、「自己質問の作成を単に繰り返しても、タイプCの質問はほとんど出てこない」（湯澤, 2009, p.156）ともおっしゃっているんだ。

なぜですか。

「タイプAとBの自己質問は、数学や理科などいずれの教科にも当てはまる領域一般的な学習方略を利用して作成できるが、タイプCの質問はそれぞれの教科の内容にある程度依存しているから」（湯澤, 2009, p.156）というのが先生の説明だね。つまり、タイプAとタイプBは市川先生の考える習得サイクル、タイプCの質問は探求サイクル内の質問ということで、タイプCの質問は講義の内容を十分に理解できていないと出てこないということなんだと思う。対照的に、タイプAやタイプBの質問は講義内容を十分に理解できていなくても、それまでの学習経験などを活用すれば書けてしまうということで、裏を返せば、タイプAやタイプBの質問しか出てこないというのは、講義内容の理解がいまだ不十分であることを意味しているとも言えるね（湯澤, 2009）。

なるほど。

これらの点を踏まえて「講義を聞く態度には変化が見られなかったのに、なぜ質問の質だけが高まったのか」を改めて考えてみると、僕の分類法で言う

「具体的・分析的質問」とは、実は湯澤先生の言うタイプ B の質問だったのではないか。そう解釈してみたんだ。

🙂 う〜ん。

🙂 納得いかない？　じゃあ、ここで改めて学期末に学生たちが書いた振り返りコメントを思い返してみよう。留学生たちのコメントには「書かされている感の強い、不満とも取れるコメント」が少なくなかった（第 4 章 4 節）。講義の内容がよく理解できないまま、質問を書いていたとしたら、当然だよね。一方で、日本人学生が書いたコメントには、毎回授業の最後に質問を書かなければならないと意識することで「普段の授業より何倍も集中して聞いていた」とか、「ほかの人の質問を聞いて新しく発見することがあった」などの肯定的なコメントが散見された（第 4 章 3 節）。

🙂 でも、どちらも「具体的・分析的質問」のレベルには到達していたんですよね。7 段階の上から 2 番目ですよね。

🙂 そうだね。ちょっと厳しすぎるかい？　ならば、仮に 1 つ下の「一般的・包括的質問」までがタイプ B の質問だったとしよう。「具体的・分析的質問」の割合は日本人学生が 14.0%（表 4.4）、留学生に至ってはわずか 8.2%（表 4.7）で、その場合も講義内容を深く理解できていたのは一部の学生だけだったということになるよね。しかも、どちらの調査でも「応用的質問」は 1 つも産出されていない。

🙂 確かに。

🙂 とはいえ、最初に想定した学習モデル自体に大きな欠陥があったとも思えない。実は、僕、K 大で「日本語教育入門」という新入生対象のゼミをやっていたときに、何度か質問を書かせたことがあってね（小山悟, 2016a）。

🙂 いろいろされてますねえ。

🙂 （笑）　で、学期末の振り返りを読んでみたところ、「ただ受け身で講義を受けるのではなく、どこが気になる点なのか考えながら聞くようになった」とか、「『質問を考えなければ』と思いながら聞いていると、普段より集中して聞けるし、理解も深まった」「自分が疑問に思ったことを探しているうちに深いところまで話を聞いていた」などのコメントが散見されたんだ。ほかにも、「ほかの授業でも役に立っているので良い取り組みだと思いました」とか、「質問を考えるだけだったらあまり良くなかったけれど、先生の良い質問とはという定義が与えられてからほかの授業でも役に立っているので、良い取り組みだと思いました」のような、質問作成の有用性を評価するコメ

ントもいくつか見られた。

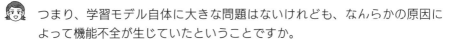 つまり、学習モデル自体に大きな問題はないけれども、なんらかの原因によって機能不全が生じていたということですか。

うん。そこで、さっき紹介した質問生成のプロセスと、講義中に「質問を思いつかない」と回答した大学生はごく少数だったという生田先生らの研究知見を思い返してみよう (p.46)。おそらく大半の大学生は、普通に講義を聞いていれば、なにがしかの質問は思いついているんだろう。それが深く思考された高次のものか、感想やコメントに近い低次のものかは別として。それはきっと留学生も同じで、母国の大学で勉強していたときには質問を思いついていたんだと思う。ただ、僕の授業設計に問題があったために、質問を考える余裕がなかったんじゃないだろうか。

5-4 授業内容の理解をどう深めさせるか

つまり、困惑した気持ちが生起する前の段階でつまずいていたということですか。だとしたら、改善のポイントは「授業内容の理解の段階」と「質問を思いつく段階」の2箇所ということになりますね (図5.5)。

そのとおり。そこでまず前者だけど、「授業内容の理解をどう深めさせるか」を考えなければならない。

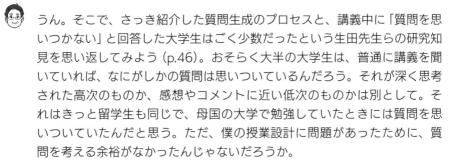

図5.5 授業内容の理解と質問生成のプロセス[3]

さっきおっしゃっていた質問作成の「下地づくり」ですね (第3章4節)。

うん。具体的には、①学生たちの授業理解を阻害する要因を取り除き、②じっくりと質問を考えられる環境・条件を整えることが重要だね。前者につい

ては教材の難易度を調整することが考えられる。歴史は難解な語彙が多く、文章も複雑だからね。例えば、小中高の教科書を分析したバトラー後藤裕子先生は、社会科の特徴として①複文の割合が圧倒的に高い、②文が長く句の数も多い、③修飾構造が複雑である、④文の並列が多く「〜たり」などの頻度が高い、⑤漢字の使用率が高く名詞化も多いなどの点を挙げていらっしゃるよ（バトラー後藤, 2011）。

 確かにそんな気がします。

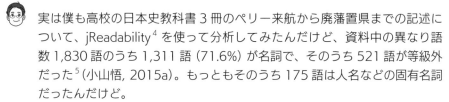 実は僕も高校の日本史教科書 3 冊のペリー来航から廃藩置県までの記述について、jReadability[4] を使って分析してみたんだけど、資料中の異なり語数 1,830 語のうち 1,311 語（71.6%）が名詞で、そのうち 521 語が等級外だった[5]（小山悟, 2015a）。もっともそのうち 175 語は人名などの固有名詞だったんだけど。

それでもまだ 3 分の 2、350 語近くが等級外なんですね。

しかも、中級後半レベル以上の動詞 173 語のうち 45 語（26.0%）を「習得が難しい」（松田, 2000, 2002）とされる複合動詞が占めていた。

受講者のなかには非漢字圏出身の学生もいることを考えたら、この語彙の多さと難解さは内容理解の大きな障壁ですね。

うん。だから、生教材にはこだわらず、学生の日本語力に合わせて適宜書き換えを行うことにした。一方、後者については 3 つあって、1 つは「既有知識」を増やすことだね。

つまり、予習ですね。

うん。道田先生もおっしゃっているように、「ある学問領域のなかで批判的に考えられるようになるためには、学生は最初に、その分野での基本的な知識を理解し、使えるようにならなければならず、そのうえで、その分野で批判的に考えられるようになる」（道田, 2011a, p.143）わけだから。ところが、学生たちの所属大学のカリキュラムはまちまちで、なかには日本の歴史をほとんど勉強していなくて、幕末史については漫画や映画に出てきた人物の名前を断片的に知っているだけという学生も少なくない。そこで、篠ヶ谷先生の学習フェイズ関連づけモデルに沿って事前学習に介入し、その日の授業内容を理解するために最低限必要な知識をあらかじめ予習させておこうと考えたんだ。

それまでは予習をさせていなかったんですか。

させていたよ。でも、予習と授業の関連づけが不明確だった。そこで、次

の調査では篠ヶ谷先生の研究知見に基づいて、事前に資料を読んで「いつ、どこで、何が起きたか」などの歴史的事実を学ばせておき、授業では学生たちの意識を背景因果に向けさせるような説明をしようと考えた。加えて、学習者外要因の1つである「補助リソース」にも介入することにした。さっき話したように、講義のポイントが示されたアウトライン形式や図表形式のノートを用いると、メモ方略の使用が促され、内容理解が深まるとされているので、①「授業のポイント」と②「予習欄」、③「メモ欄」で構成された「**講義ノート**」を作成し、学生に配布することにした。それがこれ（図5.6: 図7.2参照）。学生たちは授業の前に予習として**資料**（詳細はp.139参照）

図5.6 「講義ノート」の内容と形式

を読み、「講義ノート」の左段に設けられた②「予習欄」に「いつ、どこで、何が起きたのか」を記入する。そして、授業では「講義ノート」の上段に記された①「授業のポイント」を意識しながら講義を聞き、重要だと思った事柄を右段（③「メモ欄」）にメモする。

なるほど。

そして3つ目は「まとめの時間」を設けることだね。これまではほかの学生の発表を聞いた直後にその場で質問させていたけど、聞いた内容を整理することもなく質問をさせれば、その質問自体が不明点の確認になってしまったとしても不思議はない。そこで、チャート式の「**まとめプリント**」（図7.3参照）を使って聞いた内容を整理したあと、つまり不明点を解消したあと、質問を考えさせることにしたんだ。

でも、先生。それだと学生たちの発表内容に沿って「まとめプリント」を作ることになるから、事前にどのような発表をするかを把握しておかなければならないですよね。

うん。そこは次の「質問を思いつく段階」への介入とも関わってくるので、後ほど改めて説明するようにしよう。

わかりました。

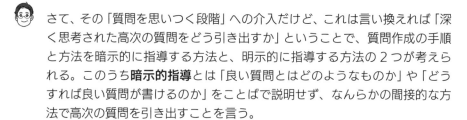

さて、その「質問を思いつく段階」への介入だけど、これは言い換えれば「深く思考された高次の質問をどう引き出すか」ということで、質問作成の手順と方法を暗示的に指導する方法と、明示的に指導する方法の2つが考えられる。このうち**暗示的指導**とは「良い質問とはどのようなものか」や「どうすれば良い質問が書けるのか」をことばで説明せず、なんらかの間接的な方法で高次の質問を引き出すことを言う。

具体的にどんな方法があるんですか。

基本的には質問書方式を実践された先生方が工夫されていたことと同じで、「記述の仕方や内容を指定する」と「フィードバックとその返し方を工夫する」の2点だね（第3章3節）。前者についてはまず「質問の数と字数を指定するかどうか」がポイントで、僕の場合、留学生対象の最初の調査では3つ、日本人学生対象の最初の調査では2つ書かせていたけど、それ以後は制限を設けず「少なくとも1つ」とした。

何か理由があったんですか。

多くの学生にとって初めは質問を考えること自体が困難であることや、この実践の目標が深く思考された高次の質問を引き出すことにあることを考えると、田中裕先生も指摘しているように、小さな質問を複数書くよりは1つに絞らせたほうがいいと思ったんだ（田中裕, 2008）。一方、字数については特に指定する必要はないと思っていて、実際指定したことはない。講義内容の理解が不十分なら、唐突な質問が増え、全体的に短くなるし、逆に理解が深まれば、質問は自ずと長くなるはずだからね。もちろん学生たちが「良い質問を書こう」という気持ちになってくれることが前提だけど。

長く書けば、質が高まるというわけでもありませんしね。

うん。また、「制限時間を設けるかどうか」も重要で、それを設けることで「時間内に書かなければならない」と意識し、講義中から質問を考えるようになるのではないかと期待される。でも、その反面、厳格に運用してしまうと、十分に考えを深められないうちに質問提出を迫ってしまうことにもなりかねない。なので、目安として制限時間を設けるけど、時間内に書き終わらない学生がいたら、休み時間まで延長し、それでも書けない場合は、自宅に持ち帰って続きを書かせるなど、柔軟に対応すればいいと思ってる。

もう1つの「フィードバック」についてはどうですか。

これには「口頭でするか文書でするか」「誰が回答するか」「クラス全員に開示するか」「開示するなら全質問か、一部の質問だけか」の4つがある。僕の場合は、留学生対象の授業ではグループ発表の直後に発表者が質問を受けつけ、答えられなかった質問については授業後に再度集まって相談するという形を取っていた。そして、最初の実践では翌週の授業までに回答をメールで提出させ、それを文書にして全員に配布したし、その次の実践では授業の冒頭に口頭で答えさせた。一方、日本人学生対象の実践では4日間の集中講義ということもあって、質問は教員宛で、質問への回答は一部の質問についてのみ口頭で行った（表5.3）。

表5.3　これまでの調査におけるフィードバックの方法

	留学生	日本人学生
口頭か文書か	文書（＋口頭）	口頭
誰が回答するか	発表者	授業者
クラス全員に開示するか	する	する
開示は全質問か、一部の質問か	全質問	一部の質問

 それぞれ一長一短がありそうですね。

 うん。例えば「口頭か文書か」という点についてだけど、研究室でも話したように（第2章5節）、文書で回答する場合の一番の問題点は「教師の負担が大きすぎる」という点なんだ。また、集中講義のように、翌日またはその日の午後すぐに次の授業がある場合には、実質不可能だろう。その反面、向後先生の調査でも明らかになったように、学生たちが毎回返信を期待していることも事実で（p.49）、回答してもらえないのであれば、学生たちも真面目に考えようという気持ちにはならないと思う。

 とはいえ、口頭では全員の質問に回答するのは時間的に無理でしょうし……。

 加えて、留学生対象の授業の場合、特に僕の歴史の授業のように難解な語彙の多い教科では、口頭での回答では十分に意味が理解できない可能性があって、その場合、文字は理解を助ける重要な視覚情報になる。

 でも、非漢字圏出身の学生の場合、その文字のせいで読もうという気にならないということも考えられますよね。

 そのとおり。そこが悩みどころで、そこは学生たちの日本語力を加味しな

がら、慎重に判断する必要があるね。

はい。

次に、2つ目の「誰が回答するか」だけど、学生に「質問経験を積ませる」（道田、2011b）という意味では、ほかの学生が行った発表に対し質問させ、発表者がそれに答えるというのが理想的だろうね。でも、学生たちのなかには発表という授業形態に慣れておらず、ネットで拾ってきた情報を内容も理解せず、使い慣れないことばでそのまま読み上げてしまう人もいるので（p.66）、予備知識のない学生にいきなり発表させるのは酷かなとも思う。質問にも答えるとなれば、なおさらだろうね。それでも学生に答えさせようと思うのであれば、最初の実践でしたように、一度持ち帰ってじっくりと考える機会を設けるべきだろうけど、ただ、その分発表者の負担は増えるよね。

そうですね。

それに、この方法だと発表者の理解はかなり深まるだろうけど、発表者以外の学生の理解はそこまで深まらない可能性が高い。加えて、さっき返答を留保した「まとめの時間」の問題だね。チャート式の「まとめプリント」を使って聞いた内容の整理をするためには、僕が事前に発表内容を把握しておくか、そのプリントを学生に準備させるしかない。だけど、どちらも難しいと思う。前者の場合、教室での発表の1日か2日前に教員に説明する必要があり、その分準備期間が短くなるし、後者の場合もレジュメだけでなく、「まとめプリント」も作らなければならないから、学生たちの負担はさらに大きくなってしまう。そこで、思い切ってグループ発表をやめることにしたんだ。

え！ やめたんですか。これまたあっさりと（笑）。

悩みはしたんだよ（笑）。ただ、さっきも言いかけたんだけど（p.63）、「学生とともに考え、ともに学ぶ」授業とか、「学生の主体性を重んじる授業」と言えば確かに聞こえはいいけど、そのような授業をするためにはそれ相応の準備が必要だと思うんだ。

準備？

うん。例えば、大学のゼミなどで読む論文を教員が選ばず、学生に選ばせることがある。「学生の自主性・主体性を重んじる」という意味ではそれなりに意義のあることだと思うんだけど、学生が自分の興味・関心だけでなく、ゼミのほかの学生にとっても読む意味のある適切な論文を選ぶというのは

簡単なことじゃない。タイトルだけを見て「この論文、面白そうだ」と思い、ゼミで読んでみたら、さほど価値のある研究ではなかったということもあり得るだろう。それでも学生に選ばせるというのであれば、どのような基準で、どんな論文を、どう選ぶかをきちんと指導しなければならないと思うんだ。そうでなければ、……。

ただの手抜き？　責任放棄？　それがさっきおっしゃっていた「逃げ」の意味ですか (p.63)。

うん。僕のこの歴史の授業でも、質問の考え方・書き方に関して僕なりの指導法を確立するまでに結果として 5 年ほどかかっていて、このときはまだ試行錯誤の真只中だった。「良い質問が書けるようになる」ということだけでも 1 学期間かけて指導する価値のあることなんだ。そのうえさらに「良い発表の仕方」まで指導するというのはちょっと欲張りすぎなんじゃないかと……。「二兎を追うものは一兎も得ず」だね。それで、この授業では「講義の聞き方を変え、良い質問が書けるようになる」ことに専念しようと思ったんだ。

3 つ目の「クラス全員に開示するか否か」についてはどうですか。

これは先に紹介した小野田先生ら（小野田他, 2011）の調査結果からも言えることなんだけど、クラス全員に開示せず、向後先生の「大福帳」のように学生個々に回答すると、学生はそれを教員とのコミュニケーションツールととらえてしまい、質問ではなく学生個人の感想や意見が増えてしまうかもしれない。なので、これまでどおり全員に開示するのがよいと思った。また、開示するのであれば、学生たちがより多くの質問に触れられるよう、可能な限り「全質問」を開示したほうがよいとも考えた。

先生の負担は相当なものになりますね。

（笑）　これは僕が尊敬する S 先生 (p.11) がおっしゃっていたことなんだけど、「教育って、結局どれだけ手間をかけたか」なんだと思う。なので、我々がすべきことはそれを「意味のある手間」にすることなんじゃないかな。

意味のある手間……。

うん。ついでにもう 1 つ教員の手間を増やすことを言えば、フィードバックを返す際、「質問に評価をつけるか否か」という点についても検討が必要かなと思う。

教室活動、あるいは宿題としてさせる以上、当然成績に加えるべきじゃないですか。

いや、この場合の評価とは、それとは別の、毎回個々の質問に評価をつけ、それを書いた本人にはもちろん、クラス全員にも開示するかという意味だよ。

それはどうでしょう。一生懸命考えた質問に評価をされるのはあまり気持ちがいいものじゃないし、名前は伏せたとしても、それをクラス全員にさらされるというのは……。

でも、これには前例があるんだ。質問を3つのタイプに分類することを提案した湯澤先生だけど、授業の冒頭、その前の授業で子どもたちが書いたタイプAとタイプBの質問を紹介したうえで、それらがタイプBやタイプCになるためには、歴史を多様な立場や視点から考えることが必要であることを説明し、タイプCの質問例を示すという質問作成指導をされているんだ。そしてその後、「歴史は繰り返される」をキーワードに藤原氏による摂関政治や平清盛による政権交代と対比させながら、建武の新政が短命に終わった理由を子どもたちに考えさせたところ、以後「異なる立場から歴史を見る」という方略がたびたび質問作成で用いられるようになったと報告されているんだ（湯澤, 2009）。

質問の質を高める教材として使われたんですね。でも、それだけなら、先生がされたように、過去の学生が書いた質問をスクリーンに提示し、「良い質問とは何か」を考えるモデリング活動するだけでもいいんじゃないですか。

うん。実は僕もそう思い、初めはクラス全員への開示には消極的だった。でも、学期中または集中講義の期間中に1～2度モデリングを行うだけでは不十分なんじゃないかと思ったんだよ。それに、学生にしてみれば、質問の質を高めようにも、自分の書いた質問の評価がわからなければ改善のしようがないんじゃないかな？　全員に開示すれば、自分と同じテーマで書いた他者の質問と比較することで、改善のヒントも得られるしね。

学生たちの反応はどうでしたか。

最初はやっぱり抵抗があったと思う。でも、受け取った回答を熱心に読んでいたところを見ると、おおむね肯定的にとらえていたんじゃないかな。2018年度の振り返りアンケートによると、受講者13人中11人が自分の質問に対する回答を「毎週必ず読んだ」と答えている。また、ほかの学生の質問についても「毎週必ず読んだ」という学生が3人、「毎週ではないがたいてい読んだ」という学生が7人いた。しかも、そのうち3人は「（読むときは）全員の質問と答えを読んだ」と答えているんだ。

熱心ですね。

そうだね。ただ、年度によっても多少差があって、僕の印象では、質問を一生懸命考えた学生ほどほかの学生の質問も含めて熱心に読んでいたように思う。

5-6　高次の質問を引き出す明示的指導

 もう1つの**明示的指導**とはどのようなものですか。

 「良い質問とは何か」を定義づけたり、書き方を具体的に示すことによって高次の質問を引き出す指導方法のことさ。さっき研究室で批判的思考力育成のための3つのアプローチを紹介したとき、質問作成は「思考の一般原則は示さず、間接的に批判的思考を誘発していく」イマージョンアプローチの1つであると説明したよね (p.34)。そのイマージョンアプローチなんだけど、Abrami らの行ったメタ分析では、3つのアプローチのなかで一番効果量が小さいことがわかったんだ (Abrami et al, 2008)。逆に効果量がもっとも大きかったのは、インフュージョンまたはイマージョンアプローチに普遍アプローチを組み合わせた混合アプローチだった。つまり、既存の科目のなかで学生たちの批判的思考を間接的に促しつつ、ときおり「批判的に考えるとはどういうことか」を具体的に教えるのがもっとも効果的ということだね。

 フィードバックを返すだけでなく、ことばによる説明も必要だと？

 そう。そこで質問を書く際の注意点として次の4点を指導することにした。

> A. 質問だけでなく質問の背景も書く
> B. 講義のポイントを押さえて書く
> C. 既有知識と関連づけて書く
> D. わからない点ではなく、わかった点について質問する

 「質問の背景」というのは田中一先生の実践知 (p.48) を取り入れたものですね。

 そう。「なぜその質問をしようと思ったのか」「何をどう考え、その質問に至ったのか」を書かせるようにすれば、その場の単なる思いつきでは質問を書けなくなるから、漠然とした低次の質問が減り、深く思考された高次の質問

を増やすことにつながるのではないかと思ったんだ。

2つ目の「講義のポイントを押さえて書く」ですけど、確かにそのとおりだと思います。でも、問題は「どうすれば、それができるか」ですよね。そこはどう指導されているんですか。

「講義のフレーム」を示すことにした。実は「歴史の授業で学んだことを現代に応用する力をいかに育成するか」というテーマで研究をされている池尻良平先生が「歴史学習の5ステップのマップ」というのを作られていてね。これがそれ（図5.7: 池尻, 2011）。

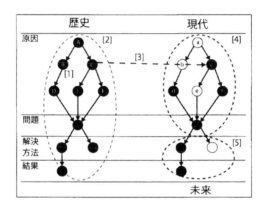

図5.7　歴史学習の5ステップのマップ（池尻, 2011, p.376）

歴史上の出来事と現代の出来事を「背景」「問題」「方法」「結果」の4点で対比させるんですか。

うん。僕の授業ではこれに「（為政者の）意図」を加えて独自の講義のフレームを作り（図5.8）、毎回このフレームに沿って講義をすることにした。そして、そのことを学生にも伝え、さらに毎回講義の冒頭でその日の論点[6]を示したうえで、このフレームに沿って説明するようにしたんだ。そうすれば、学生たちも講義のポイントをつかみやすく、メモも取りやすいだろうと思ってね。

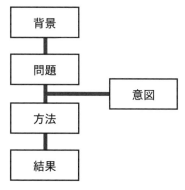

図 5.8　講義のフレーム

3つ目の「既有知識と関連づけて書く」というのは、精緻化方略の使用を促すものですね。

そのとおり。そして、4つ目は市川先生の「教えて考えさせる授業」のモデルをイメージしたもので、湯澤先生の分類で言うタイプ C の質問を引き出そうと意図したものなんだ。

5-7　改善点のまとめ

先生、すみません。ここでいったん整理をさせていただいていいですか。頭がパンクしそうです！

どうぞ（笑）。

まず、これまで何度か実践を繰り返すなかで留学生・日本人学生ともに質問の質についてはある程度のレベルまで高まったけれども、講義を聞く態度については対照的な結果になったんでしたね。

うん。日本人学生は期待どおり数値が高まったものの、留学生は上がらないどころか、むしろ下がってしまい、「講義を聞く態度の変化が質問の質を高める」という当初の想定とは真逆の結果になってしまった。

そこで先生は、質問作成が精緻化という深い処理の認知的方略の1つであるという点に着目し、学習方略研究の知見に基づいて原因を明らかにし、問題を解決しようとされたんでしたね。

そう。そして、検討の結果、学生たちは質問を書く前の段階、つまり講義内容の理解の段階でつまずいていたのではないかと結論づけたんだ。

そこで、まず教材の難易度を下げることによって授業内容の理解を阻害する要因を取り除き、次に学生たちがじっくりと質問を考えられる環境を整えようと考えた。具体的には予習のあり方を見直すとともに、まとめの時間も設けた……と。一方で、高次の質問を引き出すための暗示的指導として、質問の数も字数も特に指定せず、制限時間も目安として設けるだけにした。また、グループ発表はやめ、教員の講義に対して質問を書くこととし、回答はすべての質問に評価をつけて文書で全員に開示することにした。

うん。

さらに明示的指導として「質問だけでなく質問の背景も書く」「講義のポイントを押さえて書く」「既有知識と関連づけて書く」「わからない点ではなく、わかった点について質問する」の4点を3回に分けて指導することにした。まとめると、こういうことですよね。

そのとおり。整理できた？

はい、おかげさまで。

じゃあ、ここまでの話の内容について質問を書いてみようか。

え～?!

冗談（笑）。

ああ、びっくりした（笑）。でも、先生には失礼ですけど、学生たちの気持ちがわかったような気がします。専門的な内容について講義を聞き、その直後に質問を書くというのは、母語でも決して簡単ではないですよね。そういう姿勢が習慣づけられている人たちは別でしょうけど。

そうだね。だから、さっきも話したように、あまり欲張らず、目標を明確にして、1学期間かけてゆっくりと訓練していくことが必要だと思うんだ。

はい。

これが教育研究っていうものなんだ。実践を通して課題を見つけ、教育心理学や学習科学の研究知見に基づいて解決策を考える。そして、その成果を検証し、解決すべき新たな課題が見つかれば、再度理論に立ち返って検討する。すごい。いち日本語教師の私には簡単なことではないとわかっているけど、その姿勢だけでも見習わなきゃ。

注

1　瀬尾他（2008）、植阪（2010）、篠ヶ谷（2012）など。

2　市川他（1998）、瀬尾他（2008）、植阪（2010）、篠ヶ谷（2012）など。

3　生田・丸野（1999）のモデル（p.50）に「授業内容の理解」の段階を加えたもの。

4　李在鎬氏を代表者とする研究グループが開発した「日本語文章難易度判別システム」のこと（https://jreadability.net/ja）。

5　レベル別の内訳は中級後半が 308 語、上級前半が 222 語、上級後半が 30 語であった。

6　例えば「鎖国」なら「なぜ幕府は鎖国をしたのか」と「（西洋の国々のなかで）なぜオランダだけが日本と貿易をすることができたのか」の 2 点が考えられる。

コラム「地域日本語教室と予習」

　地域の日本語教室で教えている方々からときおり耳にするのは、「学習者のレベルがバラバラで、どうやって教えたらいいかわからない」や「学習者が休みがちで長続きしない」といった声です。前者については「伝統的な積み上げ式の授業ではだめ」というのが私のかねてからの主張で、それに代わる教え方として「活動中心の授業」(小山悟, 2015b) を提案しました。問題は後者です。近年、ボランティアの方々を対象にした日本語の教え方講座が各地で開催され、地域の日本語教室向けの教材も様々出版されるようになりました。ですが、学習者が来なければ、なんの意味もありません。にもかかわらず、それを解決する有効な手立てはいまだ誰も打ち出せていないように思います。私の案(活動中心の授業)も「学習者が来たり来なかったりしても困らない教え方」というだけで、「休ませないための工夫」については触れていませんでした。正直、どうすればよいか、わからなかったからです。ですが、質問実践を通じて教育心理学や教育工学の研究知見に触れた今なら、以下のように提案できます。

　　「(初級なら) 教科書の文法説明を読んで問題を解かせるなど、予習させればよい」

　最近流行りのことばで言えば「反転授業」です。想像してみてください。教室に行くその日、朝から雨が降っていたとしたら……。これまでなら、新規の学習は教室に行って教師の説明を聞くことで始まっていましたから、この時点で休んでも失うものは何もありません。ですが、予習させた場合には、休むことでその努力が無駄になってしまいます。「せっかく予習したんだから……」と休むのを思いとどまってくれるかもしれません。

　もちろん、予習させることのメリットはそれだけではありません。教師の説明を聞く前に一度自分なりに考えてみることで授業内容をより深く理解できるでしょうし、文法導入にかかる時間も大幅に短縮されますから、その分じっくりとコミュニケーションの訓練をすることができます。また、教える側にとっても、予習させることで (その日学習する内容に関しては……という条件付きですが) 学習者間のレベル差を一定程度縮められますから、授業をスムーズに進行できるようになります。さらに、この「予習→疑問点の解消→運用練習」というサイクルを繰り返すことで、学びにリズムが生まれれば、途中で辞める人を減らすこともできるでしょう。これまでうまくいかなかったのは、授業内で (それも教員の個人的な努力によって) どうにかしようとしたからではないでしょうか。

　「言ってもやってこないのではないか」と不安に感じる方もいるかもしれませんが、目の前の学習者たちに 1 日も早く大きな不安なく日本で暮らしていけるようになってほしいと願うなら、「どうすれば予習を根づかせることができるか」と前向きに考え、一度チャレンジしてみてはどうでしょう。少なくとも私の授業では効果は「絶大」でした。

第6章　日本語の学習をどう埋め込むか

6-1　CBI は日本語の習得を促すのか

ところで、僕たち、大事なことを1つ忘れてない？

え？　大事なこと？　何ですか。

これは歴史を題材とした「日本語」の授業だということさ。

ああ〜！　すっかり忘れていました（笑）。そうでしたね。日本語以外の何かを日本語で学ぶなかで日本語の習得を目指す。それが CBI でしたね。

（笑）　研究室でも話したように、CBI は第二言語の習得を促すとともに批判的思考力の育成にも貢献できる教授法として期待されているんだけど（p.17）、それはあくまでも可能性の話であって、日本語以外の何かをただ日本語で教えさえすれば自然に習得が進むというものではない。

ですよね。学生たちが批判的に講義を聞くよう仕向けたり、深く思考された質問を引き出そうとするだけでも、これだけいろいろ苦労したわけですし。

日本語の習得も同じだよね。語彙については一定の条件が整えば、特別な指導なしに習得が進むことを裏づける研究はあるんだけど、文型・文法はどうだろう？　また、いわゆる四技能についても、週に1度の90分授業を15回受けた程度で目に見えるような変化が生じるとも思えない《　そう、そこなんです、先生》。

すみません。今おっしゃった「語彙の習得に関する一定の条件」というのは何ですか。

英語学習者を対象とした研究なんだけど、テキスト内の未知語の割合が5%以下である場合にテキストの内容理解が可能になり、語彙の付随的学習が可能になるとされているんだ（Nation, 2001）。また、多読によって未知語を覚えるのに必要な出現回数をある研究では5〜16回（Nation, 1990）、別の研究では10〜30回（Waring, 2006）としている。つまり、講義内容の理解に問題がなければ、一定の回数以上目にしたり耳にすることで語彙は自然に習得される可能性が高いということだね。

その一方で、文型・文法についてはどうして懐疑的なんですか。

これは山内博之先生が『みんなの日本語 初級Ⅰ・Ⅱ』で学習する文型・文法

が、実際、どのレベルの学習者の発話に頻出するのかを KY コーパスを使って分析された結果なんだけどね（表6.1）。これを見ると、ほとんどの文型・文法が初級文法とは言えないことがわかるよね。

表6.1　山内 (2009) の調査結果[1]

初級	【助動】です、た、ます、ない、たい、ようだ 【補動】ている 【終助】か、ね 【接助】て、けど、たら、たり、とき、ため	
中級	【終助】よ、ね 【接助】から、が、し、ながら	【助動詞】使役、はずだ、つもりだ、 　　　　そうだ (様態 / 伝聞)、 　　　　ばかりだ、ところだ
上級	【助動】のだ、受身 【補動】てくる、てしまう、てみる 【接助】と、ば、ので、のに	

そうですね。これ、どんな基準でレベル分けされているんですか。

中級になって出現頻度が顕著に高まった文型・文法は初級の授業で学習した成果が現れたものと見なして「初級文法」、同様に、上級になって出現頻度が高まったものは「中級文法」、超級になって頻度が高まったものは「上級文法」と定義されている。そして、この結果について先生は「初級文法とは丁寧系の文法、つまり、普通形を作らなくても済む文法である」（山内, 2009, p.47）と述べていらっしゃるんだ。

極論すれば、『みんなの日本語 初級』の1～13課で学習する文型・文法だけで初級レベルの会話は十分に可能ということですか。

そう。もちろん、だからと言って、「14課以降の文法は初級で教える必要はない」と言っているわけじゃないよ。知識として必要なことは言うまでもない。ただ、初級で学習する文型・文法のなかには中級や上級にならないと頻繁には使えるようにならないものがかなり多くあるというのは確かで、そうであるならば、それら習得困難な文型・文法については中級や上級でも繰り返し取り上げて練習すべきじゃないかと言いたいだけなんだ。

その場合の練習というのは、例えばどんなことが考えられますか。

例えば、近松先生は上級者対象の「戦争と日本人」という授業に、被爆体験者と宗教倫理学の専門家という2人のゲストスピーカーを招き、日本語で講義をしてもらっていてね。その際、ゲストが話す内容だけでなく、原爆

投下についてどう話すのか、つまり「落とした」(他動詞)と言うのか、「落ちた」(自動詞)と言うのか、それとも「落とされた」(間接受身)と言うのかにも着目させているんだ (近松, 2011)。

それは面白いですね《原爆投下か……、中級の学生なら……》。

うん。加害者と被害者、勝者と敗者という二項対立で描かれやすい「戦争」というテーマで、既習の言語知識を活用し、そのゲストがどのような視点で、どのような気持ちを込めて話しているのかに注意を向けさせるというのは、日本語教育の観点からも批判的思考教育の観点からも非常に有意義だと思う。また、内容学習を妨げることなく自然な形で言語の学習を埋め込んでいるという点でも見事としか言いようがない。もちろん、このような「初級文法」の再学習だけでなく、「歴史的現在[2]」のような修辞法を上級文法として新たに学び、より自然で巧みな文章表現ができるようになるというのも目標の1つとなり得るね。

そうですね。それで、先生は今回日本語の何について調査されたんですか。

歴史教科特有の語彙と文法・文末表現の習得に焦点を当てた。理由は3つある。1つは CBI が本当に日本語の習得を促すのか、きちんと検証すべきだと思ったことだね。今も話したように、語彙については一定の条件が整えば、付随的な学習が起こることがわかっている。だから、僕の授業でも幕末・明治の歴史に関連の深い語彙は特別な指導なしに自然に習得されると予想されるわけだけど、果たして本当にそうだろうか。きちんと検証すべきだと思うんだけど、CBI の先行研究をいろいろ調べてみても、日本語の習得について検証しているものはほとんどなかった。

そうなんですか。

2つ目に CBI は内容学習が主食なので、副食 (日本語学習) は主食に合うものでなければならない。ならば、当然学習内容と関連の深い語彙・文法や修辞法、言語技能などを対象にすべきだと思ったんだ。そして、3つ目が「検証の難しさ」の問題だね。通常学生たちは同時期に複数の授業を日本語で受けているから、学期の初めと終わりで学生の日本語力に変化が見られたとしても、それがこの授業の成果だとは言い切れない。そのような条件下で比較実験を行わず、客観的な数値データによって実践の成果を証明しようと思えば、ほかの授業では深く学習する可能性の低いその教科に特有の言語知識に焦点を当てるしかないと思ったんだ。

はい。

なかには「中級や上級になってまで文法がどうとか、語彙がどうとかじゃないだろう」と言う人もいると思う。でも、調査の結果、予想どおり語彙の習得に進展が見られたとしたら、それはそれで意義のあることだと思うし、逆に予想に反するものだったなら、新たな研究の出発点になる。どちらにしてもやる価値はあると思ったんだ。

6-2　香港での実践

どんなふうに調査されたんですか。

調査は2016年8月に香港の日本語教育機関で行った。実はありがたいことに、3度目の挑戦をする前に香港の日本語教育機関で「日本留学体験講座」という5日間の短期研修をさせていただけることになったんだ。それで、この機会にさっき話した改善が有効に機能するかを確かめるとともに、日本語の習得状況についても検証することにしたんだ。この時期はあちらも夏休みでほかの授業は行われていないから、事前・事後の違いは主として僕の授業の影響と見なすことができるからね。ただ、1日1回の90分授業を受けるためだけに5日間登校しなければならなかったため[3]、受講者は中級修了レベルが4人、初級修了レベルが2人と少なく、どれほど意味のある結果が得られるかは正直わからなかった。

どんな内容で授業をされたんですか。

これが改善点の一覧で（表6.2）、これがシラバス（表6.3）。改善点の一覧（表6.2）の【　】内は精緻化方略の使用に影響を与えるどの要因（表5.2）に関連したものかを示している。1つずつ順番に見ていこう。

表 6.2　改善点のまとめ

(1) 主教材を高校の教科書から中学の教科書に変えることで**情報量**を減らし、さらに語彙の書き換えや文構造の単純化によって**文章の難易度**も下げた

【B-3 課題要因】

(2) 学習フェイズ関連づけモデルに沿って**予習と授業の関連づけ**を行った

【A-1 既有知識】

(3) 「背景、問題、意図、方法、結果」の**5 つの観点**を意識して講義を行った

(4) 予習した**知識を外化する**「講義ノート」を作成した　　　　　【B-4 補助リソース】

(5) 質問を書く前にチャートを使った**まとめの時間**を設けた　　　【B-4 補助リソース】

(6) 初日の授業を**予行練習**にし、本授業における学習法を理解させた　【B-1 目標構造】

(7) 学生の発表ではなく授業者の**講義について**質問を書かせた

(8) これまでよりもさらに明示的な**質問作成指導**を 2 日目と 3 日目に行った

表 6.3　5 日間の講義内容と質問作成指導

1 日目	オリエンテーション 事前知識の解説 (江戸時代の始まり・幕藩体制) 講義「鎖国」 　Q1. 日本はなぜ鎖国したのか 　Q2. なぜオランダとだけ貿易したのか	質問作成①
2 日目	講義「資料 A: 黒船来航から通商条約調印まで」 　Q1. 安政の改革は幕府と大名の関係にどのような影響を与えたのか 　Q2. 井伊直弼はなぜ不利な条件でアメリカと通商条約を結んだのか	質問作成② 質問作成指導 I
3 日目	講義「資料 B: 安政の大獄から第一次長州征討まで」 　Q1. 孝明天皇はなぜ妹和宮を将軍家茂と結婚させたのか 　Q2. 孝明天皇は攘夷派なのに、なぜ長州藩を京都から追放したのか	質問作成③ 質問作成指導 II
4 日目	講義「資料 C: 薩長同盟から戊辰戦争の終結まで」 　Q1. なぜ薩摩藩は長州藩と同盟を結んだのか 　Q2. なぜ徳川慶喜は大政奉還をしたのか	質問作成④
5 日目	総まとめ「現代への応用」	

はい。

 まず**教材**だけど、これまでの高校の教科書から中学の教科書に変更することにした。中学の教科書のほうが情報量が少なく、文章の難易度も低いと思ったんだ。だけど、jReadability で文章の難易度を測定したところ、意外に難しく「上級前半」だった。

 高校の教科書は？

 上級後半だった。そこで、教育出版、帝国書院、東京書籍の 3 社から出版されている教科書の記述を合成し、以下の**資料**を自作することにしたんだ。

    資料Ａ「黒船来航から通商条約調印まで」（638 字：中級後半）
    資料Ｂ「安政の大獄から第一次長州征討まで」（642 字：中級後半）
    資料Ｃ「薩長同盟から戊辰戦争の終結まで」（643 字：中級後半）

その際、固有名詞（特に人名）はできるだけ削減し、学生たちの負担を減らす一方、語彙の書き換えや文構造の単純化を行った。また、学生たちの内容理解を助ける視聴覚教材として NHK の大河ドラマ『篤姫』の DVD（正式台湾版：中国語字幕付き）を購入し、適宜活用することにした。

図 6.1　資料

 授業はどんなふうに進められたんですか。

 篠ヶ谷先生の学習フェイズ関連づけモデルに沿って授業の前日に**資料**（図 6.1）と「**講義ノート**」（図 6.2）を配布し、予習として左側の年表や図表の空欄を埋めさせた。そして、授業ではそれを手元に置いて講義を聞き、重要だと思う点を右側にメモさせた。また、「講義ノート」の上段には、講義中、学生たちの意識が背景因果に向くよう、講義のポイントを「○○はなぜ〜のか？」のような疑問形で明示し、講義の冒頭でも再度口頭で確認するようにした。

 講義（背景因果の説明）はどんなふうに？

 「講義のフレーム」（図 5.8）に沿って、その日のテーマについて①背景、②問題、③意図、④方

図 6.2　「講義ノート」

法、⑤結果の5つの観点から説明するようにした。そして、講義終了後には**「まとめプリント」**（図6.3）を配布し、講義の理解度を正誤問題で確認したあと、講義での説明と同じ5つの観点から学習内容を図式化するまとめの作業を行った。

図6.3 「まとめプリント」

 そのあと質問を考えさせたんですね。

 うん。これが2日目から4日目の授業の流れをまとめたものだよ（表6.4）。なお、1日目は初対面で予習を課せないので、翌日以降に予習として行うことも含めてすべて、つまりこの表の学習活動すべてを講義中に行い、「予行練習」とした。

表6.4 事前学習・本学習・事後学習の関連づけ

	学習フェイズ	教材	学習活動
自宅	事前学習（予習）	・資料 ・講義ノート	・資料を読み、「講義ノート」の左段の空欄を埋める（歴史的事実の学習）
授業	本学習（授業）		・教員の背景因果説明を聞き、重要事項を「講義ノート」の右段にメモする
	事後学習（まとめ）	・まとめプリント	・○×問題で授業の理解度を確認する ・①背景、②問題、③意図、④方法、⑤結果の5項目からなるチャートを完成させ、授業内容の整理を行う ・その日の授業内容について質問を書く

 最終日の「総まとめ」はどんなことをされたんですか。

 現代または歴史上の出来事を「まとめプリント」のチャートと同じ5つの観点から図式化する課題を与えた。そして、その出来事と幕末の任意の出来事との類似点・相違点を説明させた。

 質問作成指導は2回されたんですね。

 うん。理想的にはさっき話した4つのポイント（p.103）を毎日1つか2つずつ丁寧に示していくのがいいんだけど、今回スケジュール的にまとまった指導ができるのは実質2日目の1回だけだったんだ。そこで最初に、湯

澤先生の分類（p.93）を念頭に、質問には「授業のわからないところを聞く質問」「自分の理解を確認するための質問」「授業で勉強したことをもとに理解を深め、発展させる質問」の 3 種類があることを説明し、そのあと初日に特別な指導なしに書いた質問のなかから 4 つを取り上げ、「書き方の工夫」について指導するようにした。最初に取り上げたのがこの 2 つ。

> (1) 江戸時代に日本とオランダはどんな貿易をしていましたか。
> (2) 御家人と家臣が功績ができたなら、旗本になれますか。

 「事実を確認する質問」ですね。

 うん。まず、この 2 つの質問について①自分の解釈や意見を入れること、②その日の授業内容を一部引用するなどして自分が書いた質問が授業と関連していることを示すこと、③前回の授業やほかの授業で学習したことなどと関連づけることの 3 点を指導した。それぞれ「A. 質問だけでなく質問の背景も書く」「B. 講義のポイントを押さえて書く」「C. 既有知識と関連づけて書く」に相当する。そして、そのあと以下の 2 つの質問を取り上げ、(3)については「授業で学習した内容を深めている点は非常に良いけれども、自分がどう思うかも書けば、もっと良い質問になるよ」と助言した。また、(4)については「質問の背景が書かれている点は非常に良いけれども、授業のテーマと関連づけられていれば、なお良かった」と指摘した。

> (3) もし幕府は鎖国しなかったら、今の日本の文化はどのぐらい、変化がありますか？
> (4) どうして 10 代の若者の天草四郎が島原の乱のリーダーになったのでしょうか。つまり、[なぜ] もっと年上の人ではなく、そんなに若い少年がリーダーになったのか。（[　] 内は筆者が加筆）

 2 回目（質問作成指導Ⅱ）は何をされたんですか。

 講義を聞く態度に関する 15 の質問（表 4.3）の太字部分を良い質問の例としてスクリーンに投影して、自分が書いた質問の内容について再考させた。ただ、質問紙自体の配布はしなかった。ここでは「何ですか」や「なぜですか」以外にもいろいろな質問のパターンがあるということさえ示せればよかったんでね。

 結果はどうでしたか。

まず、批判的に講義を聞く態度だけど、事後の数値が事前を上回ったよ[4]。

 よし、やった！

 （笑）　受講者がわずか 6 人の調査だから、これで安心とはいかないけど、3 度目の挑戦を控え、気持ち的には少し楽になったね。

 質問の質についてはどうでしたか。

 「批判的に思考され˙な˙か˙っ˙た˙質問」の割合は 56.3% だった。これは K 大での 2 回目の調査の後半（42.6%）と比べれば高いけど、前半（80.0%）と比べれば大きな改善で（表 4.7）、この講座が 5 日間の短期間であることを考えれば、上出来と言えるだろう。また、同じ調査の後半で初めて産出された「具体的・分析的質問」が今回は 3 日目と 4 日目に合わせて 5 問（15.6%）産出されていて、質問の平均文字数もこれまでの最長 77.1 字（表 4.8）から 100.5 字に伸びていた。ただ、残念ながら、今回も「応用的質問」は 1 つも産出されなかった。授業内で質問を書かせるという方法ではこの辺りが限界のようだね。

 そうですか。

6-3　語彙と文法・文末表現の習得

 さて、日本語の習得についてだけど、語彙に関しては**漢語の読み**と**和語動詞**の習得状況に焦点を当てた（表 6.5）。前者については、学生に配布した 3 つの資料と講義のシナリオ[5] に頻出する語彙のなかから歴史教科と関連が深いと思われる語彙を 13 語選び、各語彙の読み方をひらがなで書かせる課題を事前・事後の 2 回行った。一方、和語動詞については、高校の教科書を分析してみたところ、使用頻度が意外に高いことがわかったんで（小山悟 2015a）、調査項目に加えた。漢語の読みと同じ方法で 11 語を選び、中国語訳をヒントにひらがなで答えを書く課題を事前・事後の 2 回行った。

 結果は？

 これ（表 6.6）は漢語の読みの調査結果を示したもので、薄いグレーは促音や濁点、長音など、聞いただけではそこまで正確に習得するのは困難と思われる「軽度の誤り」を示している。具体的には「貿易」を「ぼえき」と読んだり、「布教」を「ぶきょう」と読むなど、音と表記の問題ととらえてもよいかもしれないね。また、「中等度の誤り」とは「大名」を「だい めい」または「お

おみょう」と読むなど、どちらか 1 文字をまったく異なる読み方をした誤り
で、「重度の誤り」とは「外様」を「がいよう」と読むなど、2 文字ともまっ
たく異なる読み方をした誤りのことを言う。

表 6.5　調査した語彙

漢語の読み (13 語)

　貿易・改革・身分・支持・布教・攘夷・大名・譜代・朝廷・外様・旗本・公家・家臣

　　例．貿易　＿＿＿＿＿＿＿　　　　（答．ぼうえき）

和語動詞 (11 語)

　行う・戦う・勝つ・敗れる・守る・結ぶ・求める・広まる・認める・命じる・高まる

　　例．香港と条約を＿＿＿＿＿＿＿【締結】　（答．むすぶ）

表 6.6　漢語の読みの習得状況

	事前						事後					
	A	B	C	D	E	F	A	B	C	D	E	F
貿易												
改革												
身分												
支持												
布教												
攘夷												
大名												
譜代												
朝廷												
外様												
旗本												
公家												
家臣												

つまり、事前より事後のほうが全体的に色が薄くなっていれば、習得が進
んだと考えていいっていうことですよね。だとすると、ほんの少しだけど、
習得が進んだと言えそうですね。

うん。統計的にも有意だった。ただ、誤りの程度別に見てみると、軽度の誤り、
例えば「家臣」（×かじん）などは音と表記を一致させる難しさもあってか、

なかなか改善されないようだね。一方、中等度の誤りや重度の誤りのように明らかに間違った読みをしていた場合には学生たちも気づきやすいようで、重度の誤りは 16 から 11 に、中等度の誤りも 11 から 6 に減っていた。

 和語動詞のほうは？

 これが結果だよ（表 6.7）。濃いグレーは無回答、もしくはまったく別の動詞を書いた誤りで、薄いグレーは自他の間違いなどの正解に近い誤り。漢語の読みに比べると、はっきりとした変化が見られるよね。語彙の習得を促すような練習を授業中にしたり、宿題を出したりはしていないので、教科と関連の深い語彙については特別な指導をしなくても、自然に習得が進むと考えてよさそうだね。小規模な調査なので、断言はできないけど。

表 6.7　和語動詞の習得状況[6]

	事前						事後					
	A	B	C	D	E	F	A	B	C	D	E	F
行う												
戦う												
勝つ												
守る												
結ぶ	▨	■		■	■							▨
求める	■	■						■				
広まる	■	▨			■							
認める	■	■		■	■	■						
命じる	■	■	■	■	■	■	■		■		■	■
高まる		▨			▨							

 文法・文末表現の習得についてはどうでしたか。

 こちらも高校の教科書の分析結果（小山悟，2015a）と配布資料の分析結果をもとに歴史の文章に特有の表現を 12 種選び、括弧内の動詞を適当な形に変えて空欄を埋める問題を 12 題（各表現 1 題ずつ）作成した（表 6.8）。

表 6.8　調査した文法・文末表現

文法・文末表現（12 種）　　　　　　　　※⬚受⬚は受身形を、⬚使⬚は使役形を示す

過去の出来事：⬚動⬚た・⬚受⬚た・⬚使⬚た

当時の状況　：⬚動⬚ていた・⬚受⬚ていた

その後の変化：⬚動⬚ようになった・⬚受⬚ようになった・⬚形⬚なった・⬚動⬚ていった・
　　　　　　　⬚形⬚なっていった

為政者の意図：⬚動⬚ようとした・⬚使⬚ようとした

　　　例．江戸時代、日本は長崎でオランダと貿易を＿＿＿＿＿＿【する】。　　（答．していた）

 文法・文末表現についても特別な指導はしなかったんですか。

 いや、こちらはしたよ。というのも、「学習者にとって意味と形式を同時に処理することは困難」（VanPatten, 1996）との指摘があり、文法・文末表現については付随的学習は期待できないと思ったんだ。

 どんな指導をされたんですか。

 1 つは、「まとめプリント」のなかで間接的に使用を促す**暗示的指導**さ。例えば、3 日目の授業で学習した「和宮降嫁」では、「まとめプリント」のチャートに以下の空欄を設けていた。

　　（1）天皇は外国人が嫌いで、攘夷を＿＿＿＿＿＿＿＿＿＿＿＿＿＿。
　　（2）家茂と和宮の結婚によって、幕府の権威を＿＿＿＿＿＿＿＿＿。
　　（3）2 人の結婚を認めることで、幕府に攘夷を＿＿＿＿＿＿＿＿。

（1）は朝廷が幕府に攘夷の実行を求めた「背景」について述べたもので、「求めていた」や「望んでいた」のように「〜ていた」を使って解答することを期待した。また、（2）と（3）は和宮降嫁に対する幕府と朝廷の「意図」について述べたもので、「高めようとした」や「実行させようとした」のように「〜ようとした」を使って解答することを期待した。

 なるほど。

 もう 1 つは、学生の解答に対してメタ言語的なフィードバックを返す**明示的指導**。2 日目と 3 日目の授業の冒頭、前日の「まとめプリント」の解答例をスクリーンに示し、誤答については「それがなぜ誤答なのか」を説明した。そのうえで、当時の状況については「〜ていた」を、その後の変化については

「〜ようになった」や「〜ていった」を、為政者の意図については「〜ようとした」を使って書くように指導した。

 かなり直接的ですね。結果はどうでしたか。

 これを見て（表6.9）。事前・事後で「数値に変化が見られた」と言えるのは、当時の状況を表す「〜ている」のみで、それ以外は、事前調査の段階から正使用率が高かったものも低かったものも、ともに変化は見られなかった。

表6.9　文法・文末表現の習得状況

		事前		事後	
時制	〜た	58/72	80.6%	61/72	84.7%
態	受身	13/18	72.2%	14/18	77.8%
	使役	4/12	33.3%	5/12	41.7%
相	〜ている	4/12	**33.3%**	8/12	**66.7%**
	〜ていく	3/12	25.0%	4/12	33.3%
変化	形＋なる	12/12	100.0%	10/12	83.3%
	〜ようになる[7]	1/12	8.3%	2/12	16.7%
意志	〜ようとする	2/12	16.7%	2/12	16.7%

表6.10　調査した12の表現の詳細

		＋時制	＋態	＋相	＋変化	＋意志
1	動た	○				
2	受た	○	○			
3	使た	○	○			
4	動ていた	○		○		
5	受ていた	○	○	○		
6	動ようになった	○			○	
7	受ようになった	○	○		○	
8	形なった	○			○	
9	動ていった	○		○	○	
10	形なっていった	○		○	○	
11	動ようとした	○				○
12	使ようとした	○	○			○

 どうやって分析したんですか。

12 の表現をこのように「時制」「態」「相」「変化」「意志」の 5 つの要素に分解し（表 6.10）、使うべき文脈で使えているかを調べた。例えば、受身は 3 つの表現（2、5、7）で使うので、分母を 18（3 問× 6 人）として正使用率を計算したんだ。

つまり、この調査で言う誤用とは「非用」のことで、不必要な文法・文末表現を使った「過剰使用」は対象外ということですか。

そういうこと。参考までに事前テストの全誤答 50 問の内訳を調べてみたところ、過剰使用は受身の 2 問だけだった。

6-4 第二言語習得の認知プロセス

先生はこの調査結果をどう評価されたんですか。

5 日間という短期間ながら和語動詞の習得に変化が見られたことや、目立った変化ではないけど、漢語の読みについても統計的に有意な差が確認された点を見ると、CBI は「学習内容と関連の深い語彙に関しては習得促進効果を持つ」と考えていいんじゃないかと思ったよ。一方、文法・文末表現については変化が見られたのは「〜ている」だけで、またその変化も統計的に有意なものではなかったから、なにがしかの指導をしないと、容易には習得が進まないと考えたほうがよいと思う。

その指導とは例えばどのようなものですか。

これは「第二言語習得の認知プロセス」を示した図なんだけど（図 6.4）、覚えてる？

も、もちろんですよ。私、真面目に先生の講義を受けましたから。

これは失礼（笑）。じゃあ、復習も兼ねて確認しよう。

はい《ほっ》。

一度も耳にしたことがない、あるいは目にしたことがない言語を習得するのは不可能であることからもわかるように、言語の習得は目標言語のインプットに触れることから始まる。だけど、そのすべてがインテイクされるわけではない。かつては Krashen（1982）のように、大量の「理解可能なインプット」に触れることが言語習得の必要十分条件であって、アウトプットの能力も母語の習得と同じようにインプットに触れることによって自然に育つ（**インプッ**

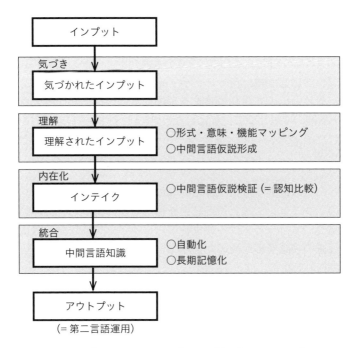

図 6.4　第二言語習得の認知プロセス（村野井, 2006, p.10）

ト仮説）と考える研究者もいた。現在では否定的な意見が優勢だけどね。

　なぜ……でしたっけ？（^ ^;)

　1つは、カナダのイマージョンプログラムで日々理想的なインプットを大量に受けているはずの子どもたちの発話に文法面での不正確さや社会言語学的能力の不足が確認されたことだね。Swain（1985）はその原因を「授業が教師主導で発話の機会がほとんどないため」と考え、文法や語彙の知識はアウトプットすることで活性化されると主張している（**アウトプット仮説**）。

　そうでした、そうでした。つまり、インプットだけでなくアウトプットも重要ということですよね。

　そのとおり。また、Schmidt（1990）は自身の第二言語学習を記録した日記を分析したところ、「自分が発話のなかで新たに使うようになった言語形式の多くは、相手が自分に向けて話しているときに使っていると気づいたものであった」と報告し、気づきの重要性を指摘している（**気づき仮説**）。これらの研究結果からインプットの理解は確かに言語習得の「必要条件」ではあるけれども、「十分条件」ではないということがわかるよね。話題の展

開や文脈、相手の表情、身振り手振りなどを頼りに類推できてしまうため、必ずしも統語的な分析を必要とせず、結果、言語形式には注意が向かないと考えられるからね。よって、日々の言語活動のなかで耳にする（目にする）インプットのなかに、自分にとって未知の語彙や言語形式があることに気づき、それらの表す意味や機能を理解したときに、言い換えれば、形式と意味・機能のマッピングに成功したときに、「気づかれたインプット」は「理解されたインプット」へと変わり、インテイクされるということになる。

なるほど。いえ、はい、そうでした。

ただし、この段階ではまだ暫定的な仮説が形成されたにすぎない。さらに多くのインプットに触れ肯定証拠を得ることによって、あるいは自らの仮説に基づいて行ったアウトプットに対しフィードバックを得ることによって、仮説の検証を経たものが自動化・長期記憶化し、中間言語の知識体系に統合されてゆく。

CBI は日本語以外の何かを日本語で学ぶことによってこの認知プロセスを何度も繰り返しているということですか。だとすれば、極端な話、文法なんて勉強しなくても日本語の習得は可能ということですよね《だんだん思い出してきた》。

そうだね。実際、明示的指導が果たす役割については様々な意見があって、意識的な学習によって得た顕在的知識は無意識に習得された潜在的知識とは無関係で、言語の運用には結びつかず、自己の発話や作文の正確さをチェックするモニターとしてしか機能しないとする説（**ノン・インターフェイスの仮説** / 図 6.5 の A）もあるしね。

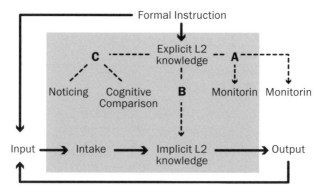

図 6.5　第二言語習得の認知プロセスにおける顕在的知識の役割 (Ellis, 1995, p.89)

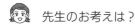 先生のお考えは？

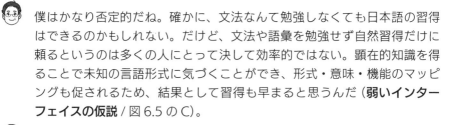 僕はかなり否定的だね。確かに、文法なんて勉強しなくても日本語の習得はできるのかもしれない。だけど、文法や語彙を勉強せず自然習得だけに頼るというのは多くの人にとって決して効率的ではない。顕在的知識を得ることで未知の言語形式に気づくことができ、形式・意味・機能のマッピングも促されるため、結果として習得も早まると思うんだ（**弱いインターフェイスの仮説** / 図 6.5 の C）。

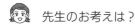 つまり、文法は「効率よく学ぶための補助」ということですか。

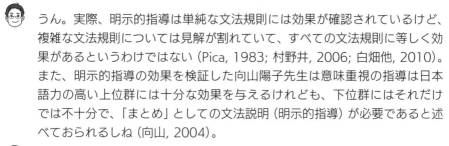 うん。実際、明示的指導は単純な文法規則には効果が確認されているけど、複雑な文法規則については見解が割れていて、すべての文法規則に等しく効果があるというわけではない（Pica, 1983; 村野井, 2006; 白畑他, 2010）。また、明示的指導の効果を検証した向山陽子先生は意味重視の指導は日本語力の高い上位群には十分な効果を与えるけれども、下位群にはそれだけでは不十分で、「まとめ」としての文法説明（明示的指導）が必要であると述べておられるしね（向山, 2004）。

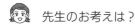 だとすれば、どうすればいいんでしょう。先ほど先生は近松先生の実践について「内容学習を妨げることなく自然な形で言語の学習を埋め込んでいる点が見事」とおっしゃってましたけど。

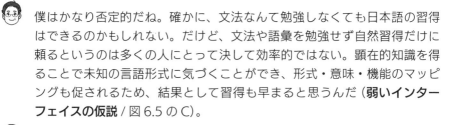 それについては **Focus on Form**[8] の指導技術が有効だと思っていて（表 6.11）、香港では以下の指導技術を取り入れた（図 6.6）。まず、左側の語彙についてだけど、歴史という特定の教科を 5 日間連続で学ぶことで、教科と関連の深い語彙に繰り返し触れていたと考えられる。具体的には、予習時の配布資料と講義中のスライド資料が文字情報のインプットを、講義中の僕の説明が音声情報のインプットを大量に提供したと思う（**インプット洪水**[9]）。また、アウトプットについても、講義中のノートテイキングと講義終了後の質問作成が、「豊富に」とは言えないけど、語彙の使用を促したと考えられる（**アウトプット補強法**[10]）。その結果、和語動詞の習得ではわずか 5 日間（総時間数 7 時間半）の授業ながら事前・事後で明らかな違いが見られた。

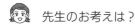 でも、漢語の読みについては和語動詞ほどはっきりとした変化は見られませんでした。

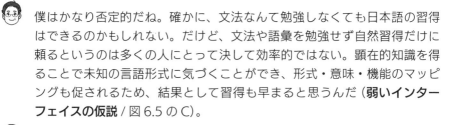 うん。それはおそらく音声情報のインプットが僕の説明しかなく、配布資料にもスライド資料にもほとんどルビが振られていなかったことが一因じゃないかな[11]。つまり、和語動詞と比べると、漢語の読みの習得に有効なインプットが不足していたということさ。一方、文法・文末表現の習得に関し

表6.11　Focus on Form の指導技術 (Doughty & Williams, 1998, p.258)

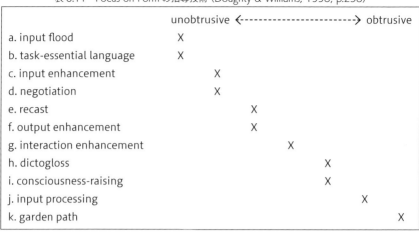

	unobtrusive ←--------------------→ obtrusive						
a. input flood	X						
b. task-essential language	X						
c. input enhancement		X					
d. negotiation		X					
e. recast			X				
f. output enhancement			X				
g. interaction enhancement				X			
h. dictogloss					X		
i. consciousness-raising					X		
j. input processing						X	
k. garden path							X

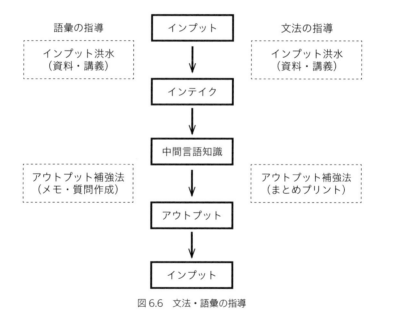

図6.6　文法・語彙の指導

ては、語彙と同種のインプットを提供する一方で、「まとめプリント」のなかで間接的に使用を促し、2日目と3日目には添削したプリントを返却する際に明示的指導も行った。だけど、結果は「～ている」以外では使用率が高まらず、指導の効果があったとは言えなかった。

原因は何ですか？

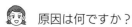 これについては、言語形式と意味・機能をマッピングする際に働くとされる**言語処理原則** (VanPatten, 2007) の影響が考えられるね。「学習者にとって意味と形式を同時に処理することは困難」という指摘があることはさっき話したとおりだけど、それ以外にも学習者は形式よりも意味の理解を優先し、文法より語彙に注意を向ける傾向があることや、形式に注意を向けた場合もコミュニケーション上の価値の高いものを優先する傾向があることが指摘されているんだ (白畑他, 2010)。例えば、さっき紹介した「まとめプリント」の「(1) 天皇は外国人が嫌いで、攘夷を＿＿＿＿＿。」の空欄だけど、「望んでいた」ではなく「望んだ」と回答しても意味の理解に大きな影響を与えない。また、「(2) 家茂と和宮の結婚によって、幕府の権威を＿＿＿＿＿。」の空欄を「高めようとした」ではなく「高めた」と回答した場合には、意味に違いが生じるけど、史実として和宮降嫁は実現しているので、結果として大きな問題にはならない。だけど、受身や使役は「誰が誰に何をしたのか」の理解に関わるので、学生たちも慎重にならざるを得ないだろう。だから、前者のような意味の理解に大きな影響を与えない言語形式は、インプットに触れるだけでは習得が難しいんじゃないかな。

 じゃ、間接的にアウトプットを促したことの効果が発揮されなかったのはなぜですか。

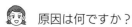 それについては3つの可能性が考えられるね。まず、調査した文法項目の難易度の問題。例えば、香港での調査でもっとも使用率の高かった「非情物を主語にとる受身」は、KY コーパスを分析した田中真理先生によると、英語話者と韓国語話者では「中級 (中)」のレベルから、中国語話者では「中級 (上)」のレベルから産出されるそうだよ (田中真理, 1999)。

 受身の正用率は確かに事前調査の段階から高かったですね。

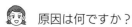 うん。一方、同じ KY コーパスを使った菅谷奈津恵先生の分析では「～ていく」の時間的用法[12] が多用されるようになるのは上級以降のことで、しかも最初は「～ていく」を現在から未来、「～てくる」を過去から現在への経過を示す用法として使用することが明らかになっている (菅谷, 2002)。よって、僕の授業で取り上げた過去から過去への「～ていく」は最高難度の文法項目と考えていいだろう。

 確かに「～ていく」の正用率は非常に低かったです。ということは、さらに正用率の低かった「～ようになる」や「～ようとする」はそれと同等またはそれ以上に難しい文法項目ということになりますよね。だとしたら、その

ような高難度の項目に対し、5日間という調査期間はあまりにも短すぎたかもしれませんね。

 そうだね。それが2つ目の理由だね。そして、3つ目が処理の深さの問題。「まとめプリント」はもともと講義で聞いた内容の整理を目的としたもので、チャートの空欄を埋める際、歴史教科特有の文法・文末表現の使用が必須になるよう工夫してはあるけど、学生たちの意識はやはり言語形式より意味・内容に多く向けられたのではないかと思う。また、フィードバックも僕の説明を聞くという受身の姿勢で行われたので、「なぜその表現のほうがよいのか」とか、「その表現を使った場合と使わなかった場合で意味はどう変わるのか」などの点について自分で深く考えることはなかったんじゃないだろうか。

6-5　意識高揚タスク

先生が挙げられた3つの可能性ですけど、文法項目の難易度については香港の学生が初級修了または中級修了レベルだったのに対し、K大の学生が中級または上級ですから、少し違った結果が出るかもしれませんね。2つ目の調査期間の短さの問題もK大の授業は15週間なので、期待できます。問題は3つ目、処理の深さですよね。これについてはどのような方策を考えられたんですか。

いろいろ考えたんだけど、インプット洪水やインプット強化よりも深い処理を必要とし、教師に説明されるのではなく、学生たちが「その文脈ではどんな表現が適切か」を自分で考え、あるいは他者と議論して考える**意識昂揚タスク**を取り入れることにした。参考にしたのは藤岡典子先生の実践研究でね（藤岡, 2015）。この研究ではアメリカの大学3年生[13]を対象に、最初に暗示的指導として文章の一部を変えた読み物（全11文）をペアで1文ずつ互いに読み合い、違いに気づかせたあと、どちらの表現が適切か考えさせるタスク活動を3度行っている。これは調査に使用された文章の1つを最初の4文だけ抜粋したもので、「〜てしまう」の使い方に焦点を当てている。

Version A

①代表的な狂言の1つ、「ぶす」という話を紹介しましょう。②ある日、主人が二人の家来に、自分の留守中に「ぶす」という名前の恐ろしい毒が入<u>ってしまった</u>桶には絶対に近づかないようにと言って出かけます。③しかし、「見てはいけない」と言われてますます見たく<u>なった</u>二人は、我慢できずに桶のふたを開けてみました。④すると、桶の中から甘くておいしそうなにおいが<u>してしまいました</u>。……

Version B

①代表的な狂言の1つ、「ぶす」という話を紹介しましょう。②ある日、主人が二人の家来に、自分の留守中に「ぶす」という名前の恐ろしい毒が入<u>っている</u>桶には絶対に近づかないようにと言って出かけます。③しかし、「見てはいけない」と言われてますます見たく<u>なってしまった</u>二人は、我慢できずに桶のふたを開けてみました。④すると、桶の中から甘くておいしそうなにおいが<u>してきました</u>。……

（藤岡（2015）から引用：下線は筆者）

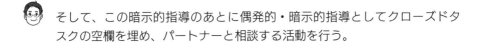 そして、この暗示的指導のあとに偶発的・暗示的指導としてクローズドタスクの空欄を埋め、パートナーと相談する活動を行う。

①代表的な狂言の1つ、「ぶす」という話を紹介しましょう。②ある日、主人が二人の家来に、自分の留守中に「ぶす」という名前の恐ろしい毒が＿＿＿＿＿桶には絶対に近づかないようにと言って出かけます。③しかし、「見てはいけない」と言われてますます＿＿＿＿＿二人は、我慢できずに桶のふたを開けてみました。④すると、桶の中から甘くておいしそうな＿＿＿＿＿。……

（藤岡（2015）から引用）

そのあと、もとの文章と比較して解答を確認し、不正解であった箇所については再度パートナーと相談して理由を考えさせるという手順で進められたんだ。

結果はどうだったんですか。

指導の効果は事前・事後の2回、12文からなる読み物の下線部を必要に応じて書き換えさせるテストを行い、検証したんだけど、結果は、直すべき箇所を直さなかった「見落訂正」が減る一方で、直すべき箇所を直したものの正しく直せなかった「誤訂正」が増え、直す必要のない箇所を直してしまった「過剰訂正」も減らなかったそうだ。言語形式に対する気づきは促せたけど、目標となる言語形式の習得には至らなかったということのようだね。

にもかかわらず、なぜ先生はこの指導法を参考にされたんですか。

藤岡先生の調査では教科書の読み物に合わせて焦点化する言語形式が決められていたからだよ。僕の授業のようにその教科に特有の表現、つまり**タスク必須言語**の原理（表6.9）に沿った表現が選ばれていたなら、結果は違っていたのではないかと思ったんだ。そして、もう1つ。藤岡先生は学期中に3回調査をしているんだけど、事後テストを毎回授業の最後に直後テストとして行っているため、指導に費やした時間はその授業1コマのみだった。つまり、調査期間の短さの問題をクリアできていないということさ。一方、僕の授業の場合、意識高揚タスクを使った指導ができるのは、スケジュールの都合上、学期中3〜4回だけだと思うけど、焦点化する言語形式はすべて歴史教科特有のものだし、タスク終了後も引き続き大量のインプットを受けることを考えれば、指導の効果が現れることが期待できると思ったんだよ。まとめると、この図のようになるね（図6.7）。

意識高揚タスクを使って学生たちの認知比較、つまり中間言語知識の主体的な検証を促そうということですね。

そのとおり。

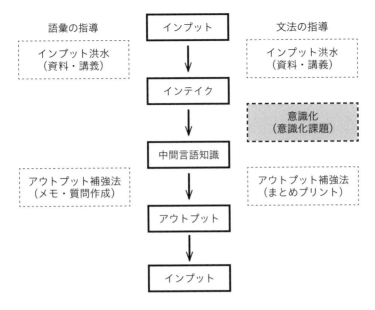

図 6.7　文法と語彙の指導案

インプット、アウトプット、気づきの重要性、Focus on Form。どれも集中講義で勉強したものばかり。授業の改善に役立つことをこんなにたくさん教えていただいたのに、まったく生かせていなかったなあ、私。長崎に帰ったら、集中講義の資料、もう一度読み返してみよう。

注

1 山内（2009）の調査結果を筆者が表にしたもの。小山悟（2016b）から引用。

2 過去の出来事を現在時制で表現することによって、今まさに目の前で起きているかのように描写する表現方法のこと。

3 2日目が台風で休講となってしまったため、4日目に第3回の授業を終えたあと、引き続き第4回の授業を行い、予定があって参加できなかった学生には翌日の最終授業の前に再度同じ授業を行い、受講してもらった。

4 本章はCBIに日本語の学習をどう埋め込むかを主として論じるため、講義を聞く態度の分析や質問の質と長さの分析に関しては結果のみを示し、具体的なデータは割愛した。

5 所定の時間内に必要事項を漏らさず講義できるよう、講義で話す内容を文字化したもののこと。とはいえ、そのまま読み上げて授業をしたわけではない。

6 「敗れる」については「負ける」と解答した学生が多く、問題文の文脈的にも間違いではなかったため、分析の対象から外した。一方、「広まる」については「広がる」と回答した学生が複数いたが、こちらは「広がる」も正解とした。誤りの程度別に集計し、数値を示した表については小山悟（2019）を参照。

7 「V なくなった」のような否定形で使用されたものはカウントしなかった。

8 Focus on Form とは、意味重視の言語活動を展開しつつ、学習者の注意を特定の言語形式に向けさせることで正確さと流暢さを同時にのばそうとする教授法のこと。

9 インプット洪水（input flood）とは「目標言語形式が含まれたインプットを大量に学習者に与える」ことを言う（村野井, 2006, p.105）。

10 アウトプット補強法（output enhancement）とは、「アウトプットさせることによって学習者の注意を意味から言語形式に向けさせることをねらったもの」（村野井, 2006, p.107）。

11 資料A〜Cでは語彙リストが付けられており、一部の語彙にはルビが振られていた。

12 時間的用法とは「話者が現象を時間的にどう把握しているかを示す用法」で、「開始」（例.「降ってきた」）と「動作の継続」（例.「今まで生きてきた」「これから生活していく」）の2つの用法がある（菅谷, 2002, p.70）。

13 教科書として『上級へのとびら』（くろしお出版）を使用しているとのことである。

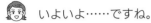
7-1　新たなシラバスと教授方略

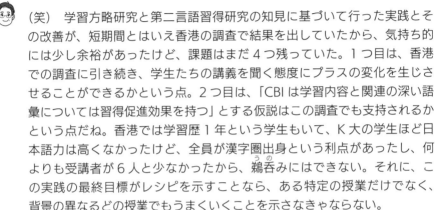

いよいよ……ですね。

（笑）　学習方略研究と第二言語習得研究の知見に基づいて行った実践とその改善が、短期間とはいえ香港の調査で結果を出していたから、気持ち的には少し余裕があったけど、課題はまだ4つ残っていた。1つ目は、香港での調査に引き続き、学生たちの講義を聞く態度にプラスの変化を生じさせることができるかという点。2つ目は、「CBIは学習内容と関連の深い語彙については習得促進効果を持つ」とする仮説はこの調査でも支持されるかという点だね。香港では学習歴1年という学生もいて、K大の学生ほど日本語力は高くなかったけど、全員が漢字圏出身という利点があったし、何よりも受講者が6人と少なかったから、鵜呑みにはできない。それに、この実践の最終目標がレシピを示すことなら、ある特定の授業だけでなく、背景の異なるどの授業でもうまくいくことを示さなきゃならない。

はい。

3つ目は、質問作成を宿題にすることで、まだ一度も産出されたことのない高次の「応用的質問」を引き出すことができるかという点。4つ目は、学期中に数回、意識高揚タスクを用いた言語学習活動を行うことで学習内容と関連の深い文法・文末表現の習得を促せるのかという点。

はい。

調査は2016年度後期に行ったんだけど、受講者は13名で、内訳は漢字圏出身者が10人、非漢字圏出身者は3人だった。また、レベル別では上級が8人、中級後半が4人、中級前半が1人だった。

レベルはどのように判定されたんですか。

K大では独自のプレースメントテストを使ってレベル判定をし、総合コースと技能別コースのクラス分けを行っているんだけど、読み書きの能力と聞き話しの能力に差がある学生も少なくない。そこで、この調査では「歴史科目は難解な語彙が多い」という点を考慮し、作文と漢字の受講クラスを基準にレベル判定することにしたんだ。例えば、中級前半の会話クラスと中級後半の作文クラスを受講している学生がいた場合は「中級後半」と判定し、

同様に、上級の総合クラスと中級後半の作文クラスを受講している学生がいた場合も「中級後半」と判定した。

 日本語能力試験で言うと、どのくらいですか。

 単純比較はできないけど、おおむね上級は N1 合格レベル、中級後半は N2 合格レベル、中級前半は N3 合格レベルと考えていいんじゃないかな。また、学生たちが江戸時代の歴史についてどの程度知っているかを把握するために、初日の授業で「歴史の事前知識調査」も行った。これは「江戸時代」または「幕末」と聞いて思い浮かぶことばを 3 分間でできるだけ多く書き出してもらうというもので、結果がこれ（表 7.1）。1 人当たりの平均記述が 6.4（全 83 記述）と少ない点や、幕末とも江戸時代とも関係のない記述（例 . 夏目漱石）がいくつか含まれている点を見ると、学生たちの知識はやや不正確で、かつ断片的と言えるんじゃないかな。

 はい。

表 7.1　歴史の事前知識調査の結果

人名	地名	政策・思想	・浮世草子
・徳川家康②	・江戸：東京	・士農工商	・好色一代男
・徳臣家康	・東京	・鎖国政策	・俳句
・家康	・下関	・平民化	・西服
・徳川家	・薩摩藩②	・尊王攘夷	**イメージ・その他**
・徳川	・薩摩	**組織・身分・役職**	・幕藩体制の時代
・坂本龍馬②	・長州藩	・徳川幕府	・江戸幕府の末期
・織田信長	・ホランド	・将軍②	・戦争
・信長	・平安京	・征夷大将軍	・social classes
・松尾芭蕉	**出来事**	・武士②	・salaryman の前進
・夏目漱石	・明治維新⑤	・侍	（便当を持つ人）
・徳川家定	・大政奉還②	・サムライ（侍）	・有名な人がたくさん
・高杉晋作	・黒船来航	・新撰組②	出てくる時代
・土方歳三	・黒船事件	・典医	・教科書のなかでい
・沖田総司	・ペリー黒船	**文化・風習**	つも「なになにが江
・西郷隆盛	・黒船とアメリカ	・文禄時代（女■）	戸時代からのです」
・吉田松陰	・1853 年のペリーの	・文化・文政時代	と書いてある
・福沢諭吉	来航以降	・官学：儒学	・文学、文化が発展
・豊臣	・倒幕	・武士道	し、さかんでいた
	・倒幕運動	・葉隠	・複雑
	・薩長同盟	・切腹	・日本変わる
	・鳥羽伏見の戦い	・万葉集	
	・関原戦争	・仮名	

※原文のまま / 丸数字は回数、■は読み取り不可能な文字を示す

次に教材だけど、香港での調査と同様、中学の教科書をベースにすること
にし、新たに5つの資料（資料A・E・F・G・H）を自作した。一部タイト
ルが変わっているけど、資料B・C・Dはそれぞれ香港で使った資料A・B・
Cに相当する。また、学習者の興味・関心を引くためにドラマ『JIN–仁–』
の第1話～第3話を導入期（第1週～第4週）に視聴し、そのあとも香港
で使用した『篤姫』を日中英のシナリオ付きで適宜活用した。

　　　資料A「鎖国」（660字 中級後半 / 第4週）
　　　資料B「黒船来航から通商条約締結まで」（638字 中級後半 / 第5週）
　　　資料C「安政の大獄と攘夷運動」（642字 中級後半 / 第6週）
　　　資料D「薩長同盟、そして討幕へ」（643字 中級後半 / 第7週）
　　　資料E「廃藩置県：中央集権体制の確立」（630字 中級後半 / 第8週）
　　　資料F「四民平等と徴兵制」（673字 中級後半 / 第9週）
　　　資料G「地租改正と学制の公布」（636字 中級後半 / 第10週）
　　　資料H「不平等条約の改正」（646字 中級後半 / 第11週）

 シラバスはどんな感じですか。

 まず、15週間の授業を大きく4部に分け（表7.2）、各部に目標を定めた。
これは池尻良平・山内祐平先生の「歴史的思考力」の構成要素（池尻・山内,
2012）を参考にしたものなんだ[2]。

　　　第I部　幕末史に対する興味・関心を高め、その後の講義理解に必要
　　　　　　不可欠な歴史用語を学ぶ
　　　第II部　歴史の大まかな流れを理解し、学習者の注意を背景因果へと
　　　　　　向けさせる（歴史的文脈を理解する力）
　　　第III部　多角的にとらえられるようになる（歴史的な変化を因果的に理
　　　　　　由づける力）
　　　第IV部　現代への転移（歴史を現代に転移させる力）

最初の2週間は学生も様子見で、初回の授業に来なかった学生が2週目に
突然現れたりもするし、また、例年3週目は一部の学生が健康診断で授業
を欠席するので、実質的な授業は4週目から始めることにした。具体的には、
第1週はオリエンテーションで、「この授業の目標は歴史について考えるこ
とで、出来事名や人名、年号を覚えることではない」と強調した。続く第2
週では、第4週以降に自宅で行う予習も含めて質問作成以外のすべてを授
業中に行い、「予行練習」とした。そして、受講者名簿が確定した第3週に

表7.2　2016年度のシラバス

	回	月/日	歴史学習	批判的思考	日本語の習得	その他
第Ⅰ部	1	10月12日	予備知識	学習者特性		『JIN-仁-』(1話前半)
	2	10月19日	講義	質問作成(練習：宿題)		『JIN-仁-』(1話後半)
	3	10月26日	講義	受講態度(事前)	語彙(事前)	『JIN-仁-』(2話)
第Ⅱ部	4	11月 2日	講義(資料A)	質問作成(教室)質問作成指導①	文法・文末表現(事前)要約課題(練習)	『JIN-仁-』(3話)
	5	11月 9日	講義(資料B)	質問作成(宿題)質問作成指導②	要約課題①(事前：宿題)	
	6	11月16日	講義(資料C)		意識化課題(資料A)要約課題②(宿題)	
	7	11月30日	講義(資料D)	質問作成(宿題)質問作成指導③	意識化課題(資料B)要約課題③(宿題)	
第Ⅲ部	8	12月 7日	学生の発表講義(資料E)	質問作成(宿題)受講態度(中間)	意識化課題(資料C)要約課題④(宿題)	『篤姫』(18話)
	9	12月14日	学生の発表講義(資料F)	質問作成(宿題)	意識化課題(資料D)	『篤姫』(32話)
	10	12月21日	学生の発表講義(資料G)	質問作成(宿題)	語彙(中間)	『篤姫』(33話)
	冬休み					
	11	1月11日	学生の発表講義(資料H)	質問作成(宿題)		『篤姫』(46話)
第Ⅳ部	12	1月18日	グループ討論①			
	13	1月25日	グループ討論②			
	14	2月1日	現代への応用(発表)		語彙(事後)文法・文末表現(事後)	
	15	2月8日	授業評価	受講態度(事後)	要約課題(事後)	期末試験

※第1週～第4週はドラマを45分間視聴するため120分授業／全日程終了後に個別インタビュー（振り返り）を実施

翌週以降の**資料**（図 7.1）を冊子にして配布。第4週からは事前に配布資料を読んで「いつ、どのような出来事が起こったか」を予習させ、講義では資料に書かれていない背景因果について説明するという流れで授業を進めていった。

授業の進め方は香港のときと同じですね。

うん。学生はまず予習として「資料」を読み、**「講義ノート」**（図 7.2）の左段に印刷された年表や図の空欄を埋める。回答はすべて単語または句レベルだから、非漢字圏出身の学生でも 30 〜 45 分で解答できるんじゃないかな。また、学生たちの意識が背景因果に向くよう、「講義ノート」の上段には「自分が教師だったら、資料を読んだ学生にどんな質問をするか」を記入させ、講義のポイントを自分で考えさせるようにした。

ここは香港とは違いますね。

そうだね。香港では「○○はなぜ〜のか?」のような疑問形でこちらから講義のポイントを示し、講義の冒頭でも再度口頭で確認するようにしたけど、今回は自分で考えさせることにした。そのほうが目的を持って資料を読めると思ってね。そして、授業ではそれを手元に置いて僕の背景因果の説明を聞き、重要だと思った事柄を「講義ノート」の右段の空白にメモさせた。講義終了後は**「まとめプリント」**（図 7.3）を配布し、講義の理解度を正誤問題で確認したあと、僕の説明と同様、①背景、②問題、③意図、④方法、⑤結果の 5 つの観点から学習内容を図式化する作業を行った。そして、それをもとにその日の授業内容の要約文を書かせた。

要約は宿題ですね。

そう。それと、質問作成については今回初めて宿題にした。香港での結果から留学生の場合、講義中は内容を理解するのに精一杯で、それと

図 7.1　資料

図 7.2　「講義ノート」

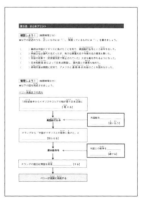
図 7.3　「まとめプリント」

並行して質問を考えるというのは難しいと思ったんでね。

 でも、そうすると、「うちに帰ってからゆっくり考えればいい」と考え、講義への集中度が弱まったり、質問の未提出が増えたりしませんか。

 それは僕も思った。だけど、今のままでは「良い質問を書こう」と思っている学生も良い質問を書けない。この授業の目標が日本の歴史について批判的に考えさせることであるなら、まずは良い質問が書ける環境を整えることが重要だと思ってね。それで、「授業後2日以内にメールで提出[3]」としたんだ。なお、これまで質問の回答は翌週の授業で一部の質問についてのみ口頭で行っていたけど、今回はすべての質問に4段階で評価をつけ[4]、文書で全員に開示するようにした。以上が第II部の基本的な流れだよ（表7.3）。

表7.3　事前学習・本学習・事後学習の関連づけ

		教材	学習活動
自宅 （予習）	事前学習	・資料 ・講義ノート	・資料を読み、「講義ノート」の左段の空欄を埋める（歴史的事実の学習） ・自分が教師だったら、資料を読んだ学生にどんな質問をするかを書く
授業	本学習		・教員の背景因果説明を聞き、重要事項を「講義ノート」の右段にメモする
	事後学習	・まとめプリント	・○×問題で授業の理解度を確認する ・①背景、②問題、③意図、④方法、⑤結果の5項目からなるチャートを完成させ、授業内容の整理を行う
自宅 （復習）		・Moodle	・「まとめプリント」を参考に、その日の授業内容の要約文を書く ・その日の授業内容について質問を書き、2日以内に教師にメールで送付する

 第III部以降は違うんですか。

 授業の流れは基本的に同じだけど、背景因果の説明を学生たちに交代でさせた点と、学生の負担を考慮して要約文の宿題をなくした点が違う。前者については、質問経験を積ませるという観点からも学生の行った発表に対し質問させ、発表者がそれに答えるというのが理想なんだけど、さっきも話したように（第4章1節）、発表という授業形態に慣れていない学生が少

なくない。そこで、まずは僕が発表と質疑応答のモデルを示し、そのうえで役割を引き継ぐというように段階を踏んだほうがよいと考えたんだ。また、質問も文書での回答まで発表者にさせるのは負担が大きすぎると考え、第Ⅱ部と同じく教師宛としたけど、発表終了後にグループ内で質疑応答する時間を設け、質問経験を積ませるようにした。

つまり、第Ⅱ部では教師の講義内容について教師宛に質問を書き、第Ⅲ部ではほかの学生の発表内容についてその場で直接口頭で質問したあと、教師宛に質問を書いたということですね。

そういうこと。そして、第Ⅳ部では、第Ⅱ部と第Ⅲ部で学生が書いた質問のなかから「この質問はグループで考えるのが適当」と判断し、回答を保留していたもののなかから6つ選び、12週目と13週目にグループ討論を行った。また、14週目にはこの授業で学習した幕末の出来事を現代やほかの国の過去の出来事と関連づけて考える探求活動を行った。

どんな質問を「グループで考えるのが適当」と判断されたんですか。

典型的なのは時代の「評価」に関わる質問だね。あとでまた詳しく話すけど、学生の質問の変化を時系列で見ていくと、初期の段階では「～というのは何ですか」のような事実を確認する質問が多く見られる。でも、これは答える側にとって非常に楽な質問なんだ。知っていればすぐに答えられるし、知らなくても、ネットで検索すれば簡単に答えは見つかるからね。ところが、しばらくすると、「～のはなぜですか」と原因・理由を問う質問が増え、こちらも回答の作成に苦労するようになる。自分が答えを知らない場合、学生と同じようにネットなどで答えを探すんだけど、事実を問う質問と違って諸説あるから、鵜呑みにはできない。こちらも学生と同じように複数の意見を比較・検討して自分なりの回答を導き出さなきゃいけないし、回答する際にも断定的な表現は極力避け、「～と言われている」のような書き方をする。そして、さらに学習が進むと今度は、例えば「明治維新は本当に成功したと言えるのだろうか」のような、学生自身の意見や評価の入った質問が出てくるようになる。答える側としては、実はこの種の質問が一番楽なんだ。

え？　どうしてですか。

答えようがないからだよ。仮に僕なりの答えがあったとしても、それは僕個人の見解にすぎない。で、結局、「じゃあ、みんなで考えよう」ということになる。

なるほど。期末試験はどのような内容でされたんですか。

最初は歴史の背景因果を説明する記述式にしようと思って、学生にもオリエンテーションでその旨伝えていた。理由は2つある。1つは「記述式の試験は深い処理の方略使用を促す」という村山先生の研究知見（村山, 2003）に沿って学生たちの批判的思考を促そうと考えたこと。もう1つは文法・文末表現の習得状況を調査するためで、第II部の宿題と同じ要約課題を期末試験で出題することで、「まとめプリント」や「意識化課題」（＝意識高揚タスク）で気づきを促した文法・文末表現がどのくらい自発的に使えるようになったかを調査しようと思ったんだ。だけど、「宿題と同じ要約文を書いてもらう」と事前に知らせれば、これまでの経験から学生たちは良い成績を取ろうとして模範解答を作成し、それを覚え込んでくることが予想された。かといって、出題内容を知らせずに記述試験を行い、それを成績評価に加えるのはフェアではない。学生たちの負担も大きすぎるよね。

 そうですね。

 そこで、成績評価のための試験は記述式から選択式に変更し、それとは別に日本語力がどこまでついたのかを見る記述試験を成績とは無関係に実施することにした。また、問題は1題だけで出題内容は事前に知らせず、試験当日に「まとめプリント」と同じチャートを配布し、それを見ながら作文させた。学生にも「成績とは無関係なので事前の準備は不要」と伝えた[5]。

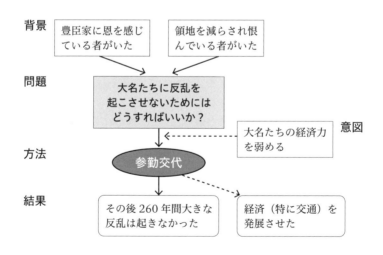

図7.4　第2週の講義内容（参勤交代）

質問の書き方に関する指導はどうされたんですか。

 ３回に分けて行った。１回目は第４週の講義内容について教室で質問を書く前に、第２週の予行練習で書いた質問へのフィードバックという形で「A. 質問だけでなく質問の背景も書く」と「B. 講義のポイントを押さえて書く」の２点を伝えた。このうち B については第２週の講義内容（参勤交代）をこのように図式化して学生に示し（図 7.4）、クラスの１人が書いた質問を「良い質問」の例として紹介した。

> (a) もし参勤交代の目的が大名にお金をたくさん使わせて大名の経済力を弱くし、各地の経済発展を促すことなら、どうして大名からたくさん収税しないのか。１年おきに江戸に居住させるのはたくさんのお金と時間と人的資源を無駄にする。これは全国的な発展に悪影響で、収税のほうがもっと効率的なのではないかと思います。もしその目的以外にもう１つ、幕府と大名の主従関係を明確にして幕府の力を強めるという目的があるなら、各藩の自治権を弱め、各藩に幕府の監督機関を設け、自治の法律や制度を整備したほうが効率的ではないかと思います。　　　　　　　　　　　　　　　　　【学生 L】

 いい質問ですね。

 うん。第２週の講義のポイントは、参勤交代という一見奇妙な制度には大名たちの経済力を弱め、反乱を予防するという幕府の意図があったという点なんだけど、この質問はそれをとらえたものになってるよね。一方、数年前に同じ参勤交代について質問を書かせたとき、「大名たちは自分の領地から江戸に行くまでの間、どこに泊まり何を食べていたのか」という質問があった。悪い質問ではないけど、講義のポイントをとらえているとは言えない。学生たちにはこの２つの質問を例に「この授業で求めているのは後者のような学びを広げる質問ではなく、前者のような学びを深める質問である」と伝えた。

 残りの２つについてはいかがですか。

 「C. 既有知識と関連づけて書く」については翌週（第５週）の授業で次の質問を例に指導を行った。

> (b) オランダ以外の国との貿易を禁止したのはキリスト教がそれ以上広まらないためであったが、その時代にはスペインやポルトガルがヨーロッパの外にある国を自分の植民地にしていた時代でもありました。

植民地にならないことも、幕府が鎖国した理由の１つなのではないでしょうか。その時代のオランダも、ほかのヨーロッパの王国や公国の主権からやっと初めて自由を得た国であったから、幕府がオランダをスペインやポルトガルより信用していたのではないでしょうか。

【学生 J】

 授業のテーマは「鎖国」ですか。

 そう。授業では「江戸幕府がヨーロッパで唯一オランダを貿易国としたのはスペインやポルトガルがカトリック国で、貿易とともにキリスト教の布教を望んだのに対し、オランダはプロテスタント国で、貿易はするが布教はしないと約束したからだ」と説明したんだ。それに対し、この学生は自身の持つヨーロッパ史の既有知識と関連づけながら別の見方を提示していて、このような関連づけは質問の根拠を示すことにもなり、非常によいと話した。そして、１週置いて第７週に３回目の指導として市川先生の「教えて考えさせる授業」のモデルを示しながら、「D. わからない点ではなく、わかった点について質問する」ことの重要性を伝えた。

 １週置いたのは何か理由があるんですか。

表 7.4　香港での調査結果を踏まえた改善点のまとめ

(1) 主教材を高校の教科書から中学の教科書に変えることで**情報量**を減らし、さらに語彙の書き換えや文構造の単純化によって**文章の難易度**も下げた

【B-3 課題要因】

(2) 学習フェイズ関連づけモデルに沿って**予習と授業の関連づけ**を行った

【A-1 既有知識】

(3)「背景、問題、意図、方法、結果」の**５つの観点**を意識して講義を行った

(4) 予習した**知識を外化する**「講義ノート」を作成した　　　【B-4 補助リソース】

(5) 質問を書く前にチャートを使った**まとめの時間**を設けた　　【B-4 補助リソース】

(6) ２週目の授業を**予行練習**にし、本授業の目標と学習法を理解させた　【B-1 目標構造】

(7) いきなり学生に発表させるのではなく、まずは教師が**発表のモデル**（講義）を見せ、それに対して質問を考えさせるようにした

(8) **質問作成指導**を３段階に分けて行った

(9) 質問作成を**宿題**（１問）とし、授業後２日以内に提出とした

(10) すべての質問に４段階で**評価**をつけ、文書で全員に**開示した**

【B-1 目標構造・B-2 評価構造】

ちょっと詰め込みすぎかなと思ってね。それで、その場の判断でそうすることにした。以上が2016年度後期の概要だよ。再構築した新たな学習モデルに沿って香港での調査以後に行った改善点をまとめると、このようになる（表7.4）。(1)～(5)は香港と同じで、(6)～(8)は一部変更、(9)～(10)は新たに追加したものだ。

7-2 講義を聞く態度の変化

 さて、結果ですね。ドキドキします。

 （笑）　まず、学生たちの講義を聞く態度の変化についてだけど、これまでと同じ6件法の質問紙を使い、事前（第3週）、中間（第8週）、事後（第15週）の3回調査を行った。事前調査ではこれまでどおり「（母国の大学では）普段どのような態度で講義を受けていたか」を尋ね、中間調査と事後調査では「この授業ではどのような態度で講義を聞いていたか」を尋ねた。結果はこうなった（図7.5）。

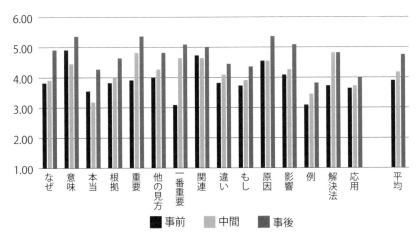

図7.5　講義を聞く態度の変化

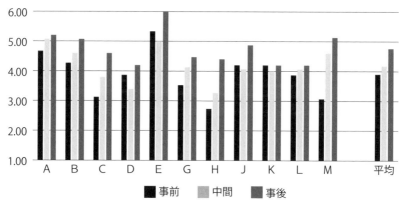

図7.6　講義を聞く態度の変化（個人別）

 わあ、上がってますね。

 うん。これは中間調査の一部に記入漏れのあった学生2人を除いた11人の平均値でね。前回の調査では15項目中14項目で数値が下がってしまったけど（図4.4）、今回は中間調査の段階で11項目に数値の高まりが見られ、事後調査では香港と同様、すべての項目で事前調査の結果を上回った。もちろん有意差も有りだった。質問作成を宿題にしたことは、講義を聞く態度に悪影響を与えなかったようだね。また、個人別で見ると、中間調査では数値の下がった学生が4人（学生D・E・J・K）いたものの、事後調査では11人中10人で数値が高まり、残りの1名（学生K）も事前調査と同値だった（図7.6）。事前調査が母国での受講態度、中間調査と事後調査が僕の授業の受講態度を尋ねるものであったことを考えると、学期の前半（中間調査時）は母国の大学（事前調査時）と同じような態度で受講していたけど、後半（事後調査時）になると母国の大学以上に批判的な態度で講義を聞けるようになったと解釈できるんじゃないかな。

7-3　質問の質と長さの変化

 質問の質についてはどうですか。

 これもこれまでと同じ基準・同じ方法でデータ化し、分析してみたんだけど、違いは明らかだった。前回の調査では日本人学生と同様、中位の具体的・

分析的質問まで引き上げることはできたものの、応用的質問はやはり産出されず、学期の後半に至っても「批判的に思考されなかった質問」が4割を超えていた（表4.7）。でも今回は、最初の予行練習（第2週）でこそ「批判的に思考されなかった質問」が多く見られたものの、1回目の質問作成指導（第4週の質問作成直前）を受けたあとにはそのような質問はほとんどなくなり、後半からはこれまで見られなかった独自の解釈や評価を加えた応用的質問が少ないながら産出されるようになった[6]（表7.5; 図7.7）。

 本当だ。過去2回とはぜんぜん違いますね。

表7.5　質問の質の変化

週	前半					後半			
	2	4	5	6	7	8	9	10	11
単なる感想・コメント	0	1	0	0	0	0	0	0	0
無関係な質問	0	0	0	0	0	0	0	0	0
思考を深めない質問	11	1	0	1	0	0	1	0	0
漠然とした疑問	2	6	0	2	2	0	6	1	0
一般的・包括的質問	2	2	7	3	4	4	0	5	4
具体的・分析的質問	0	0	3	4	2	5	3	3	3
応用的質問	0	0	0	0	2	1	1	1	3

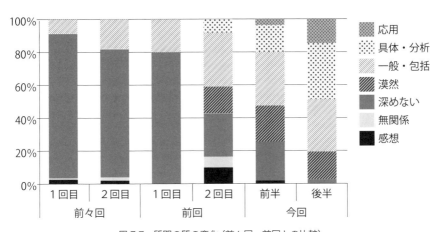

図7.7　質問の質の変化（前々回・前回との比較）

 質問の質だけじゃないよ。質問の長さも大きく変化した。これまでの最長は前回後半の77.1字だったけど（表4.8）、今回の調査では前半の平均が

249.6 字、後半の平均が 385.7 字と、前回を大きく上回っていた (表 7.6)。これは日本人学生の平均 152.1 字 (表 4.5) と比べても 1.6 倍から 2.5 倍の伸び率だったよ。そして、これがその変化を週単位でグラフにしたものだ (図 7.8)。

表 7.6　質問の数と平均文字数 (調査 4 との比較)

	前回の調査			今回の調査		
	1 回目	2 回目	全期間	前半	後半	全期間
質問数	60	61	121	55	41	96
総文字数	2,815 字	4,702 字	7,517 字	13,726 字	15,813 字	29,539 字
平均	46.9 字	77.1 字	62.1 字	249.6 字	385.7 字	307.7 字

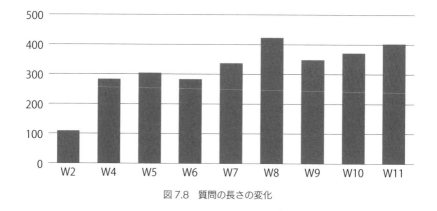

図 7.8　質問の長さの変化

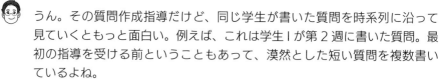

質問作成の指導を受けた直後、第 2 週から第 4 週にかけて一気に 3 倍近く伸びていますね[7]。

うん。その質問作成指導だけど、同じ学生が書いた質問を時系列に沿って見ていくともっと面白い。例えば、これは学生 I が第 2 週に書いた質問。最初の指導を受ける前ということもあって、漠然とした短い質問を複数書いているよね。

(c) 幕藩体制は歴史的な淵源あるいは前例があるのか？　もしあれば、変わったところがあるのか？　変わった原因はなんだろう？　そして、幕藩体制は今後の日本にどんな影響を与えたのか？【第 2 週】

ところが、2回目の質問作成では質問の前半部分に授業で学習した内容を引用するようになる。

(d) 幕府は人々がキリスト教を信じて、幕府の言うことを聞かなくなることを恐れたから、キリスト教を禁止された。その結果、外国との貿易に悪い影響をしていた。そして、隠れてキリスト教を信仰していた人もいた。なかなかよい結果は出なかったと思っている。では、なぜ幕府はキリスト教を利用して、国民を統治しないのか。(例えば、国教として認める) 【第4週：小山悟 (2021, p.136)】

 「質問の背景を書け」と指導したあとですね。

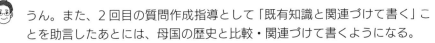 うん。また、2回目の質問作成指導として「既有知識と関連づけて書く」ことを助言したあとには、母国の歴史と比較・関連づけて書くようになる。

(e) 中国では、アヘン戦争によっての「南京条約」をはじめとして、外国といろいろな不平等条約を結び、しだいに半植民地・半封建の国家に変わっていった。中国の人々の生活に大きな影響を与えた。日本も似ている条約を結んだ。しかし、その結果、日本は半植民地・半封建の国家に変わらず、明治維新を迎えた。日本の近代化を加速した。違う結果となった原因は両方の違う態度だか。つまり、中国は外国からの脅威を抵抗し、幕府はアメリカからの脅威を抵抗しなかったということだか。 【第5週：小山悟 (2021, p.137)】

本当だ。先生の指導に沿って良い質問を書こうとしている様子が見てとれますね。

うん。そして、1週置いて3回目の指導で「わからない点ではなく、わかった点について質問する」よう助言したあと (第7週) には、初めて応用的質問が産出されたわけだ (表7.5)。

素晴らしい。でも先生、どうしてここまで劇的に変化したんですか。宿題にしたことでじっくりと考える時間ができたことは確かでしょうが……。でも、いくら時間を与えても、学生たちが真剣に取り組んでくれなければ、ここまでの変化は生じませんよね。

そのとおり。実際、学期中ほとんど質問を提出しなかった学生や、途中から提出しなくなった学生が3人いたからね。そこで、第10週の授業で「普

段どのように質問を考えているのか」を尋ね、宿題といっしょに提出するよう任意で求めたところ、（常時提出者10人中）8人から回答があったんだ。これはその一部。

> ⑺ まず、授業を聞きながら、質問を考えます。しかし、普通に授業中はなかなか考え出せません。ですから、授業が終わったら、また授業の講義やメモを読んで、いろいろな資料を探して、いろいろ考えて、問題点を見つけて、質問を書きます。（ときどき、1つの質問を考え出しましたが、あとで資料を探す途中、解答を見つけました。そして、新しい質問を考えなければなりません。）　　　　　　　　　【学生A】
> ⑻ 質問を考えるのは難しいと思います。毎週一時間、二時間もかかります。まずはインターネットで今週のテーマについていろいろな資料を探して、母国の論文とか見ます。そしてその資料を基づいて問題を考えます。　　　　　　　　　　　　　　　　　　【学生K】

 毎週1〜2時間かけていたんですね。

 うん。僕もちょっとびっくりして、翌週の授業でほかの学生にも聞いてみたんだけど、やっぱり皆「1〜2時間」とのことだった。

 でも、なぜでしょう？

 理由は3つ考えられる。1つは毎回質問に評価をつけたことだね。質問の質が毎週4段階で評価され、成績評価にも反映されるとなれば、学生としてもやはり真剣にならざるを得なかったんじゃないかな。2つ目はほかの学生の質問と回答、それに対する評価を知る機会があったこと。自分の書いた質問の評価が芳しくなかったとき、高い評価を受けたほかの学生の質問と自分の質問を比較し、そこから良い質問の書き方を学び取ろうとするのも、やはり当然の学生心理じゃないかな。そして、3つ目が質問作成指導の効果。これについては、学生Aの「ときどき、1つの質問を考え出しましたが、あとで資料を探す途中、解答を見つけました。そして、新しい質問を考えなければなりません」というコメントから、3度目の指導で「質問にはわからないからする質問と、わかったからこそできる質問があり、この授業で求めているのは後者である」と述べたことが強く影響したように思う。

 先生、最後にもう1つ。データの信頼性のことなんですけど、先生が慎重に分析されたことは先ほどのお話（p.73）でもよくわかりましたし、主観的判断を完全に排除するのは難しいということもよくわかるんですけど、今回の結果についてデータの信頼性を疑わせるようなものはなかったんでしょ

うか。すみません、ケチをつけるようなことを言って。

いや、大事なことだよ。その点について、断言はできないけど、なかったと思う。学生たちの書いた質問が質・量ともに劇的に変わったからね。例えば、この 2 つの質問を読み比べてみて。

(h) どうして日本はオランダと貿易しますか。中国や朝鮮や韓国が近いのは理解できるが、オランダは遠いじゃないか。

【p.65 の再掲】

(i) 文章によって、黒船来航後、日本は外国と貿易が始まると、日本の人々の生活はだんだん苦しくなっていった。実際に、現代の視点から日本の歴史を見ると、黒船来航は日本にとって大きな役割を負ったという。黒船来航は日本の明治維新の発端だといえる。ペリーが日本に来航し、日本の国を開けられ、一連の不平等条約を結ぶと強要されたのに、日本はそれをきっかけとして、西洋の先進文明を積極的に習って速く発展していった。中国も欧米強国に国を開けられ、不平等な条約を結ばせられたことがあった。そして、中国の政府も「西諸国の先進技術を取り入れ、逆に西諸国を制約する」をスローガンとして、色々な努力をしたが、結局中国は欧米強国の圧迫に負けて次第に植民地になってしまった。同じに欧米の強国に圧迫されたのに、なぜ日本は中国と逆の方向に発展していったのか。そして、当時のアメリカは中国を侵犯したイギリスと同じように貿易を目的として日本にきたのだが、なぜ 1853 年ペリーは初めて日本に来航したとき直接日本に圧迫を与え、貿易の条約を結ばず、翌年まで条約を結んだのか。当時のアメリカの極東での勢力はイギリスやフランスなどの欧米国にははるかに及ばないのに、なぜイギリスなどの強国はアメリカの先に日本にいって貿易を強要されなかったのか。

【学生 H】

前者は 2012 年度の最初の調査で学生が書いたもので、後者は今回の調査で 5 週目に学生が書いたものだよ。質問の長さからしてまったく違うでしょ？　でも、この 2 つ、どちらも「一般的・包括的質問」なんだ。後者の質問が力作であることは確かなんだけど、いまだ様々な疑問が飛び交っている状態で「分析」には至っていないと見なし、そのように判定した。

ぜんぜん違いますね。

うん。毎回同じ手順・方法で分類してはいるんだけど、香港での調査以降、

質問だけでなく質問の背景も書くように指示したことで、学生の思考が一定程度可視化され、結果として判定はより正確に、だけどその分かなり厳しくなったと思う。前者の質問について言えば、「どうして」と尋ねている点や、思いつき程度とはいえ、理由も付されている点を評価して「一般的・包括的質問」と判定したけど、今回のように「質問の背景を書け」「既有知識と関連づけよ」と指導したにもかかわらず、それでもこの程度の記述にとどまったなら、「学びを深めようとはしているが、精緻化には至っていない」と見なし、「漠然とした質問」に分類していたと思う。このように、結果として質問の分類基準がこれまでよりも厳しくなっているにもかかわらず、中位の「具体的・分析的質問」や上位の「応用的質問」が数多く産出された点を考えると、今回の調査で行った改善が効果を発揮したと考えていいんじゃないかな。これが逆なら信頼性を著しく落としていたと思うけど。

なるほど、そういうことですか。すみません。もう1つだけ。さっき「学期中ほとんど質問を提出しなかった学生や、途中から提出しなくなった学生が3人いた」とおっしゃっていましたが、原因は何だったんですか。

これは学期終了後に学生に直接確認したんだけど、1人はその日が僕の授業だけだったらどうにかなったけど、ほかにも授業があったので、僕の授業には手が回らなかったとのことだった。もう1人は授業の内容理解に時間がかかって、質問を考えるところまでは至らなかったとのことだった。2人とも非漢字圏出身の学生だった。

非漢字圏出身の学生にはやっぱり難しいんですかね。

非漢字圏出身ゆえの苦労もないとは言えないけど、最後まで続けた学生もいるから、「非漢字圏出身だから」とは言い切れないね。それよりも日本語力のほうが大きかったんじゃないかな。実は提出が滞った残りの1人は漢字圏出身だったけど、日本語力は中級後半だった[8]。あとは、僕の授業にどのくらい労力を割けたかだね。

わかりました。ありがとうございました。

いいえ。これで、この調査を始める前に掲げた4つの課題のうち、2つに答えが出せたね。1つ目の「香港での調査に引き続き、学生たちの講義を聞く態度にプラスの変化を生じさせることができるか」については「YES」。3つ目の「質問作成を宿題にすることで、まだ一度も産出されたことのない高次の応用的質問を引き出すことができるのか」についても「YES」。残された課題は日本語の習得に関する2つだね。

語彙の習得に関する調査は香港とまったく同じですか。

 いや、少し変えたよ。香港では学生が全員漢字圏出身ということもあって、漢語の読みと和語動詞の習得の2点だけだったけど、今回は非漢字圏出身の学生が3名いたので、これに「漢語の意味」を加えた。これがその具体的な調査内容（表7.7）。

表7.7 調査した語彙

漢語の意味（48 語）

条約・攻撃・砲台・侵略・布教・信仰・追放・弾圧・迫害・報復・艦隊・軍備・任命・
支配・交易・同盟・独占・改革・派遣・権威・民衆・領地・政策・情勢・体制・鎖国・
武器・出兵・降伏・反乱・対立・影響・廃止・来航・内戦・処刑・忠義・浪士・華族・
列強・征服・抵抗・官職・宣言・謹慎・秩序・朝敵・保守

漢語の読み（14 語）

身分・攘夷・大名・譜代・朝廷・外様・旗本・公家・家臣・年貢・一揆・奉行・法度・
石高

和語動詞（12 語）

戦う・敗れる・結ぶ・求める・広まる・認める・命じる・高まる・定める・倒す・
乱れる・まとめる

 漢語の読みと和語動詞ですけど、調査対象語彙も少し変わっていますね。

 うん。漢語の読みについては香港での調査から「貿易・改革・支持・布教」の4語を外し、代わりに「年貢・一揆・奉行・法度・石高」の5語を加えた。また、和語動詞に関しては同じく「行う・勝つ・守る」の3語を外し、代わりに「定める・倒す・乱れる・まとめる」の4語を加えた（下線の語）。

 出題形式は同じですか。

 漢語の読みは同じだね。和語動詞も中国語訳のほかに英語訳も付けたこと以外は同じ。漢語の意味については、各語彙の意味がわかるかどうかを「◎＝知っている。100%自信がある」「○＝知っている。100%ではないが、自信がある」「△＝漢字から意味は推測できるが、正しいかどうか、わからない」「×＝知らない。漢字を見ても、推測できない」の4段階で答えてもらった。

結果は？

 まず、漢語の意味だけど（図7.9）、漢字圏出身の学生は予想どおり、事前調査（第2週）の段階から86.5%の語彙について100%の自信を持って「知っている」と答えていて、自信のない語彙（△）と推測できない語彙（×）を合わせてもわずか5.0%だった。一方、同じ事前調査で非漢字圏の学生3人は「100%自信がある」語彙（◎）が22.2%で、「100%ではないが自信がある」語彙（○）と合わせても38.9%にすぎず、漢字を見ても推測できない語彙（×）がそれとほぼ同値の39.6%だった。だけど、その学生たちも授業の進展とともに語彙が少しずつ増えていき、9週目の中間調査では自信のある語彙（◎＋○）が66.6%に増え、推測できない語彙（×）は15.3%に減っていた。また、冬休みを挟んで行った事後調査（第14週）では自信のある語彙（◎＋○）が81.3%、推測できない語彙（×）は4.9%になった。有意差ももちろんあったよ。この結果から、授業内容と関連の深い漢語の意味については、授業をコンテントベースにすることで付随的学習が促されると考えていいみたいだね。

 はい。

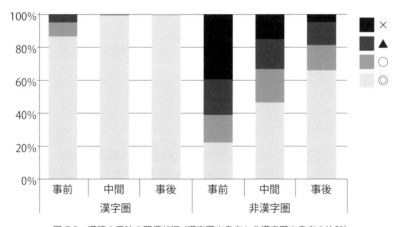

図7.9　漢語の意味の習得状況（漢字圏出身者と非漢字圏出身者の比較）

 一方、漢語の読みだけど、香港の調査では、軽度の誤りは音声情報のインプットだけでは気づかれにくく、音と表記を一致させる難しさもあってほとんど改善されなかった。反面、中等度・重度の誤りは気づきやすかったようで、わずかながら習得が進んでいることがうかがえた。で、これが今回の結果（表7.8）。

表7.8　漢語の読みの習得状況（事前・中間・事後の比較）

		事前				中間				事後			
		正	軽	中	重	正	軽	中	重	正	軽	中	重
1	身分	11	0	2	0	12	0	1	0	13	0	0	0
2	攘夷	4	1	3	5	11	1	0	1	12	1	0	0
3	大名	6	0	2	5	11	2	0	0	10	2	1	0
4	譜代	3	0	1	9	9	2	0	2	12	1	0	0
5	朝廷	10	0	1	2	13	0	0	0	12	0	1	0
6	外様	0	0	5	8	5	2	2	2	7	2	2	2
7	旗本	1	0	2	10	7	2	4	0	9	1	2	1
8	公家	1	0	1	11	5	1	4	3	10	0	0	3
9	家臣	1	5	2	5	6	5	0	2	6	7	0	0
10	年貢	0	1	10	2	3	1	8	1	4	1	8	0
11	一揆	1	0	1	11	3	0	5	5	8	0	4	1
12	奉行	0	0	0	13	1	0	1	11	3	1	2	7
13	法度	0	0	13	0	0	0	12	1	1	0	11	1
14	石高	0	0	4	9	0	0	7	6	1	1	6	5

※太枠は香港の調査と同じ語彙

事前調査（第2週）から中間調査（第9週）にかけて明らかに変化が見られますね。

うん、統計的にも有意だった。香港の調査では進展の見られなかった「外様・旗本・公家」の3語も明らかに進展しているね。ただ、今回の調査で新たに加えた5つの語彙については進展はそれほどではなかった。

原因は何だと思いますか。

講義中の僕の発話や配布資料のなかに出現した頻度の影響などが考えられるけど、それを裏づける具体的なデータがないので、なんとも言えないな。申し訳ない。

いえ、いえ。

最後に和語動詞だけど、香港で行った調査と同様、今回も事前調査から中間調査にかけてはっきりとした変化が見られた（表7.9）。もちろん統計的にも有意。香港では変化が見られなかった「命じる」も今回は中間調査の段階でほぼ習得されたみたいだ。一方、最後まで習得できなかったのは「敗れる・定める・まとめる」の3語で、これもインプットの量や母語の影響など、いろいろ可能性が考えられるけど、具体的なデータがないので、ここでも「和

語動詞についても付随的な語彙の学習が生じていた」と述べるにとどめておこう。

表 7.9　和語動詞の習得状況 (事前・中間・事後の比較)

		事前			中間			事後		
		○	▲	×	○	▲	×	○	▲	×
1	戦う	11	1	1	13	0	0	13	0	0
2	敗れる	2	0	11	3	1	9	2	3	8
3	結ぶ	5	0	8	11	0	2	11	1	1
4	求める	8	0	5	12	0	1	13	0	0
5	広まる	9	0	4	13	0	0	11	1	1
6	認める	9	0	4	10	0	3	12	0	1
7	命じる	1	0	12	10	1	2	10	1	2
8	高まる	3	1	9	10	1	2	11	1	1
9	定める	3	1	9	6	0	7	7	0	6
10	倒す	3	2	8	10	3	0	9	4	0
11	乱れる	3	0	10	8	1	4	9	0	4
12	まとめる	1	0	12	3	0	10	5	0	8

※太枠は香港の調査と同じ語彙

はい。問題は文法・文末表現の習得ですね。

うん。今回は香港での調査から「形なった」と「形なっていった」を外し、10 種の表現について各 2 題ずつ、合計 20 問とした。また、予備調査で正答率の高かった過去・完了の「た」は分析の対象から外し、解答欄に残すことにした (表 7.10)。そのうえで、今回は**意識化課題** (意識昂揚タスク：図 7.10) を新たに取り入れた。これは前の週に学習した資料を再利用したもので、対象となる文法・文末表現が使われている箇所を空欄にしてある。学生はまずこれを 1 人で考え、解答する。終わったら、近くの学生と互いの解答を見合わせ、違っているところは、なぜその表現が適当と思ったのか、互いに説明し合う。このとき、母語で話しても構わない。

いいんですか。

表 7.10　調査した文法・文末表現

文法・文末表現（10 表現）

過去の出来事：｜動｜た・｜受｜た・｜使｜た

当時の状況　：｜動｜ていた・｜受｜ていた

その後の変化：｜動｜ようになった・｜受｜ようになった・｜動｜ていった・

為政者の意図：｜動｜ようとした・｜使｜ようとした

　　例．江戸時代、日本は長崎でオランダと貿易を_____【する】。　　（答．していた）

図 7.10　意識化課題

うん。ここでは互いの考えを言い合い、議論することが優先だから。そして最後に、前の週に読んだ資料と見比べて正解を確認し、自分たちの選択した表現と違ったときは「資料ではなぜその表現を使ったのか」を再度考える。その際、学生には「文末表現は文脈のとらえ方によって選択が変わるため、正解は 1 つとは限らない」と伝えた。また、「自分たちの解答が資料と同じだったというだけで安心しないこと。重要なのは、選択した表現と自分たちの表現意図が合致しているかどうかである」と強調するようにした。

この課題を何回されたんですか。

第 5 週から第 8 週まで合計 4 回。それだけ続ければ、そのあとも毎回予習で資料を読む際には内容語だけでなく言語形式にも注意が向くようになるんじゃないか……と期待してね。で、結果がこれ[9]（表 7.11）。香港と同じように、調査した 10 の表現を「時制」「態」「相」「変化」「意志」の 5 つの要素に分解し、各表現を使うべき文脈で使えているかを調べた。

表 7.11　文法・文末表現の習得状況（香港での調査との比較）

		香港での調査		今回		
		事前	事後	事前	中間	事後
態	受身	13/18 72.2%	14/18 77.8%	52/72 72.2%	58/72 80.6%	62/72 86.1%
	使役	4/12 33.3%	5/12 41.7%	34/48 70.8%	35/48 72.9%	36/48 75.0%
相	〜ている	4/12 33.3%	8/12 66.7%	13/48 27.1%	30/48 62.5%	34/48 70.8%
	〜ていく	3/12 25.0%	4/12 33.3%	1/24 4.2%	8/24 33.3%	4/24 **16.7%**
変化	〜ようになる	1/12 8.3%	2/12 16.7%	7/48 14.6%	31/48 64.6%	33/48 68.8%
意志	〜ようとする	2/12 16.7%	2/12 16.7%	10/48 20.8%	43/48 89.6%	46/48 95.8%

 わあ！　全部上がっていますね。

 うん。事前（第 3 週）から中間（第 10 週）にかけてはっきりとした進展が見られるよね。事前調査の数値は使役を除いて香港での調査とよく似た傾向を示しているし、中間調査で「〜ている」の使用率が大きく上がっているのも同じだけど、香港ではまったく変化の見られなかった「〜ようになる」と「〜ようとする」の数値も顕著に高まっているよね。

 意識化課題の効果と言えそうですね。

 うん。興味深いのは「〜ていく」だね。「〜ようになる」や「〜ようとする」は意識化課題をしなくなったあとも効果が持続し、事後調査の数値が中間調査の数値をわずかながら上回っているけど、「〜ていく」だけは下がっている。

 どうしてでしょう？

 考えられるのは、さっきも話したように（p.127）、時間的用法の「〜ていく」は非常に習得が難しい文法項目の 1 つであるという可能性で、事実、事前調査の正答率もわずか 4.2% だった。そこで、誤用の内訳を調べてみたんだけど、中間調査で減っていた「〜てくる」の誤使用が、事後調査で再度増えていることがわかったんだ（表 7.12）。

表 7.12　誤用の内訳 (「~ていく」の場合)

	事前	中間	事後
正用 (~ていく)	1	8	4
誤用 (~てくる)	**13**	**7**	**11**
誤用 (~ている)	1	4	5
誤用 (~ようになる)	0	3	2
非用	9	2	2

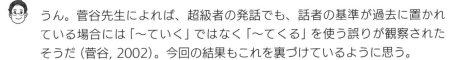

つまり、習得困難な文法は意識課題によって気づきを促されている間は学生たちも注意して使うけど、課題をやめてしまうと、時間の経過とともに注意しなくなってしまうということですか。

うん。菅谷先生によれば、超級者の発話でも、話者の基準が過去に置かれている場合には「~ていく」ではなく「~てくる」を使う誤りが観察されたそうだ (菅谷, 2002)。今回の結果もこれを裏づけているように思う。

なるほど。

最後は要約課題の分析だね。今回の調査では「まとめプリント」のチャートを参考にその日の授業内容を要約させたんだけど、そのなかで調査した 10 の文法・文末表現を学生たちがどの程度自発的に使用できるようになったのかを調べてみた。で、これがその結果[10] (表 7.13)。題材はどちらも同じ「鎖国に至った経緯」で、事前調査 (第 4 週) では自宅で宿題として書かせ、事後調査 (第 15 週) では「まとめプリント」のチャートを配布し、その場で書かせてみた。

表 7.13　要約課題における文法・文末表現の使用数[11]

	事前			事後		
	正用	過剰	計	正用	過剰	計
受身	11.68	0.73	12.41	4.64	0.00	4.64
使役	6.57	1.46	8.03	6.70	5.15	11.86
~ている	14.60	0.73	15.33	12.37	11.34	23.71
~ていく	2.92	0.00	2.92	2.58	0.00	2.58
~ようになる	12.41	0.00	12.41	23.20	4.12	27.32
~ようとする	1.46	0.00	1.46	5.67	0.00	5.67
合計	49.64	2.92	52.55	55.15	20.62	75.77

この数値はどんな方法で計算したんですか。

調査した6つの文法・文末表現はすべて動詞に対して使われるもので、文末だけでなく従属節内でも使用されるので、1文あたりの使用数ではなく、100動詞当たりの使用数で比較することにした。

これを見ると、事前より事後のほうが使用数は増えているけど、正用率はむしろ下がっているように見えますね。

うん。計算してみたけど、事前調査の正用率は94.5%（=49.64/52.55）、事後調査は72.8%（=55.15/75.77）だった。

つまり、意識化課題によって気づきが促されたことで、学生たちもそれらの表現を意識して使うようになったけれども、その反面、使う必要のないところにも使ってしまったということですね。

そうだね。この点は「〜ている」と「〜ようになる」で対照的だよね。「〜ている」は意識するあまり不必要なときまで使ってしまう傾向が見られるけど、「〜ようになる」は正用だけが増え、過剰使用はほとんど増えていない。一方、「〜ていく」や「〜ようとする」はほとんど使用率が変わらず、過剰使用はどちらもゼロ。これはもしかすると、いまだよく理解できないため、自信があるときだけ使い、それ以外は逃げてしまった（回避してしまった）ということなのかもしれないね。

受身の使用率が下がっているのが気になりますね。

これは僕の推測なんだけど、同じ視点表現である使役の使用率が高まっていることや、為政者の意図を表す「〜ようとする」の使用率がわずかながら高まっていることから、事前調査では主として被統治者の立場から説明することが多かったのに対し、事後調査では統治者と被統治者双方の立場からバランスよく記述するようになったということなんじゃないかな。

なるほど。

ということで、これで最初に掲げた4つの課題のうち日本語の習得に関わる2つについても結論が出せるね。まず、「CBIは学習内容と関連の深い語彙については習得促進効果を持つ」と言えるかどうかだけど、これは？

「YES」です。

じゃあ、もう1つの「学期中に数回、意識高揚タスクを用いた言語学習を行うことで学習内容と関連の深い文法・文末表現の習得は促されるか」については？

これも「YES」です。ただし、習得が非常に困難とされる過去から過去への

経過を表す「〜ていく」のような文法は、数回程度では指導の効果が持続しないようです。

だね。また、自発的な使用につながるかという点に関しては？

おそらくですが、学生たちにとって非常に難しいと感じられるものは使用を回避してしまい、そこまで難しいと感じていないものについては意識して使うようにはなるけれども、必要ないときまで使ってしまう。きっと、それも習得に向けたプロセスの1つなんでしょうね。

7-5 　学生たちの評価

では最後に、この授業に対する学生たちの評価を見てみよう。最終日に「授業全体」「質問作成」「学習活動」の3部からなる5件法の質問紙調査を行ったんだけど、このうち「授業全体」については近松先生の質問紙（近松, 2009, 2011）のなかからこの授業にも当てはまる質問を抜粋して使用した。「質問作成」については過去の調査で学生たちが書いた振り返りの記述のなかから質問作成に関するコメントを抜き出し、自作した。また、「学習活動」では「まとめプリント」など、この調査で新たに取り入れた学習活動について尋ねた。まず、授業全体についての評価（表7.14）だけど、15項目中14項目で平均値が4.00を上回っていることから、おおむね「良好」と言ってよいと思う。ただ、この種の調査ではいくら成績とは無関係とはいえ、学生は教員に気を遣ってなかなか「3」はつけないものだから、平均4.00は「普通」、4.50以上で「ある程度高評価」くらいに考えたほうがいいだろうね。

4.50以上ということで言うと、内容面に関する質問に多いようですね。

うん。そこでこんなふうに解釈してみた。

> 「幕末〜明治の歴史」というトピックは興味深く（質問4）、多くの知識を得ることができ（質問11）、「日本の歴史をもっと勉強したい」という気持ちにさせてくれた（質問14）。大学生の知的レベルにも合っていて（質問6）、有益な情報が多く（質問3）、やりがいもあり（質問1）、「このようなタイプの授業をまた受けてみたい」（質問15）と思わせるものでもあった。

表 7.14　学習者の授業評価（授業全体）

	質問	平均	SD
1	この授業はやりがいのあるものだった。	**4.54**	0.63
2	この授業は私の励みとなるものだった。	4.38	0.92
3	この授業は有益な情報の多いものだった。	**4.92**	0.27
4	「幕末〜明治の歴史」というトピックは興味深かった。	**4.54**	0.63
5	この授業は深みのあるものだった。	4.46	0.93
6	この授業は大学生の知的レベルに合っていた。	**4.69**	0.61
7	この授業では十分に議論をすることができた。	4.38	0.74
8	私はその議論に積極的に参加した。	4.15	0.95
9	この授業は私の日本語のレベルにちょうど合っていた。	**3.69**	0.99
10	宿題は大変だった。	4.23	1.12
11	この授業で私は「幕末〜明治の歴史」について多くの知識を得ることができた。	**4.77**	0.58
12	この授業で私の日本語力は改善された。	4.23	0.70
13	この授業を受けて「日本語をもっと勉強したい」という気持ちになった。	4.08	0.92
14	この授業を受けて「日本の歴史をもっと勉強したい」という気持ちになった。	**4.62**	0.49
15	このようなタイプの授業をまた受けてみたい。	**4.77**	0.58

 一方、日本語の学習については悪くはないけど、内容面ほどではなく、4.00〜4.50 の範囲内のものが多かった。そこで、これについても、こんなふうにまとめてみた。どう？

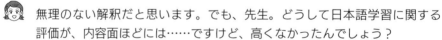

この授業ではある程度議論をすることができ（質問 7）、自分もそれにそれなりに参加した（質問 8）。宿題は少し大変だったが（質問 10）、日本語力は少し改善され（質問 12）、「日本語をもっと勉強したい」という気持ちにも少しなった（質問 13）。

 無理のない解釈だと思います。でも、先生。どうして日本語学習に関する評価が、内容面ほどには……ですけど、高くなかったんでしょう？

その点についてだけど、質問 9 の「この授業は私の日本語のレベルにちょうど合っていた」に対する評価がもっとも低いことから、この授業で求められる日本語力と学生の日本語力に若干の開きがあったためじゃないかと考えてる。また、回答の内訳を見てみると、「5（まったくそうである）」と答えた学生は 13 人中 3 人で、「4」が 5 人、「3」が 3 人、「2」が 2 人だった。「2」と答えたのは 2 人とも中級後半の非漢字圏の学生で、「3」と答えたのも 1

人は上級の非漢字圏の学生、1人は中級前半の漢字圏の学生だった。漢字圏出身の学生なら中級後半レベルでも十分についていけたけど、非漢字圏出身だと上級でも少し難しいということのようだね。

なるほど。

次に「質問作成」（表7.15）についてだけど、これもこんなふうにまとめられるんじゃないかな。

> 質問を考えるのは難しかったが（質問16）、質問を考えることで授業の内容をより深く理解でき（質問18）、ほかの学生の質問やそれに対する答えを読んで、新しく発見することもあった（質問20）。「あとで質問を書かなければならない」と意識することでいつもより少し集中して授業を聞くようになり（質問17）、質問を考えることで今までよりは少し何でもすぐに信じないで、批判的に考えるようにもなった（質問19）。

表7.15　学習者の授業評価（質問作成）

	質問	平均	SD
16	質問を考えるのは難しかった。	**4.62**	0.62
17	「あとで質問を書かなければならない」と思うと、いつもより集中して授業を聞くようになった。	4.31	0.61
18	質問を考えることによって、授業の内容をより深く理解できた。	**4.62**	0.74
19	質問を考えることによって、何でもすぐに信じないで、批判的に考えるようになった。	4.15	0.77
20	ほかの学生の質問やそれに対する答えを読んで、新しく発見することがあった。	**4.69**	0.46

いずれも平均値が4.00を上回っているから、否定的にとらえる必要はないけど、この実践の目標が「質問作成を意識することで講義の聞き方を変え、質問作成を通して批判的思考を促す」ことにあったことを考えると、質問17と19の数値が質問18の数値を下回ったことは、少し残念だったね。

そうですね。

最後に「学習活動」（表7.16）だけど、①「講義ノート」を使った「予習」、②「まとめプリント」を使った授業内容の「整理」、③期末試験の練習として行った授業内容の「要約」、④意識化課題を使った文法・文末表現の「意識昂揚」のすべてが「効果あり」と高く評価されたみたいだ。

はい。

表 7.16　学習者の授業評価（学習活動）

	質問	平均	SD
21	資料を読んで予習することは、授業の内容を理解するのに役立った。	**4.77**	0.42
22	「まとめプリント」の活動は授業の内容を整理するのに役立った。	**4.69**	0.61
23	「期末試験の練習」は授業の内容を整理するのに役立った。	**4.62**	0.62
24	文法の「意識化課題」の答えをグループで考えたのは、歴史の文章の表現方法を理解・習得するのに役立った。	**4.62**	0.49

 以上です！

 あのう、先生……《今だ！》。実は、1つ聞いていただきたいことが……。

 何？

 実は私、今度、2週間の短期研修プログラムを担当することになって……。どんな授業をすればいいか、自分なりにいろいろ考えてはみたんですけど、ぜんぜん思いつかなくて。たった2週間で学生たちの日本語力が劇的に伸びるとは思えないし……。でも、せっかく日本に来るんだから、「楽しかった」というだけじゃなく「勉強になった」とも思ってもらいたいし……。先生と話したら、何かヒントが見つかるんじゃないかなと思って……。それで、今日お邪魔したんです。

 そうだったんだ。で、何かヒントは見つかった？

 はい！　私もCBIをやってみようと……。

 いいんじゃない（微笑）。

 ただ、私にできるのかなって……。「チャレンジしたい」っていう気持ちはあるんですけど、同じくらい不安もあって。

 そうだろうね。

 でも、今日、先生みたいなベテランでも1つの授業を作るのにこんなふうにいろいろ考え、工夫されているんだとわかったら、失敗を怖がっちゃいけないって思ったんです。

 なるほど。

 でも、やるからには、やっぱり失敗したくないし、学生たちに少しでも満足してもらえるように、できる限りのことをしたいんです。それで、厚か

ましいお願いなんですけど、私がこれから担当する授業について一緒に考えていただけませんか。

 お安い御用だよ。じゃあ、研究室に戻ろうか。あっちのほうがいろいろ資料も揃っているし。

 はい！ ありがとうございます。よろしくお願いします！

やったー！ 私に何ができるのか、どんな授業になるのか、まだぜんぜんイメージできないけど、急にワクワクしてきた。きっと、先生はいつもこうなんだろうな。だから、次から次へと教材や授業のアイデアが浮かぶんだろう。私もそうなりたいけど、どうやったら、そんなふうになれるんだろう。授業の相談をしながら、その辺りのことも探ってみよう。

注

1 本章は小山悟 (2018, 2019) に基づく。

2 池尻・山内 (2012) は歴史的思考力の構成要素を「資料を批判的に読む力」「歴史的文脈を理解する力」「歴史的な変化を因果的に理由づける力」「歴史的解釈を批判的に分析する力」「歴史を現代に転移させる力」の 5 つに分類している。

3 現在は 3 日または 4 日の猶予を与えている。また、メールで提出させたことにより、質問をタイプする時間が省けるという教授者側のメリットもあった。

4 評価は「非常に良い質問 (◎)」「良い質問 (○)」「普通の質問 (△)」「あまりよくない質問 (×)」の 4 段階である。この評価は研究データとして質問の質を分析する際の分類とは別物で、厳密なものではなく、学生の気持ちにも配慮しつつ、学期の前半は少し厳しめに、後半は少し優しめに評価した。

5 実際に配布したのは予行練習と同じ「鎖国」に関する「まとめプリント」である。

6 これは学期中ほとんど質問を提出しなかった学生 2 名(学生 D と J)と、途中から提出しなくなった学生 1 名 (学生 E) を除いた 10 人の結果である。

7 しかも、スケジュールの都合上、第 4 週だけは授業中に書かせている (表 7.2)。

8 授業中質問しようとして語彙が思い浮かばず、英語のわかる学生に英語で語彙を確認することが度々あった。

9 これは中間調査を欠席した学生 J を除く 12 名の平均値である。

10 分析したのは未提出の 2 名 (学生 D と J) を除く、11 名のデータである。

11 実数で示した表については小山悟 (2019) を参照。

第3部

〈応用編〉
実践の成果をレシピにまとめる

8-1 私もやってみたい！

まずは、今までどんなことを考えたのか、うまくまとめようとしなくていいから、話してごらん。

はい。今度私が担当するのは夏休みに行う 2 週間の短期研修で、対象は学習歴 1 年ほどの漢字圏の学生たちです。ただ、2 週間といっても、日本文化の授業や社会見学、1 泊 2 日の研修旅行なども企画されているので、日本語の学習時間は実質 15 時間ぐらいだと思います。

90 分授業 10 回程度ということだね。

はい。学生たちは研修終了後も卒業まで日本語を学びつづけます。なので、この研修ではこれまでの学習の成果を実感してもらうとともに、日本語がもっと上手になりたい、日本についてもっと知りたいという気持ちになってもらえたら……と思っています。

なるほど。

そこでまず、「何を教えるか」を考えてみました。貴重な時間とお金を使って日本、それも長崎という地方都市に来るわけですから、国にいてはなかなか勉強できないこと、日本へ来たからこそ学べることを教えたい。となると、やっぱり、コミュニケーション活動中心の授業っていうことになるのかなと。これまで教室外で日本語を使う機会はほとんどなかったと思いますし……。

そうだね。

でも、日本で勉強したからといって、たった 2 週間で、学生たちの日本語力が急激に伸びるとは思えません。日本語の学習を始めたばかりの学生たちなら、自己紹介 1 つできるようになっただけでも進歩を実感してくれると思いますし、「単語を 300 覚えた」とか、「動詞の活用がスラスラできるようになった」とか、学習の成果を数量や時間で表せるのであれば、話は簡単なんですけど。技能の進歩を実感させるのって難しいですよね。だとしたら、この研修の成果を学生たちにどう実感させればいいんだろうと。それも悩みの 1 つです。

なるほど。

そこで考えたのが、地域の小学校や公民館を訪問して子どもたちや地域の方々と日本語で交流させてはどうかということでした。交流の準備と練習を授業でしっかりと行い、訪問終了後にその活動を通して学んだことを日本語で発表させる。そうすれば、目に見える進歩とまではいかないまでも、ある程度の達成感は与えられるんじゃないかなと。

悪くないね。

でも……。

何？

そんなプログラム、誰でも思いつきますよね。ありきたりというか、何というか。先生も今「悪くない」と。「いいね」とはおっしゃいませんでした。

（笑）　まあ、確かに僕なら、もう少し違ったものに挑戦してみようとは思うけどね。

やっぱり。奇をてらう必要はないと思うんですけど、そんな内容で学生たちが満足してくれるとは、正直思えないんです。

それはどうして？

実は私も学生のとき、春休みの語学研修で2週間オーストラリアに行ったことがあるんです。地域の人々との交流会やホームステイ、社会見学など盛りだくさんなプログラムで、すごく楽しかったし、貴重な経験をしたと思うんですけど……。日本へ帰って「私はこの研修で何を学んだのか」と振り返ってみると、なんかこう、物足りなさみたいなものを感じたんです。

英語の授業はどうだったの？

活動中心で面白かったです。それまで日本で受けていた授業が座学中心だったから、すごく新鮮で。

たくさんのことをとても楽しく学べたのに、物足りなく感じたのはどうしてなんだろうね。

それなんですけど、私もずっと不思議で。でも、今日先生のお話を聞いて、思い当たることが2つありました。1つは「深み」です。先生は今日何度か「中身に踏み込む」っておっしゃいましたよね。私が参加したプログラムは、盛りだくさんではあったけど、その分慌ただしくて。プログラム全体として見たとき、何かこう、パッチワークみたいだなって。

パッチワーク？

はい。現地にいるときは、異国で学んでいるという高揚感もあってすごく楽しかったんですけど、あとから考えると、1つ1つの活動にじっくり取り組むということがなくて。授業は授業、交流会は交流会っていう感じで、統一感に欠けるというか……、つながりがなかったように思います。

そう。でも、それなら、さっき言っていたように、小学校や公民館の訪問に向けて日本語の授業でしっかりと準備させればいいんじゃない？

確かにそうなんですけど、もう1つの問題が……。

何？

その研修で「新たに学んだ」と言えるものが少なかったことです。活動中心の授業はすごくいい会話の練習になったし、地域の方々との交流もすごく自信になりました。でも、私はそこで何を学んだんだろうとも思うんです。もちろん、知識の獲得だけが学びではないということはわかっているんですけど、知識を得ることで今まで見えなかったものが見えてくるという面もあって。そういう意味では物足りなかったなって。

なるほど。

さっき、私、「この研修で学生たちにこれまでの学習の成果を実感してもらい、日本語学習に対するモチベーションを高めてもらいたい」って言いましたけど、果たしてそれだけでいいんだろうかって。だんだん疑問が湧いてきて……。それで今日ここへ来ました。

そうだったんだ。

実は、これもオーストラリアでの経験なんですけど、ある日、学校の近くのバス停でベンチに座って昼間から酔っ払っている初老の男性を見かけたんです。そのときは「だらしない人だなあ」としか思わなかったんですけど、あとで出発前にオーストラリア先住民の歴史について勉強したことを思い出して。

そのおじさんが先住民だった？

確認はしていないんですけど、たぶん。そしたら、翌日見たそのおじさんが昨日と同じようにただ酔っ払って寝ているだけなのに、なんだか少し違って見えたんです。見る目が変わったというか、何というか。学生たちも同じだと思うんです。日本に来ていろいろなものを目にすると思うんですけど、そこがどんな場所かを知らなければ、「きれいだな」としか思わなかったであろう風景も、それを知ることで違って見える。そんな経験を学生たちにもしてもらいたいと思ったんです。

でも、それって小学校訪問の前に交流の準備と合わせて、日本の小学校教育についても勉強するということではダメなの？

ダメではないですけど、それだと小学校訪問がこの研修の主たる活動になってしまいますよね。それなら、別に長崎でなくてもいいと思うんです。先生が地域性を重視して「幕末・明治の歴史」をテーマにしたように、私も長崎に来たことの意味を感じられるようなテーマで授業をしたいなあと、お話を聞きながら思いました。

そう。

それと、もう1つ。学生のときに受けた先生の講義です。充実感・達成感ともに半端なかったんですよ。たった4日間なのに。

（笑）　そう。それはよかった。

質問を考えるのはすごく大変だったけど、先生のねらいどおり、授業の最後に質問を書かなければならないと思うと、すごく授業に集中していて、ほかのどの授業よりも深く学べたと思いました。先生の歴史の授業を受けた学生たちもきっと同じです。幅広くいろいろなことを学ぶのも大切ですけど、1つのテーマについてじっくりと学び、考え、理解を深めることも貴重な学習経験になるんじゃないかなと。この研修のように短期間の場合は特に。

それで、CBIに挑戦してみようと。

はい。私に何がどこまでできるかわからないんですけど、先生のように、日本語以外の何かを日本語で学び、その何かについてじっくりと深く考えさせるような授業に挑戦してみたいと思いました。

了解。じゃあ、まずは僕の考える授業デザインのレシピを紹介し、そのあと、そのレシピに沿ってアイデアを出し合うという流れで進めてみようか。

はい。お願いします。

8-2　テーマと活動の設定

まず、レシピというのは、最初にも話したように（p.17）、「ここに書かれているとおりにやれば、誰でも必ずうまくいくよ」というようなもの、つまりマニュアルではない。授業をデザインする際の注意点を簡潔なことばでま

とめたものだから、細かな部分を決め、完成度を高めるのは各担当者の責任だということは忘れないように。

わかっています。

OK。なら、始めようか。

はい。

僕のレシピはこのような6つの原則からなっていて（表8.1）、大きく3つのパートに分けられる。原則1と2はコース全体のデザインに関わるもの、原則3〜5は学生たちに深く考えさせるための仕掛けに関するもの。そして、原則6が日本語学習に関わるものだ。

はい。

表8.1　筆者の考えるCBIのデザインレシピ

原則1：批判的思考の対象となる「トピック」または「テーマ」を授業の柱とすべし
原則2：到達目標に合った批判的思考力の育成法を選択すべし
原則3：授業内容の理解が批判的思考の大前提である
原則4：批判的思考が促される環境・条件を整えるべし
原則5：考え方の指導はときに明示的に行うべし
原則6：教科と関連の深い表現に焦点を当てて、意識化するべし

授業作りの第一歩は、言うまでもなく、授業の柱となるテーマを決めることで（**原則1**）、決め方としては、自分が学生時代に勉強した心理学や経済学のような教科をテーマにしてもいいし、僕の歴史の授業のように地域と関連の深いテーマを選ぶのもいいと思う。もちろん、フーゲンブーム先生の「日本食」（フーゲンブーム, 2011）のような文化的・日常的なものでもいい。

つまり、何でもいいということですか。

そう。CBIは「学術的な内容を生教材を使って日本語で教えること」と定義されることが多いけど（Krueger & Ryan, 1993など）、重要なのは学生たちに考えさせるということだからね。そのトピックやテーマが学生たちにとって深く掘り下げて学ぶに値するものであるならば、必ずしも学術的である必要はないと僕は思っている。実際、僕の歴史の授業も、知識面だけを見れば、日本の中学校レベルだしね。

はい。

これは一昨年共著で出版した本（小山悟, 2021）でも書いたことなんだけど、僕の授業の主眼は学生に考えさせることであって、こちらが与える知識はそのための材料にすぎない。だったら、知識を与えすぎて消化不良を引き起こすよりも、知識としては多少浅くても、その知識を活用して母国の歴史や現代の出来事について批判的に思考できるようにすることを目指すべきだと思うんだ。高度な知識は別に教師から与えられなくても、ネットで検索するなどすれば、自分で学べるしね。

先生の学生たちが質問を考える過程でそうしたように……ですね。

そう。そして、僕の初期の失敗もそこに原因があったと思う。「大学生の知的レベルに見合った授業にするには、高度な知識を与えなければならない」と勘違いしていたんだね。

トピックは何でもいいということですけど、そうは言っても、学生たちの興味・関心がバラバラなときには何を選んだらいいのか悩みますよね。

それもよく言われるんだけど、僕は必ずしも学生たちの興味・関心に合わせる必要はないと思っているんだ。クラスの学生全員が等しく興味・関心を持ってくれるようなトピックを見つけるのは容易ではないからね。また、自分の興味のあることばかり勉強していると知識が偏ってしまうという危険性がないわけではない。なので、あまり気にせず、自分が面白いと思うトピックを選び、学生たちにその面白さをいかに伝えるかを考えてみてはどうかなと思うんだ。

確かにそうですね。自分が面白いと思っていないものを教えたのでは、それを学ぶ楽しさは学生たちになかなか伝わらないですものね。

うん。それともう1つ。学生たちが敬遠しそうなテーマをあえて選ぶことで、学生たちを未知の世界へと導き、新たな興味・関心を引き起こすのも教育の役割の1つなんじゃないかなと思うんだよ。実際、僕の授業でも学期初めの質問紙調査で「どちらかと言えば歴史に興味がない」という学生が13人中7人もいたんだ（2016年度）。

そうだったんですか。でも、まさか半数以上とは。

ねえ（笑）。「なんで来たの？」って言いたくなるよね（笑）。きっと「その時間空いていたから」とか「先輩に勧められたから」とか、彼らなりの理由があったんだろうけど。でも、そんな学生たちでも学期末には「幕末～明治の歴史」というトピックは興味深く（質問4: 4.54）、有益な情報が多い授業だっ

た（質問3: 4.92）と思ってくれたんだから（表7.14）、結局はやり方次第
だよね。

そうですね。

ちなみに、これは2016年度に僕の授業を受けた学生のコメント。この学
生は今話した「歴史にはあまり興味がない」と回答した7人のなかの1人で、
講義を聞く態度についても事前調査でただ1人否定的な回答（6件法: 2.73）
をしていた。でも、その分、僕の授業から受けたインパクトも大きかった
ようで、歴史を学ぶことの面白さを実感してくれたようだね。

> 質問を考えるとき、いつもネットで資料を調べます。日本語の資料より、
> 中国語の資料のほうが利用されることが多いです。ネットでキーワー
> ドを記入して、出てきた記事を全部読みながら、質問を考えます。実
> は私はもともと歴史に興味がぜんぜんありませんでした。歴史につい
> ての本とかを読むことが少ないです。だからこそ、先生の授業を取り
> たくて、自分の歴史についての知識を豊富になりたかったです。先生
> の授業を通じて、江戸時代の知識を勉強して、私今歴史のテレビとか
> を見るとき、テレビに出た人物と背景も少しでもわかるようになって、
> ほんとにうれしいです。全部先生のおかげです！　今質問を考えるとき、
> 論文とか専門の本とかのような難しい資料をあまり読みませんが、こ
> れからは論文と本の資料を読んでみます。もっと専門的な知識を身に
> つけようと努力します！　　　　　　　　　　　　　【学生H　漢字圏】

報われた気がしますね。

うん。教師冥利に尽きるよね。

参考までにお聞きしますが、批判的思考を促しやすいテーマといったもの
はあるんですか。

実験・検証はされていないけど、さっき話したように（p.56）、教育心理学
は学生自身の生活や経験に照らして考えられるので、ほかの教科に比べて
高次の質問を作りやすいとされている（小野田・篠ヶ谷, 2014）。批判的思
考にも同じことが言えるんじゃないかな。

歴史とは真逆ですね（笑）。

そうだね。どうりで苦労するわけだ（笑）。

はい。

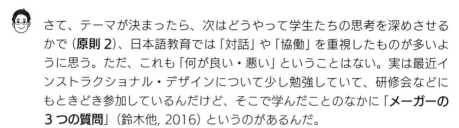

さて、テーマが決まったら、次はどうやって学生たちの思考を深めさせるかで（**原則2**）、日本語教育では「対話」や「協働」を重視したものが多いように思う。ただ、これも「何が良い・悪い」ということはない。実は最近インストラクショナル・デザインについて少し勉強していて、研修会などにもときどき参加しているんだけど、そこで学んだことのなかに「**メーガーの3つの質問**」（鈴木他, 2016）というのがあるんだ。

メーガーの3つの質問？

授業をデザインする際に検討すべき3つの観点を「Where am I going?（どこへ行くのか）」「How do I know when I get there?（たどり着いたかどうかをどうやって知るのか）」「How do I get there?（どうやってそこへ行くのか）」という3つの問いで表現したものなんだ。

目標、評価、方法の3つですね。

そう。で、研修会で講師の先生にいつも「先生方はすぐに方法に飛びつかれるんですよね」と言われてね。胸がイタタタタ……と（笑）。考えてみれば、僕の初期の実践で学生たちに発表させていたのも、学生同士で教え合いをさせさえすれば、それで主体的・能動的学習になると安易に考えていたんだと思う。まあ、実際は単なる「逃げ」だったわけだけど。

真っ先に方法に飛びついてしまったわけですね（笑）。

こら（笑）。でも、まあ、そうだね。また、教師がする一方通行の講義に対しても、これまた単純に「悪」と考えていたのかもしれないね。だけど、この実践のそもそもの出発点は、何度も言うけど、「学生たちに批判的に考えさせたい」だったわけだから、考えるために必要な最低限の知識を教師がわかりやすく整理して教えることに何の問題もないし、対話や協働にこだわる必要もないと思う。1人静かに考える質問作成だって、やり方次第ではこんなに深く考えさせることができるわけだし、学生たちは自ら進んで資料を調べ、理解を深めようとしてくれたわけだからね。

はい。

これは「教えて考えさせる授業」（p.105）の市川先生がおっしゃっていることなんだけど、状況論の登場によって1990年代以降、認知心理学の世界では、情報処理アプローチを支持する研究者、状況論的アプローチを支持する研究者、両者を折衷的に統合した研究者というように、一種の分裂状況に陥ってしまったんだそうだ（市川, 2010b）。だけど、先生ご自身は「心理学の理論や知見で役に立ちそうなものは、もともとの理論的立場にこだ

わらず使えばよい」（市川, 2010b, p.321）と考えておられたそうで、おっしゃるとおりだと思ったよ。

「CBI を最善の方法だと思っているわけではない」とおっしゃったのも（p.15）、そういう意味だったんですよね。

そう。僕の目標は「引き出しの多い教員になること」だからね。与えられた環境・条件のなかで学生が求めているもの、こちらが目指していることをより高い水準で実現するために、自分の引き出しのなかから最適と思われるものを取り出して実践し、結果を出すことが重要なんだから。

そういう結果重視の立場で見ると、先生の学生たちは先生の予想を超えて主体的かつ能動的に学んでくれたみたいですね。

うん。「成績のため」とか「僕に言われたから」とか、初めはそんな感じだったかもしれないけど、たった 1 つの質問にあれだけ時間をかけ、熱心に取り組んでくれたわけだからね。正直これは想定外だった。実はこれも一昨年出版した本（小山悟, 2021）に書いたことなんだけど、僕はそれまで授業中に行う講義やグループ活動を「本学習」と考えていたんだ。でも、（さっきとは別の）この学生の振り返りコメントを読んでから、僕の講義も事前学習の一部だったんじゃないかと思うようになったんだ。

> 質問を思い出すのはなかなか難しくなりました。だが、毎回質問を提出するために、本を読んだり、歴史家の意見を比較したりしますので、勉強になりました。大学での勉強は与えられるものではないということが改めて感じます。
>
> 【学生 F 漢字圏：小山悟（2021, p.140）】

真の学びは授業後の質問作成にあったということですか。

そう。「アクティブラーニング」と聞くと、「グループで何か活動をさせなければならない」と考えがちだけど、自宅で 1 人静かに質問を考えることも十分に主体的・能動的学習になり得るんだと思ったよ。

はい。

さて、授業のテーマ（原則1）と活動のタイプ（原則2）が決まれば、今度はその実践の持つ可能性をいかに引き出すか、つまり「仕掛け」の検討だね。これには3つの注意点がある。1つは「授業内容の理解」（**原則3**）で、学生たちに批判的に考えさせる「下地」としてそれが欠かせないことは、実践・研究の両面から十分に裏づけられている。

 はい。

 で、これが授業内容の理解を深めさせるために僕の授業で実践したことを「事前学習」「本学習」「事後学習」「教材」の4つに分けて整理したものだよ（表8.2）。どれも当たり前と言えば当たり前だけど、こうしてリスト化しておくと、授業がうまくいかないとき、どこをどう見直せばいいかがわかりやすいからね。もちろん、このすべてを実践しろということではないし、これがすべてということでもない。今後も実践を通じて「有効」と思うものがあれば随時追加していこうと思っているよ。

表8.2　授業内容の理解を深めさせるためにしたこと

事前学習

ⓐ 既有知識を増やしておく（講義の概要をつかませておく）。

ⓑ 講義のポイントを明示する、あるいは予想させる。

本学習

ⓒ 講義のフレームを示し、それに沿って講義をする。

ⓓ 予習した内容に肉づけするような講義をする。

ⓔ 講義は「考えるための土台」と割り切り、情報を与えすぎないようにする。

事後学習

ⓕ まとめの時間を設け、学習した知識を外化させる。

教材

ⓖ 資料の難易度を学生たちが「少し易しい」と感じるレベルに調整する。

ⓗ 講義に集中できるよう、アウトライン形式や図表形式の補助教材を用い、メモの負担を減らす。

ⓘ 図や表、イラストを豊富に用い、視覚的に理解できるようにする。

「レシピ」の初版ですね。

そうだね。

原則 4 の「批判的思考が促される環境・条件を整えるべし」についてはどうですか。

これに関して僕がしたのは、①質問作成を宿題にする、②質問に評価をつける、③すべての質問に回答し、文書で全員に開示するの 3 つだった。これを質問実践以外にも応用できるように一般化するとすれば、①については「学生たちが落ち着いてゆっくり考えられるようにする」と言い換えられるんじゃないかな。

それは「時間的な猶予を与える」ということですか。

それもあるね。香港で行った予備調査だけでなく、母語話者対象の調査でも「応用的質問」が見られなかったことから、講義を聞いた直後のわずかな時間でそのような高次の質問を引き出すことは難しいと判断し、結局宿題にした。そのことが学生たちに時間的な猶予を与え、気持ち的にも落ち着いてゆっくり考えられる環境を作り出したと言えるだろう。だけど、十分な時間を与えても、講義内容の理解が不十分だったなら、高次の質問はやはり出てこなかったと思う。それができたのは、講義を聞く前の「準備」と同じように、講義を聞いたあとの「整理」も重要と考え、「まとめプリント」のチャートを使ってその日の学習内容を視覚的に確認・整理させたからじゃないかな。

②と③についてはどうですか。

これもより広く「自己評価の機会を設け、改善のヒントを示す」と言い換えられるんじゃないかなと思う。

「自己評価」というのは市川先生の「教えて考えさせる授業」（市川, 2008, 2010a）で提案されていたものですね。

うん、参考にさせていただいたよ。市川先生の言う「自己評価」とは、授業がひととおり終わったあとに何がわかり、何がわからなかったかを振り返らせることで、子どもたちの**メタ認知**[1]を促すことなんだけど（市川, 2010a）、僕の授業にもこれが必要かなと。学生たちは幕末・明治の歴史だけでなく、質問の考え方も学んでいるわけだから、自分の質問に対する評価を知る機会を設けたことや、ほかの学生の質問とそれに対する回答・評価を知る機会を設けたことは、自らの学びに対するメタ認知を働かせ、質問の質を高めることにつながったんじゃないかと思う。もちろん、質問の質を成績に

反映させることでより真剣に質問作成に取り組ませようという意図もあったけど、それはさして重要なことではなかった。

原則5の「考え方の指導はときに明示的に行うべし」ですけど、これは先生の場合「質問作成指導」のことですね。

そう。留学生・日本人学生ともに2回目の実践（第4章3節・4節）では前年度の学生が書いた質問をスクリーンに投影し、その質問のどこがいいのか、あるいは悪いのかを考えさせるモデリング活動を行った。それでも、応用的質問は1つも産出されなかった。もちろん、講義内容を十分に理解できていたなら、この程度の指導でも十分だったかもしれない。だけど、Abramiらが行ったメタ分析（Abrami et al., 2008）によって、批判的思考教育の3つのアプローチのなかではイマージョンアプローチがもっとも効果量が小さいことが明らかになったように（p.107）、ときにはことばによる明示的な指導も必要なんじゃないかと思ったんだ。

その点は、第二言語習得研究でコミュニケーションに重きを置いた授業をしながら、ときおり特定の言語形式に学習者の注意を向けさせる Focus on Form が Focus on Meaning や Focus on Forms より効果的とされていることとよく似ていますね[2]。

おっ！　集中講義で勉強したことをだいぶ思い出したようだね（笑）。確かに、明示的指導と暗示的指導を適宜組み合わせた授業がもっとも効果的なのは、言語教育に限ったことではないようだね。それに、田中一先生や田中裕先生が指摘されていたように（p.47）、良い質問が最後まで書けるようにならない学生が一定程度いるのであれば、質問の考え方や書き方をじっくりと丁寧に指導したがいいのではないかとも思ったよ。

学期初めの3週間をオリエンテーション期間と位置づけ、予習の仕方や復習の仕方、講義の聞き方をじっくりと丁寧に指導をされたように……ですね。

そう。もっとも、あまり具体的すぎると、真面目な学生ほど教師の指示に忠実にやろうとするので、さじ加減が難しいんだけどね。

最後に日本語の学習についてですけど（**原則6**）、先ほど先生も触れられたように（p.112）、先生方のなかにはこの原則について「上級にもなって文法や語彙ではないだろう」と批判的にとらえる方もいると思うのですが、そのような意見にはどう反論されますか。

特にないよ。僕としては、日本語以外の何かを日本語で学ぶなかで、その何かに関する理解を深めるとともに批判的に考える訓練もし、そのうえでさらに、おそらく全体の1割にも満たないであろうわずかな時間を使って、日本語の表現もより自然で洗練されたものにしようとしているだけだから。ただ、その批判が「文法は初級で学習するもの」という固定観念に基づいたものなら、「それは違う」と反論するけどね。

そうですか。

言語知識の習得という点で言えば、今回の調査で、教科と関連が深く、講義中の発話や配布資料に頻出する語彙については、教材の難易度と情報量を適切に調整できていれば、自ずと習得が進んでいくことが確認できた。でも、文法・文末表現についてはそうではなかったよね。つまり、文法は「初級で一度導入したら終わり」というようなものではなく、中級や上級になってもときおり学生の気づきを促すなどして、辛抱強く指導していく必要があるということなんだと思う。内容学習を阻害しない範囲でね。

はい。

言語技能の習得についても同じだと思う。練習量という点で言えば、学生たちは日本語以外の何かを日本語で学んでいるわけだから、かなり充実した訓練ができていると思う。問題は質だね。「論理的な文章の書き方」とか、「伝わりやすい説明の仕方」とか、指導すべきことはいろいろあるけど、欲張りすぎて、「批判的に考えさせる」という当初の目標を見失わないよう、気をつけないといけない。質問作成指導のなかに論理的な文章の書き方の指導を取り入れたり、グループでの話し合いのあとに「どうすればもっとわかりやすい説明になったか」を考えさせたり……。そんなふうに、自然な形で授業に盛り込めるといいね。

はい。

注

1 自分自身の認知活動（知覚する・思考する・記憶するなど）を客観的にとらえることを言う。

2 正確さと流暢さの両方を重視する Focus on Form に対し、正確さ重視の指導法を Focus on Forms と言い、意味重視（流暢さ重視）の指導法を Focus on Meaning と言う。

第9章 応用例1：夏季短期研修での実践

9-1 テーマの決定

さて、肝心の短期研修だけど、何をテーマにするか決まったかい？

はい。「地域理解」をテーマにしようと思います。

つまり、「長崎」ということだね。で、それはどうして？

一番は、東京でも京都でもなく、学生たちは長崎を選んでくれたわけですから、長崎に来たことの意味を感じてもらえるようなテーマでやりたいと思ったことです。それと、先ほどお話ししたように（p.169）、授業で今自分がいる場所について学ぶことによって、昨日と同じ風景が今日は少し違って見えたというような経験を、学生たちにしてもらいたいと思いました。ただ、長崎の歴史や文化について書かれた中級学習者用の日本語教材なんてないですから、教材は先生のように自分で作らなきゃいけないですね。

そうだね。でも、それはそれで楽しいものだよ。それに、こういうとき、「自分で教材を作ってでも、新しい実践にチャレンジしよう」と考えるか、「教材づくりは大変だから、市販の教材でどうにかしのごう」と考えるかで、教員としての未来も違ってくると思う。少し大げさに聞こえるかもしれないけど。

頑張ります。でも、今から始めて間に合うかな。あと3カ月しかないし。

いいものがあるじゃない。

え？

「長崎」「学生」「旅行」と言えば？

長崎、学生、旅行……。あ！ 修学旅行！ そうか、修学旅行生向けに作られたサイトや小冊子を参考にすればいいんだ。公的機関の提供する情報なら信頼性に問題はないし。ええ……と、あった。「長崎市公式観光サイト[1]」。先生、ありがとうございます！ 長崎に帰ったら、下見ついでにあちこち回って、紙の資料もいろいろ集めてみます。

頑張って。で、今思ったんだけど、この研修を「修学旅行」に見立てたらどうだろう？

修学旅行に？

うん。どこの学校でも修学旅行の前にはオリエンテーションをするよね。それと同じように、まずは授業で長崎についてしっかりと学び、そのあと実際に現地を訪れ、理解を深めるというのはどうかな？

なるほど。授業を出発前のオリエンテーション（事前学習）、社会見学や研修旅行を実際の旅行（本学習）と考えるわけですね。だとしたら、社会見学などの課外活動はできるだけプログラムの後半に組んだほうがよさそうですね（表9.1）。

そうだね。後半になると学生たちの疲労も蓄積してくるだろうし、緊張感もだんだん薄れてくるだろうから、集中力が必要な教室内での学習は前半の元気なうちにしておいたほうがいいかもね。

はい。

問題はやり方だね。実は、僕が歴史の授業を担当している短期留学コースでも毎年秋に長崎への1泊2日の研修旅行が組まれていてね。一度、コーディネーターに「出島」を見学地に入れてほしいってお願いしたことがあるんだ。でも、答えは「No」だった。

表9.1　研修のプログラム案

	日	来日
第1週	月	日本語（事前学習）
	火	
	水	
	木	
	金	研修旅行
	土	
第2週	日	自由行動（休日）
	月	社会見学（本学習）
	火	
	水	
	木	日本語（事後学習）
	金	
	土	帰国

え？　どうしてですか。

何年か前に連れていったらしいんだけど、学生たちが「ふ～ん」っていう感じで関心を示さなかったって言うんだ。

そうなんですか。不思議。

まあ、そのころは僕もまだ歴史の授業をやっていなかったしね。

だったら……。

うん。以前聞いた学生の話では、出発前のオリエンテーションも旅程の説明や見学地の簡単な紹介程度で、あまり丁寧にはやっていないようだった。

もったいない。

さっき言っていた「パッチワーク」だよね（p.168）。そのコースでは「幕末・明治の歴史」以外にも日本事情関連の科目をいろいろやっているわけだから、「△△へ行くから、その前に○○についてちょっと勉強しておこう」ではなく、「授業で○○について勉強するから、△△へ行こう」という考え方

で見学先や旅行先を決めればいいのに……と思うよね。そうすれば、授業とのつながりも明確になるし、日々の授業が下準備にもなって、より深く学べるだろうに。

 ですね。私もそういう観点で見学先についてもう一度考えてみます。

 それがいい。

9-2 批判的思考の促し方

 でも、それにはまず、長崎の何について学ぶのかをもう少し詰めておかないといけないですね。

それはそうだね。何か考えはある？

 先程から「長崎市修学旅行ナビ」をチラチラ見ているんですけど、長崎と言えば、やっぱり「キリスト教」「中国」「原爆」の3つかな。

確かに。でも、日本語は90分授業10コマだったよね。3つはちょっと欲張りすぎじゃない？ 初回の授業からいきなり本題には入れないし、見学後に研修の成果をまとめる時間もほしいよね。「導入」に1コマ、「まとめ」に2コマ、「成果発表」に1コマとして、「テーマ学習」に使えるのはせいぜい6コマ（表9.2）。1つのテーマに90分2コマだと、理解が十分に深まらないうちに「さあ、次のテーマ！」ってことにならないかな？

表9.2　日本語授業の進め方案 I

回	授業内容
1	導入
2	テーマ A
3	
4	テーマ B
5	
6	テーマ C
7	
	（社会見学）
8	まとめ
9	
10	成果発表

それはそうなんですけど……。でも、やっぱり、この3つは外せないです。

そう。だとしたら、その3つのテーマをうまくオーバーラップさせて、例えば「長崎とキリスト教」で学んだ知識が「長崎と中国」や「長崎と原爆」の学習にも役に立つように工夫する必要があるね。

そうですね。う〜ん。

まあ、歴史的に見れば、互いに密接に関わっているのは間違いないから、自ずとオーバーラップするとは思うんだけど。

あ！ じゃあ、例えば、研修の参加者を３つのグループに分けるというのはどうでしょう？ 全員が３つのテーマすべてを勉強するんじゃなく、どれか１つの専門家になって、お互いが勉強したことを教え合うんです（表9.3）。そうすることで、日本語で話したり聞いたりする時間も増やせますし。

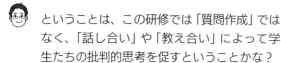

表9.3　日本語授業の進め方案Ⅱ

回	授業内容		
1	導入		
2	テーマA	テーマB	テーマC
3			
4			
5			
6			
7			
	（社会見学）		
8	まとめ		
9			
10	成果発表		

ということは、この研修では「質問作成」ではなく、「話し合い」や「教え合い」によって学生たちの批判的思考を促すということかな？

はい。先ほどもお話ししたように（p.167）、この研修の目的の１つとして「これまでの学習の成果を実感してもらい、日本語をもっと勉強したいという気持ちになってもらう」というのがありますし、国で勉強する場合、リアルなコミュニケーションを体験する場が少ないという現実がありますから。１人静かに考える質問作成より話し合いや教え合いのほうが、今回の研修ではニーズ的に合っているんじゃないかと思います。

なるほど。だとすると、学生たちへの「問い」も２段階に分けて提示する必要がありそうだね。

２段階？

うん。テーマ学習で各グループに投げかける「小さな問い」と、そのあと、それぞれが学んだ知識を組み合わせて全員で考える「大きな問い」の２つだよ。

なるほど。

で、まずは、その「小さな問い」のほうだけど、何か思いつくことはある？

そうですねえ。「長崎とキリスト教」については「長崎にはなぜカトリックの教会が多いのか」なんてどうでしょう？ 教会の多さは町を歩いているだけでも目につく長崎の日常の風景ですし……。同じように、「長崎と中国」についても「長崎にはなぜ中華街があるのか」ではどうでしょう？ あと、「長崎と原爆」ですけど、これはやっぱり「原爆はなぜ長崎に落とされたのか」かなと……。でも、この程度の問いなら、ネットですぐに答えが見つかりそうですね。

そうだね。でも、学習の「出発点」としてはそれでいいんじゃないかな。実は、協調学習がご専門の三宅芳雄先生と三宅なほみ先生がこんな事例を紹介さ

れているんだ。ある保育園の話なんだけど……[2]。

> ある日保育園のプールの水が凍って、子どもたちはその氷で遊んでとても楽しかったらしく、なんとかいつも氷で遊べるようにしたい、それじゃあみんなで調べよう、ということになった。「じゃあ、帰る時、好きな容器を選んで水を入れて、好きなところに置いていって、次の朝どこの水が凍るか確かめよう」ということになって、その活動は10日近く続いた。朝、来て比べてみると、同じ青いバケツなのに、「わたしのには氷ができていて、美保ちゃんのにはできない」とか、「まこと君の氷は厚いのに僕のは薄いのしかできない、どうしてなんだろう」などなど次々疑問がわく。そのうちに今日は同じ場所に置いてみよう、とか同じ容器を毎日少しずつ違う場所に置いてみる、とかさまざまな試みが出てくる。その結果子どもたちは、自分たちなりに納得できる理由を見つけようとして、「容器を部屋の中に置いておいたから外のように寒くないので凍らなかったんだ」「容器に蓋がしてあったので凍らなかったんだ」「水が凍るかどうかは、温度と関係があるらしい」「風が吹いているかどうかとは関係がない」「砂場に埋めておくと凍らない」など、どうしたら氷ができるか、その条件をかなりはっきり特定して、自分なりに納得のいくことばで表現できるようになったと報告されている。
>
> （三宅・三宅, 2014, pp.101-102）

 すごい。私の授業でもこういう探究的な学びができたらいいなあ。

そうだね。でも、この子どもたちの学びも「氷はどうしたらできるんだろう」という素朴な疑問から始まったわけだよね。重要なのはその問いをどう深めていくかじゃないかな？

問いを深める？

うん。例えば「長崎にはなぜカトリック教会が多いのか」だけど、戦国時代に平戸領主の松浦隆信や、大村領主の大村純忠がキリスト教の布教を認めたことが発端であり、大きな理由だよね。その程度の答えなら、確かに、ネットで検索すればすぐに見つけられるだろう。でも、じゃあ、なぜ彼らは布教を認めたんだろう？　そんなことをすれば、仏教徒との間に争いが起きることも十分予想できただろうに。

つまり、何か1つ答えらしきものを見つけたというだけで満足するのではなく、「それならば、なぜ……?」と考えることで、理解をさらに深めていくということですね。

そう。お二人の先生も、子どもたちの行動についてこんなことを述べていらっしゃる。

> ものが分かってくるとそこで初めてその先にもっと知りたい疑問が生まれ出てくるものらしい。疑問が生まれれば質問もできる。質問ができるためには、何を質問しなくてはならないかが分かる程度には、既有知識があった方がよいといえる。質問を生み出すものは、単なる知識の欠落ではなく、むしろ既有知識なのだろう。
>
> （三宅・三宅, 2014, p.108）

理解することで疑問が生まれ、その疑問を解消することでさらに理解が深まり、新たな疑問が生まれる……。

そう。人間というのは、自らの既有知識に基づいて新しい知識を獲得したり、出来事を理解したりするものだからね。そうやって各グループがそれぞれのテーマについて十分に理解を深めたところで、より大きな問いを「到達点」として示し、今度は全員でその問いの答えを考える。そういう流れになるんじゃないかな？

はい。

9-3　テーマ学習（1）：進め方

ところで、そのテーマ学習だけど、どんなふうに進めるつもり？　僕の場合は、事前に資料を読んで「いつ、どこで、何が起きたか」などの歴史的事実を学ばせておき、授業では学生たちの意識を背景因果に向けさせるような説明をするという流れにしたけど、この研修ではどうする？　講義はするの？

グループによってテーマが違うので、全員を対象とした講義は難しいと思います。でも、テーマ学習を始める前に、そのあとの学習の土台となるような知識、例えば、江戸時代に日本が鎖国をしていたことや、そのとき（西洋諸国のなかで）オランダだけは例外的に日本との貿易が許されていたことなどについては、全員で確認しておいたほうがいいかなと、先ほどの先生のお話を聞いて思いました。

「人間は自らの既有知識に基づいて新しい知識を獲得したり、出来事を理解

したりする」という部分だね。

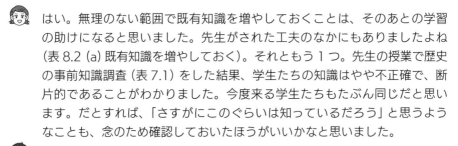

はい。無理のない範囲で既有知識を増やしておくことは、そのあとの学習の助けになると思いました。先生がされた工夫のなかにもありましたよね（表 8.2 (a) 既有知識を増やしておく）。それともう 1 つ。先生の授業で歴史の事前知識調査（表 7.1）をした結果、学生たちの知識はやや不正確で、断片的であることがわかりました。今度来る学生たちもたぶん同じだと思います。だとすれば、「さすがにこのぐらいは知っているだろう」と思うようなことも、念のため確認しておいたほうがいいかなと思いました。

確かにそうだね。

で、考えたんですけど、テーマ学習を細かく 3 つの単元に分けるというのはどうでしょう？

3 つって、どのように？

2 コマずつ 3 日に分けて行い、情報共有も毎日行うようにするんです。

つまり、ひととおり学び終えてから最後に情報共有するのではなく、互いに少しずつ情報交換しながら進むということだね？　どうしてそのほうがいいと思ったの？

そもそも、学生を 3 つのグループに分けたのは、90 分授業 6 コマで 3 つのテーマを全部勉強したのでは、1 つのテーマに 2 コマしか時間をかけられず、理解が十分に深まらないうちに次のテーマに進むことになってしまうのではないかと危惧したからです。でも、どれか 1 つに絞って勉強すれば、もちろんやり方次第ですけど、かなり深いところまで学ぶことができ、学生たちは文字どおりそのテーマの専門家になれます。

そうだね。

でも、それ以外のテーマについてはどうでしょう。ほかの学生が代わりに勉強し、わかりやすく整理して説明してくれたとしても、すぐには消化できません。理解が深まることで疑問が生まれ、その疑問を解消することでさらに理解が深まるのなら、自分が担当しなかったテーマについても、説明を聞いたあと、自分なりに考える時間が必要なんじゃないでしょうか。

確かに。

これは先ほど、先生の学生が書いた質問を時系列に沿って見せていただいたときに思ったことなんですけど（第 7 章 3 節）、質問の質が高まった背景には質問作成指導の効果があったことは間違いないと思います。でも、も

う1つ、時間が果たした役割も大きかったんじゃないかとも思うんです。

どういうこと？

想像するに、学生たちは最初、授業で学んだ内容を消化するのに精一杯で、質問を考える余裕がなかったんだと思います。でも、授業が進むにつれ、バラバラだった知識が整理されてくると、それまで見えていなかったことが見えてきたり、わからなかったことがわかるようになったりします。そのことが質問の質の向上につながったんじゃないでしょうか。だとしたら、テーマ学習の最後にお互いが学んだことを、まとめてドーンと説明し合うのではなく、経過報告のような形で小まめに報告し合ったほうがいいんじゃないかと。そうすれば、消化不良も起きにくくなるでしょうし、発話の機会も増やせると思うんです。

つまり、熟成期間を設けるということだね。

はい。それに、テーマ学習を各グループ別々に進めたのでは、先生がおっしゃったような、「長崎とキリスト教」で学んだ知識が「長崎と中国」や「長崎と原爆」の学習にも役に立つというようなことは起こりません。ほかのグループが勉強したことを自分たちの学習に役立てるのであれば、テーマ学習の最中に情報を得なければ意味がありませんから。

だとしたら、情報共有はどのタイミングでする？　2コマ目の最後？

いえ。ほかのグループから教わった内容について自分たちなりに整理し、考える時間を取りたいですし、そこで出てきた疑問点や不明点をフィードバックする時間もほしいので、2コマ目の最後というわけにはいきないです。

そうだね。フィードバックされたことについて改めて考える時間もほしいよね。できれば、その日のうちに。

そうですね。学生たちもさすがに宿舎に戻ってまで勉強しないでしょうから……。となると、1コマ目の終わりか、2コマ目の初め……。2コマ目の初めかな。

つまり、こういうことだね（表9.4）。

はい、そうです。まずは、各単元についてグループ内でしっかりと学習します。次に、自

表 9.4　テーマ学習の流れ

日	回	テーマ		
		A	B	C
1日目	2			
	3	情報共有		
2日目	4			
	5	情報共有		
3日目	6			
	7	情報共有		

分たちが学習した内容をほかのグループに説明するとともに、自分たちも相手の説明を聞き、情報共有します。そのあと、ほかのグループから学んだ内容を自分たちが学習した内容と関連づけて整理し、そこで浮かんだ疑問点や不明点を質問にして、フィードバックします。合わせて、自分たちが受け取った質問にも回答します。

だいぶ具体的になってきたね。

はい。自分でもびっくりです。1人で考えていたときにはこんなふうに次々と考えが浮かびませんでしたから。人と話すって大事ですね。

うん。知識の「外化」（大島・千代西尾, 2019）だね。

知識の外化？

そう。頭のなかで考えたことをことばや図にしてアウトプットすることさ。自分ではわかっているつもりでいたけど、いざ話してみるとうまく話せなかったり、話しているうちに「あ、そういうことか！」と気がついたり……。そういう経験、したことあるでしょ？

今がまさにその状態です。先生の作った「まとめプリント」もそういう効果をねらったものだったんですね。

質問もね。ところで、各単元の前半だけど、どんなふうに進めるつもり？

基本的には先生がされたように、最初に資料を読んで「いつ、どこで、何があったか」などの歴史的事実を学ばせ、そのあと、各出来事の背景因果をグループで考えさせようかなと思っています。

ということは、資料を読むところが事前学習で、そのあとの話し合いが本学習ということになるのかな？（表9.5）

表9.5　テーマ学習の展開と各活動の位置づけ

前半	前日の復習	事前学習
	資料の読解	
	話し合いⅠ	本学習
	説明の準備	事後学習
後半	情報共有（教え合い）	事前学習
	話し合いⅡ	本学習
	フィードバック	
	フィードバックへの回答	事後学習
	1日のまとめ	

はい。で、ほかのグループへの説明（情報共有）とその準備（説明の準備）が事後学習になります。

後半は？

ほかのグループの説明を聞くところ（情報共有）が事前学習で、そこで聞いた内容を自分たちが学習した事柄と関連づけながら理解を深め（話し合いⅡ）、疑問点や不明点をフィードバックするのが本学習。フィードバックされた疑問点や不明点について考え、答えるのが事後学習です。

9-4 テーマ学習（2）：話し合いをどう促すか

なるほど。流れとしては悪くないね。

問題は話し合いの進め方です。「少し易しい日本語で書かれた資料（表8.2 (g)）を読んで批判的思考の土台となる知識を増やすとともに（表8.2 (a)）、出発点となる問いを示す（表8.2 (b)）ことで話し合いの方向づけをする」というところまではいいと思うんですけど、問いの答えを「グループで話し合って考えてみよう！」と指示するだけで、深い話し合いにつながるとは思えません。先生がジグソー法のところでおっしゃったように、できる学生が1人で解決してしまい、ほかの学生はただ聞いているだけなんてことが起こりそうです（p.41）。

そうだね。ジグソー法の場合には、そのような事態を避けるために、別々の資料を読ませ、みんなで協力しないと答えが出ないようにしていたわけだよね。でも、今回の研修では3つのテーマをそれぞれ3つの単元に分けて学習するわけだから、必要な資料はこの段階ですでに9種類。そこにさらにジグソー法を導入すれば……。

27種類。作るのも大変ですけど、学生が消化不良を起こしてしまいます。

だとしたら、全員が同じ資料を読んでも話し合いが活性化するような「仕掛け」を何か考えないとね。

そうですね……。う〜ん。

ところで、「長崎と原爆」だけど、そもそもなぜ長崎だったの？

え？　ああ、えっと、一般的には、広島の次の投下目標は長崎ではなく、同じ九州の小倉だったと言われています。でも、その日小倉の天候が悪く、

雲が邪魔で町がよく見えなかった。それで、爆撃機は急きょ予定を変更し、小倉の次の目標だった長崎に向かったんだそうです。

そうなんだ。じゃあ、なぜ広島、小倉、長崎の 3 都市がねらわれたの？　その 3 つの都市の共通点は何？

比較的大きな都市で、軍と関係の深い工場があったからだと言われています。長崎で言えば、例えば、三菱造船所ですね。

じゃあ、なぜ長崎に三菱造船所があったの？

それは、明治維新後、長崎が造船の町として発展してきたからです。

それはなぜ？

長崎には幕末期に幕府が作った製鉄所があったんですけど、明治政府がそれを引き継ぎ、やがて船の修理や蒸気船の製造を行うようになりました。その後、それが民営化されて三菱の経営になり、大正・昭和の時代に軍艦の製造もするようになったんです。

へえ。じゃ、なぜ幕府は長崎に製鉄所を作ったの？　長崎がねらわれた理由はそれだけ？

ええっと。う〜ん。

ごめん。ごめん。でも、さすが長崎出身。よく知っているね。

子どものときに本を読んだり、中学や高校でもいろいろ勉強しましたから。

なるほど。

でも、今わかりました。資料に書かれている内容に関して、こんなふうに次々と疑問が浮かんでくるようにすればいいんですね。

うん。ただ、そう簡単な話じゃないと思う。先行研究でも指摘されていたように、留学生か日本人学生かを問わず、質問を考えることに慣れていない学生が多いからね (pp.46-47)。それに、ご指摘のとおり、良い質問を書けるようになるには、質問の書き方・考え方を指導するだけでなく、学習した内容を消化・熟成する時間も必要だから、時間的にも結構厳しいと思うよ。前半の授業で、前日の復習を簡単にしたあと、資料を読み、問い（例．原爆はなぜ長崎に落とされたのか）の解決につながるような疑問（例．広島、小倉、長崎の共通点は何か）をみんなで出し合う。そのあと、その疑問の答えをネットなどで検索し、その結果をもとにグループとしての結論をまとめる。最後に、それをほかのグループの学生にどう説明するかを検討し、説明の準

備をする。

確かに厳しいかも……。疑問がなかなか浮かばなかったり、浮かんでも答えがなかなか見つからなかったりして、グループとしての結論をまとめる前に時間が来てしまう……なんてことがあるかもしれませんね。

そんな状態で説明して理解してもらえると思う？

いいえ。説明する本人がまだよく理解できていないわけですから。

だとしたら、何のための教え合いかっていうことになるよね。

はい。でも、じゃあ、どうすれば……。

そういうときはね、「何のためにその活動をするのか」「ここで優先すべきことは何か」と問い直してみることだよ。

ここで優先すべきこと……。それはやっぱり、自分が担当する資料について責任を持って理解し、ほかの学生にわかりやすく説明できるようになることです。それも与えられた時間内に。時間が足りなくて中途半端に終わるくらいなら、時間が余って手持ち無沙汰になったほうがまだいいし、そのくらい余裕を持って活動させたいです。深く考えさせるためにも。

だよね。だとしたら、「いつ、どこで、何があったか」だけでなく、それらの出来事の背後にどのような事情があったのかも、資料を通じてこちらから教えてしまったらどうだろう？

でも、それだと、情報共有（教え合い）が資料に書かれていた情報をそのまま伝えるだけの「伝言ゲーム」になってしまいますし、グループで同じ資料を読む意味も感じられません。

確かにそうだね。グループで学習する以上、みんなで一緒に考えたり、話し合ったりする部分もほしいよね。

あ～！　じゃ、じゃあ、背景因果情報の書かれている部分を空欄または黒塗りにしておくというのはどうでしょう？　それで、そこに何が書かれていたのかをグループで考えさせるんです。ネットで調べたりして。それなら、少なくとも疑問が浮かばずに時間だけがただ過ぎていくというような事態は避けられます。

なるほど。疑問はこちらから提示するけど、答えは自分たちで考えさせるわけだ。

はい。理想は、歴史的事実中心の資料を読んで、先ほどの先生のように、

次から次へと疑問が浮かんでくるようになることですけど、それにはある程度時間がかかります。なので、それはテーマ学習の後半（2日目・3日目）、あるいはテーマ学習が終わったあとの「まとめ」の課題ということではどうでしょうか。

調べても答えを見つけられなかったときはどうする？

自分たちの見解を話させようと思います。もちろん理由も添えて。また、その際、ネット等で見つけた答えには「〜には〜と書かれていた」や「〜と考えられている」などの文型を、独自の見解には「〜という理由で私たちは〜と考えた」などの文型を使って話させるようにします。

なるほど。何が自分の意見で、何が他者の意見（または通説）なのかをはっきりさせるのは大切なことだし、それなら日本語の練習にもなるね。

はい。

9−5　テーマ学習 (3)：情報共有のさせ方

さて、グループとしての考えがまとまったら、次は「情報共有（教え合い）」だね。自分が担当しなかったテーマについてはほかの学生の説明を聞いて学ぶわけで、説明の上手・下手が聞き手の理解に大きく影響を与えるから、何をどう説明させるのか、細かいところまで詰めておく必要があるね。

はい。私もそこが一番不安で……。学生同士の教え合いは、これまで何度かさせたことがあるんですけど、実はまだ一度もうまくいったことがなくて……。

何がどううまくいかなかったの？

よくあるのは、相手が自分の説明を理解しているかまったく気にすることなく、用意した原稿を一方的に読み上げてしまうケースですね。ほかにも、先生がおっしゃったように、調べたことをそのまま全部話そうとする学生がいたり……（p.66）。前者については一度原稿を見るのを禁止してみたんですけど、そうしたら、今度は原稿を丸暗記してくるようになって……。

なるほど。そういう場合、指導のポイントは4つあるように思う。1つは、説明する内容について十分に理解を深めさせること。調べたことをそのまま全部話そうとするのは、何が重要で何が重要でないかが整理できていな

い証拠だからね。まあ、これについてはテーマ学習のなかで十分に深められているという前提で話を進めよう。

はい。

2つ目は「説明というのは相手が理解して初めて成功と言えるのだ」と繰り返し強調し、意識づけをすること。ただ、これも「頭ではわかっているけど、できない」ということがあるよね。例えば、自分の能力以上のことを求められた場合には、課題をこなすことだけで精一杯で、相手の反応を見る余裕がなくなってしまう。そこで、話し手の負担を軽減することが重要になる。これが3つ目。そして、4つ目は聞き手の理解を助ける工夫をすること。ここでは3つ目と4つ目を中心に検討してみよう。

はい。

まずは3つ目の「話し手の負担を軽減する方法」だけど、僕がいつも気にかけているのは、①資料の日本語をできるだけ平易なものにすること、②説明のフレームを示すこと、③説明の予行練習をすることの3つかな。

資料の日本語を平易にするのは、内容を理解しやすくするためですか。

それもあるけど、「自発的な言い換えが難しいから」というのもあるね。

自発的な言い換え？

そう。学生は資料で使われている語や表現をそのまま使って話すことが多い。特に漢語はね。例えば「原爆を投下した」と書かれていたとしよう。「投下」という語は漢字を見れば難なく意味を理解できるけど、「とうか」という音を聞いただけでは、特に初級や中級の学生には難しいかもしれない。というように、聞き手の心理を慮り、より平易な語、例えば「落とした」に即座に置き換えて説明するのは上級者でも難しいと思う。だったら、資料の日本語を最初から平易な語と表現に変えておけばいい。

はい。

ただ、なかには専門用語のように、どうしてもほかの語では置き換えられないものもあるから、そこはまた別の工夫が必要になるね。これについては「聞き手の理解を助ける工夫」で改めて考えることにしよう。

はい。2つ目の「フレーム」というのは、先生が歴史の授業で学生に示した「背景・問題・意図・方法・結果」のようなものですか（表8.2 (c)）。

そう。といっても、「説明の順番」程度の大まかなものだけどね。例えば「長崎と原爆」なら、最初に原爆投下の日時や被害の大きさなどの歴史的事実を

説明し、そのうえで「原爆はなぜ長崎に落とされたのか」という問いを提示する。その後、「私たちの考えはこうです」と言って、グループで話し合ったことを紹介する。そんなふうに話す順番を決めておけば、説明する側も考えをまとめやすいし、聞く側も理解しやすいでしょ？

確かに。

ただ、今回の研修のように、学生の日本語力があまり高くない場合には、説明の順番だけでなく、より細かく、説明に使用する表現なども指定しておいたほうがいいかもしれないね。

例えば「初めに」「次に」「それから」みたいな感じですか。

そうだね。それ以外にも、理由や原因の説明によく使う文型、例えば、「〜のは〜からです」や「では、なぜ〜かというと、それは〜」などが考えられるね。それと、さっき言っていた「記事には〜と書かれていた」や「〜と考えられている」のような、自分と他者の意見を区別する表現などもね。そういう表現を意識して話させることで日本語の練習にもなるし、逆にそうしないと、ワークシートの空欄に入れた語や句だけを読み上げて説明する学生も出てきてしまう。もちろん、それでも情報共有は成立するけど、日本語の練習にはならないよね。

3つ目の「説明の予行練習」というのは何ですか。

ほかのグループの学生に説明する前に、自分と同じグループの学生を相手に2〜3回説明してみることさ。

どうして同じグループの学生相手にさせるんですか。

内容を理解している者同士で練習させれば、説明の仕方に問題がないかどうかすぐにわかるでしょ？

ああ、そうか。これから話す内容を聞き手は知っているにもかかわらず、「わかりにくい」と言われたら、それは説明の仕方が悪かったということになりますものね。

そういうこと。それに、決められた時間内に、簡潔にわかりやすく説明するのは、ネイティブでもぶっつけ本番はきついよね。

確かに。

さて、もう一方の「聞き手の理解を助ける工夫」についてだけど、これについて何か考えはある？

さっき話に出た語彙の問題がやっぱり気になります。歴史はもともと難解な語が多いですし、先生がおっしゃったように、ほかの語では置き換えられないものもありますから。なので、話し手と聞き手が共通のワークシートを見ながら情報共有するようにして、聞いただけでは理解が難しい語は、ワークシートのなかで文字として示すというのはどうでしょう？ 幸い、今回の学生は全員漢字圏出身ですし。

なるほど。

あと、ワークシートはアウトライン形式のものにして、図や表を完成させるだけの簡単なものにすれば、説明を聞きながらメモすることも大きな負担にならないんじゃないかなと思いました。

説明の前に1〜2分時間を取って、ざっと目を通しておくようにすれば、さらに負担を減らせそうだね。

はい。あとは、図や写真を豊富に使い、視覚的にも理解できるようにしたいと思います。それと地図も。小倉と長崎の距離感がわからなければ、米軍機が作戦を中止せず、なぜ長崎に向かったのか、ピンとこないでしょうし。

そうだね。信徒発見のあと、遠く五島列島からも信者が訪ねてきたことなんかも、五島列島がどこにあるのか知らなければ、今ひとつそのすごさというか重みが伝わらないよね。

はい。

ワークシートの構成についてはどう？

各グループで学習した内容を関連づけやすくするために、横長の紙を縦3列に分けたものを作ろうと思います（図9.1）。

第1日目		
テーマA	テーマB	テーマC
（図・表）	（図・表）	（図・表）

図9.1　ワークシート

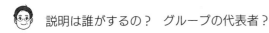 説明は誰がするの？　グループの代表者？

いえ、全員に説明の機会を与えようと思います。

受講者が 3 の倍数にならないときはどうする？　12 人ならこんなふうに 3 人ずつ 4 グループに分けられるけど（図 9.2）、11 人だと 1 人欠けるグループができてしまうし、13 人だと逆に 1 人余ってしまうよね。

```
A  B    A  B    A  B    A  B

C        C        C        C
```

図 9.2　情報共有（12 人の場合）

それについては、メンバーをその都度組み替えることで対応しようと思います。例えば受講者が 11 人の場合、4 人グループが 2 つ、3 人グループが 1 つできます。そこで、4 人グループが説明するときには、ポスター発表のように、説明者 4 人が互いに距離を置いて教室の隅に立ち、残りの 7 人が各説明者のところに均等に分かれて説明を聞きます（図 9.3 左側：テーマ A の 4 人が発表者）。3 人グループが説明するときも同じで、説明者以外の 8 人が 3 つに分かれて説明を聞きます（同右側：テーマ C の 3 人が発表者）。

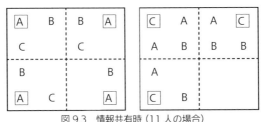

図 9.3　情報共有時（11 人の場合）

なるほど。それなら、聞き手の人数に多少違いが出るけど、全員に説明の機会を与えられるね。

はい。

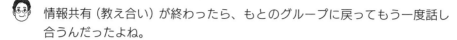

情報共有（教え合い）が終わったら、もとのグループに戻ってもう一度話し合うんだったよね。

はい、ほかのグループから学んだ内容を自分たちが学習した事柄と関連づけながら整理し、質問を考えさせます。大判サイズ（125mm × 72mm）の付箋を横長にして、左半分に質問を書き（図9.4）、こんなふうに質問ボードに貼っていくんです（図9.5）。

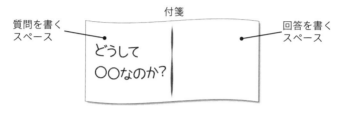

図9.4　質問と回答の書かせ方

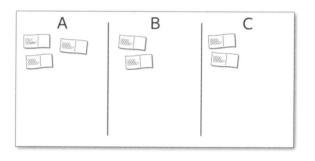

図9.5　質問ボード

テーマ別に貼る位置を変えるんだね。

そうです。説明を聞いたばかりで、まだよく理解できていないこともあると思うので、質問は低次のものでよいと思います。質問された側は付箋の右半分に答えを書いて返答します。これにより、質問した側の疑問点が解消されることはもちろんですが、された側もそれまで気づかなかった点に気づくことがあるかもしれません。

最後の「1日のまとめ」は何をするの？

自分たちが読んでいない残り2つの資料を配布して読ませようと思います。

それは例えば、リスニングの練習で正解を確認したあとで、スクリプトを読んで細かな部分を確認させるようなものかな？

そうです。情報共有ではワークシートを見ながら説明を聞きましたし、そのあと質問もしたので、ほかのグループが担当したテーマについてもそれなりに内容を理解できていると思います。でも、間違って理解していたことや、聞き漏らしたことがあるかもしれません。なので、その日の最後に資料を読んで確認させたほうが安全かなと思いました。

確かにそうだね。でも、そういうことなら、いっそ「まとめの講義」もしたらどうだろう？

「まとめの講義」ですか。

うん。資料に書かれている歴史的事実についてはそれでいいと思うんだけど、空欄にした部分については答え合わせもまだしていないよね。ということは、各グループが説明した内容に間違いや誤解があった場合、誰もそれに気づかず、それがそのまま放置されてしまうかもしれない。もちろん、歴史にはいろいろな見方があるから、「これが正解。それは間違い」というような断定的な物言いはできないけど、「今現在、それについてはこう考えられている」程度の補足説明はしておいてもいいんじゃないかな。

ですね。じゃあ、通時的な縦の流れだけでなく、共時的な横のつながりも意識しながら、スライド資料を使ってできるだけ簡潔にまとめるようにします。

9-7　成果発表に向けて

さて、修学旅行で言うと、ここまでが出発前のオリエンテーション（事前学習）で、ここからがいよいよ旅行（本学習）だね。見学先はもう決まっているの？

1泊2日の研修旅行については「日帰りでは難しいところ」ということで、島原か平戸を考えています。社会見学についてもある程度決まっていたんですけど、今日先生とお話ししてちょっと見直そうかなと。

どんなふうに？

最初は、原爆資料館とか大浦天主堂を考えていたんですけど、この研修は日本語だけでなく日本文化の学習も目的の１つなので、やっぱり、造船所とか名産品の製造工場とかのほうがいいかなと思いはじめました。

平和公園や大浦天主堂は行かないの？

いえ、行きます。ただ、そういうところは自分たちで行けますよね。幸い、長崎の観光地はほとんどが市電で行ける範囲にありますし。なので、半日フリーの日を２回ほど設けて、自分たちの行きたいところへ行かせてはどうかと思いました。

確かに、造船所や工場は個人でふらっと行って見学できるところじゃないね。

はい。問題はどのような心構えで行かせるかです。何の準備もせずに漫然と行かせたら、「きれいだった」とか「面白かった」とか、そういう感想レベルの報告で終わってしまいそうな気がするんです。それじゃあ……。

パッチワークだよね。

はい。で、思ったんですけど、「まとめ」の前半（まとめ１）を見学の準備に当てるというのはどうでしょう？（表9.6）最初にテーマ学習で学んだ内容のおさらいをし、その後、どんな目的でどこへ何を見に行くのか、計画を立てさせるんです。「テーマ学習で〇〇と知り、興味を持ったので、△△へ行ってみようと思う」みたいな感じで。

いいね。行き先は必ずしも自分が担当したテーマと関係なくていいんだよね。例えば、「長崎と原爆」を担当した学生が唐人屋敷跡や出島へ行くとか。

表9.6　日本語授業の進め方案Ⅲ

回	授業内容		
1	導入		
2	テーマA	テーマB	テーマC
3			
4			
5			
6			
7			
8	まとめ1		
(社会見学)			
9	まとめ2		
10	成果発表		

もちろんです。

で、２コマ目（まとめ２）で何をどうまとめさせるの？

そこなんです。先生がおっしゃった「それぞれが学んだ知識を組み合わせて全員で考える大きな問い」が必要なんですけど、それがまだ思い浮かばなくて……。

それだけど、あまり難しく考えなくていいんじゃないかな？　そもそも「キ

リスト教・中国・原爆」という3つのテーマを学ぶことでようやく答えが見えてくる問いって、何だろう？ 「長崎とは？」のようなすごく大きな問いになってしまうんじゃない？ そんな大きな問いの答えを、現地を数カ所、それも短時間訪れただけで見つけられるとは思えないし……。

確かに。

現地を訪れることの一番の意味は「感じる」ことなんじゃないかな。だから「昨日と同じ風景が今日は違って見えてほしい」と思ったんだよね？ テーマ学習を研修の前半に集中させたのもそのためだし……。学生たちがテーマ学習で学んだことをすっかり忘れて観光だけを楽しむというのならともかく、そうでなければ、何も知らずに訪れた場合とは絶対に違う何かを感じてくれると思うよ。

おっしゃるとおりだと思います。ただ、そういう感受性というか、感じる力には個人差があるので、ただ「行って見てきなさい」ではなく、もう少し具体的な指示をしてあげたほうがいいのかなと思うんです。例えば、見学に行った先で印象に残った物や風景を写真に撮ってこさせ、それを見せながら自分がそこで何を感じたのかを報告させるというのはどうでしょう？

いいと思うよ。でも、それだけだと、各自が自分の感想をそれぞれ言って「はい、終わり」っていうことにならないかな。話し合いを収束的なものにするには、グループ全員で目指す目標のようなものがあったほうがいいんじゃないかな？

確かにそうですね。う～ん……。じゃあ、「私の感じた長崎」あるいは「私の見つけた長崎」というテーマを設け、テーマ学習で長崎についていろいろ学んだあと、実際に町を歩いてみて、自身のイメージや印象がどう変わったのかを話し合うというのはどうでしょう。

う～ん、もう一歩！ 長崎に対するイメージや印象がどう変わったかを話すというのは悪くないけど、目標がもう少し具体的なほうがいいような気がする。

じゃあ……、「長崎」という町にもっともふさわしい漢字1字をグループで相談して選ぶというのはどうでしょう？ 年末の「今年の漢字」みたいに。最初に、各自がテーマ学習で学んだことや社会見学で感じたことを織り交ぜながら、この研修を通じて長崎に対するイメージがどう変わったかを報告し、そのうえで、そのイメージにもっとも近い漢字1字を提案します。そうして挙がった複数の候補のなかから1字に絞り、最終日の成果発表でプレゼンするんです。理由と経緯を添えて。

なるほど。それなら、収束的な話し合いができそうだね。だったら、初日の「導入」で「長崎についてどんなことを知っていて、どんなイメージを持っているか」を書かせておいたらどうだろう？　10日前に自分が書いたものを読み返すことで、自分の意識や考えの変化に気づきやすくなると思うし、こちらにとってもこの研修で学生たちが何を学び、どう感じたかがよりはっきりと見えるんじゃないかな。

そうですね。そうします。

ところで、グループの編成はどうするの？　テーマ学習と同じグループ？

いえ、ジグソー法のように各グループから1〜2人ずつ選抜し、新たなグループを作ろうと思います（図9.6）。

A A B	A A B	A B C
B C	B C	C

図 9.6　まとめの話し合い（14 人の場合）

プレゼンは？　誰が報告するの？　代表者？

いえ、これもテーマ学習の情報共有のように、全員に発表の機会を与えたいと思います。

9-8　日本語で話させるための工夫

これでとりあえず、初年度の授業案は完成だね。あとは、とにかくやってみることだけど、ほかに何か心配というか、気になることはある？

はい、実はまだ1つ。研修全体を通じて学生たちがどの程度日本語で話してくれるのかという点がちょっと不安で……。学習歴1年ということは学生たちの日本語力は N4 合格レベル、漢字圏出身であることを加味してもせいぜい N3 レベルだと思います。しかも、中国語という共通言語があります。日本語で話し合うように言っても、結局は中国語になってしまうんじゃないかなと。

これは中国のある大学で働いている日本人の職員から聞いた話なんだけど

ね。そこは日本研究では中国でもトップクラスの大学で、そこで日本語学や日本学を教えている中国人の先生方は皆、日本への留学経験があって、日本語もネイティブ並みに堪能なんだ。

 へえ。すごい。

実際、僕も何人かお会いしたことがあるけど、皆さん、素晴らしく優秀だったね。で、その職員の話では、先生方が会議をするとき、「今日は日本語だけで」と決めて行うことがあるらしいんだ。ところが、最初は宣言どおり、皆さん、日本語だけで話すらしいんだけど、議論が白熱してくると、結局中国語になってしまうんだって。

そうなんですか。

ネイティブ並みに堪能な先生同士でさえ、共通の母語があるとそうなってしまうんだから、初級修了レベルの学生がつい母語になってしまうのは致し方ないんじゃないかな？　というか、考えようによっては、それだけ議論に熱中している、真剣に考えているっていうことだよね。それは決して悪いことじゃないと思うんだけど。

確かにそうですね。でも、中国語でばかり話していたら、日本に来た意味がなくなってしまいます。

だったら、「日本語しか話してはいけない時間」と「中国語で話してもいい時間」をはっきりと分けたらどうだろう？　現実問題、長時間日本語だけで活動するというのは、学生にはかなり負担が大きいから、「今から10分間、日本語だけで」とか、「この活動だけは日本語で」というように、時間を区切ってあげるんだ。

なるほど。それなら、日本語だけで活動することに慣れていない学生たちもその時間だけは頑張って最後まで日本語で話そうとしてくれるかもしれませんね。

うん。もちろん、学生たちが無理なく日本語だけで活動できるよう、十分な配慮をしたうえで……の話だけどね。で、学生たちが慣れてきたら、少しずつ日本語だけの時間を伸ばしていけばいい。なかには、それでも日本語で話そうとしない学生や、意見を言わない学生もいるだろうけど、それは仕方ない。日本語力に自信がなかったり、批判的に思考することに慣れていなかったり、いろいろ理由はあるから。あと、性格や学習観の違いなどもね。

はい。

反面、その原因が授業の仕方にあると感じたときは、翌年度に向けてしっかりと反省し、改善策を考えなきゃいけないね。そのためにも、授業の記録をしっかりと残しておくことが重要だ。研修の最後に振り返りを書いてもらったり、授業評価アンケートを実施したりするのも1つだけど、今回は学生たちだけで活動する時間が長いから、活動中の学生たちの様子をメモしたり、学生の許可をとったうえで録音したりしておくといいと思う。あとは成果物だね。成果発表での発表内容とか。

はい。

それらのデータを研修終了後に分析して、何か課題を見つけたら、改善策を考える。そして翌年、再度同じ方法で記録を取り、前年度のデータと比較する。例えば、日本語だけで話す時間はどのくらい増えたのか、テーマ学習で学んだ知識が成果発表にどのくらい引用されていたのかなどね。そうやって徐々に完成度を高めていけばいいと思う。

はい。頑張ります。

9-9　6つの原則に照らして

さて最後に、これまでに話したことを6つの原則に照らして整理してみよう。まず、**原則1**の「批判的思考の対象となるトピックまたはテーマを授業の柱とすべし」と**原則2**の「到達目標に合った批判的思考力の育成法を選択すべし」については？

「地域理解」をテーマに「教え合い」や「話し合い」の活動を中心に学生たちの批判的思考を促していこうと思います。

じゃあ、**原則3**の「授業内容の理解が批判的思考の大前提である」についてはどう？

先生のまとめられたリスト（表8.2）に沿って整理すると、授業内容の理解を促すためにまず必要なことは、これから何を学習するのかを明示したうえで（表8.2（b））、理解の助けとなる基礎知識を増やしておくこと（表8.2（a））だと思います。前者については「長崎にはなぜカトリックの教会が多いのか」のような問いを話し合いの出発点として示したいと思います。後者についても、初回の授業（導入）でその後の学習の土台となる知識（例．江戸時代に日本が鎖国をしていたことなど）を確認し、テーマ学習でも毎回資料

を読んで歴史的事実を学ぶことから始めようと思います。

本学習と事後学習については？

今回は講義ではなく話し合いが中心なので、先生とは違った工夫が必要ですが、考え方は変わらないと思います。まず、「(e) 講義では情報を与えすぎないようにする」という点についてですが、全員が3つのテーマすべてを勉強するのではなく、どれか1つの専門家になること、また、残りの2つについてはほかの学生に代わりに勉強してもらい、それをわかりやすく整理して教えてもらうことで、学生たちの負担を減らそうと思います。また、各テーマを細かく3つの単元に分け、その都度情報共有させることで、学生たちが消化不良を起こさないよう、配慮します。

なるほど。

次に、「(d) 予習した内容に肉づけするような講義をする」という点についてですが、先生が講義で話されたような背景因果情報は、その部分を空欄または黒塗りにして資料のなかに盛り込みます。

つまり、こちらから答えとなる情報を与えるのではなく、自分たちで調べ、考えさせようということだね。

そうです。そして、「(c) 講義のフレームを示し、それに沿って講義をする」という点についてですが、お互いが学んだことを情報共有する際、共通のワークシートを見ながら説明させるようにします。

事後学習と教材についてはどう？

情報共有の前に自分たちが学んだ内容をワークシートに記入することや、ほかのグループから学んだ内容について質問を返すことが知識の外化になると思います（表8.2 (f)）。教材については、資料の日本語をできるだけ平易なものにしたり、ワークシートをアウトライン形式にして図や表をふんだんに用いるなどの工夫をしたいと思っています（表8.2 (g)(h)(i)）。

原則4 の「批判的思考が促される環境・条件を整えるべし」については？

これについては、まず、話し合いの時間を十分に取り、学生たちが落ち着いてゆっくり考えられるようにすることが重要だと思います。最初は、資料を読んで疑問に感じたことを挙げ、その答えをグループで考えさせようと思っていましたが、それだと、疑問がなかなか浮かばず、時間だけが過ぎていくかもしれません。そこで、疑問はこちらから提示し、答えだけを考えさせることにしました。また、テーマ学習を3つの単元に分け、その都度情報共有させるようにしたことも、熟成期間を設けるという意味で有

効なのではないかと思います。

そうだね。

原則4に関してもう1つ重要なのは、先生がすべての質問に評価をつけて回答したように、内省の機会を設けることだと思います。これについては、自分の説明に対し他者から質問されることが良い機会になると思います。また、説明の前に複数回予行練習することも、理解が不十分な点がないか気づかせるのに有効ではないかと思います。

なるほど。じゃあ、**原則5**の「考え方の指導はときに明示的に行うべし」についてはどうまとめる？

これについては、「説明というのは相手が理解して初めて成功と言えるのだ」ということを繰り返し強調すること以外に、まだ考えていません。

初年度の結果を見て、今後必要があれば、改めて考えるということだね。じゃあ、最後に**原則6**の「教科と関連の深い表現に焦点を当てて、意識化するべし」についてはどう？

今回は「話し合い」と「教え合い」を中心とした授業なので、自分が学習した内容や自分の考えを正確、かつ、わかりやすく伝えられるようになることを日本語学習の目標にしようと思います。具体的には、さっきお話ししたような、理由や原因の説明によく使う文型、自分の意見と他者の意見を区別する表現、「初めに」や「次に」などの説明のフレームを示す表現を意識して使わせるようにしたいと思います。

いやあ、お疲れ様。

先生、ありがとうございました。おかげさまで、今まで不安でしかなかったのが、だんだん楽しみになってきました。

そう、それはよかった。

ところで、先生はこのあと、何か予定はおありですか。

凡人社の人と博多で打ち合わせでね。駅前のホテルのラウンジで6時に待ち合わせなんだ。

私も6時過ぎに友だちと博多駅前で待ち合わせなんです。

そう。じゃあ、博多駅までいっしょに行こうか？ で、友だちが来るまでラウンジでお茶でもしよう。

はい。じゃあ、友だちには待ち合わせ場所変更の連絡をしておきます。

注

1 長崎国際観光コンベンション協会　https://www.at-nagasaki.jp/education（2023 年 5 月 29 日アクセス）

2 本吉圓子 (1979)『私の生活保育論』フレーベル館.

コラム「新しい引き出し ― 知識構成型ジグソー法 ―」

　本書のテーマでもある「学習者の批判的思考を促すコンテントベースの日本語授業」について、教え方の引き出しをもう1つ増やそうと思い、この数年新たに取り組んでいることがあります。第3章と第9章で紹介した知識構成型ジグソー法です。1人静かに考える質問実践とは対照的に、今度は他者との対話（より具体的には「教え合い」と「話し合い」の活動）を通して学生たちの批判的思考を促そうと考えたのです。とはいえ、決められた手順どおりに授業をすれば、おのずとそのような深い思考が促されるというものではありません。実際、始めたばかりのころは、資料を読まなくても思いつく常識的な意見や結論ばかりで、学生たちが批判的に思考したことを裏づけるものはほとんど見られませんでした。

　そこで着目したのが、批判的思考はその分野に関する知識や経験があまりない場合や、こうすれば大抵うまくいくと思い込んでいる場合に難しくなるという道田先生（2005）の指摘でした。それまでは700字程度の資料を読んだだけで話し合いをさせており、深く考えるために必要な知識と時間を十分に与えていたとは言えませんでした。それでは学生たちが自身の常識や直感に頼ってしまったのも当然だったでしょう。そこで次の年から、それまで一度きりで終わらせていたジグソー学習を視点を変えて3度続けて行うことにし、各回の合間に学生たちの思考を揺さぶる質問を投げかけることにしたのです。ですが、それでもまだ不十分でした。コース終了後に教え合いと話し合いの様子を録画したデータを分析したところ、エキスパート活動では各自が無言で資料を読むだけの時間が長く続き、ジグソー活動でも資料の説明と理解に時間がかかり、話し合いがほとんど行われていないことが明らかになったのです（小山悟, 2023）。

　そこで今度は、それまで授業内で行っていた資料の読解を事前に予習として行わせることにしました。そうすれば、日本語力の低い学生もしっかりと資料の内容を理解した上で活動に参加できるだろうと考えたのです。結果、エキスパート活動では無言の時間が長く続くといったことはなくなり、ジグソー活動でも資料の説明に手間取ることなく、しっかりと話し合いが行われるようになりました。ただ、各回の最後に書く「まとめ」の記述には学生独自の考えや解釈を示したものまでは見られず、「思考の深さ」という点でまだ課題が残っています。

　とはいえ、この実践を通して「質問作成であれジグソー法であれ、授業が思うようにいかないときは、授業内容の理解に問題はないか【原則3】、じっくりと考えられる環境・条件は整っているか【原則4】、考え方の指導を適切か【原則5】の3点を見直せばよい」とわかったことは大きな収穫でした。本実践の成果を新たな「レシピ」としてまとめ、できるだけ早く皆さんにお披露目できるよう、引き続き努力していきたいと思います。

10-1　レシピの汎用性を高める

来るときも思ったんですけど、車窓から見えるこの景色、きれいですよね。

うん。夏は海面がキラキラ輝いていて、もっときれいなんだよ。

そうですか。じゃあ、今度は夏休みに是非。研修の報告も兼ねて。

そうだね。楽しみにしているよ。ところで、Y 大の集中講義だけど、最近になって授業のやり方をいろいろ見直してね。僕はこれまで、留学生対象の授業を改善するために、日本人学生対象の実践や研究で得た知見を応用してきたわけだけど、逆に今度は、留学生対象の実践で得た知見を日本人学生対象の実践に応用してみようと思ったんだ。

どうしてそう思われたんですか。

一言で言えば、留学生相手に四苦八苦したことで、それまで日本人学生を教えているときには見えていなかった課題に気づいたからかな。

???

日本人学生相手に授業するのって、留学生相手の授業と比べたら、本当に楽だよね。留学生と違って日本語が講義理解の妨げにならないし、質問を考えながら講義を聞くという、留学生から見れば「離れ業」のようなことも、日本人学生なら難なくできる。実際、僕の調査でも、日本人学生の講義を聞く態度は、まだ低次の質問が多かった最初の実践から目に見えて高まっていた（第 4 章 2 節）。学生たちはいつも以上に集中して講義を聞いてくれていたようだし、講義内容を一部削減し、「良い質問とは何か」を考えさせるようになってからは、質問の質も中位の具体的・分析的質問まで高まった（第 4 章 3 節）。そんなこともあって、講義を聞く態度になかなか変化の見られなかった留学生とは対照的に、日本人学生の講義理解には問題がないと思っていたんだけど、果たして本当にそうだったんだろうか。

どういうことでしょう？

構成法の話を思い出してみて（p.43）。伏見・麻柄両先生によると、構成法を用いる研究者は「統制群より実験群のほうが事後の平均点が高い」というだけでは満足しないとのことだった。仮に、事後テストの平均点が統制群

40 点、実験群 60 点で、20 点という大きな差が生じていたとしても、それに満足せず、60 点を 70 点に、70 点を 80 点にしたいと考えるはずだともおっしゃっていた。その点で言えば、僕が「問題がない」と思っていたのも、比較実験法的な見方によるものだったんじゃないか……。そう思ったんだ。

構成法的な見方をすれば、「まだまだ改善の余地があるし、もっともっといい授業ができる」と思われたということですか？

そう。それに、留学生対象の歴史の授業で開発したレシピに沿ってほかの授業の改善を行うことで、そのレシピの有効性を確認することができるし、不足点を補い、改良することで、汎用性を高めることにもつながるからね。

10-2　事前学習と本学習

具体的に何をどのように変えたんですか。

レシピに照らして説明すると、Y 大学の集中講義は「第二言語習得論」という特定のテーマに関するものだから、原則 1 はすでに満たしている。また、質問作成を通じて学生たちの批判的思考を促すというアプローチもすでに定まっているから、原則 2 も同様だね。一方、原則 6 については母語話者対象ということで関係なし。よって、検討すべき原則は残りの 3 つということになる。

はい。

まず、原則 3 の「授業内容の理解が批判的思考の大前提である」だけど、最初に見直したのは「事前学習のさせ方」だった。と言っても、多いときは 1 日 4 コマ授業があるし、夕方まで授業を受けて疲れ切っているところに、さらにうちへ帰って翌日の授業、それも 4 コマ分の予習をするなんて、確かに無理だよね(p.91)。そこで、授業内に予習の時間を設けることにしたんだ。

授業内に？

うん。これ (表 10.1) は以前の授業と現在の授業の流れを比較したものなんだけど、以前は 90 分授業 2 コマ、つまり 3 時間で 1 つのテーマについて講義していた。その 3 時間を 2017 年度からは 3 つのブロックに分け、さらに各テーマに関連する 2 つの仮説または理論を比較・対比しながら講義するようにしたんだ。

表 10.1　新しい授業の構成 (2016 年度までとの比較)

2016 年度まで		2017 年度から	
	質問の回答	I	質問の回答 (10 分)
1時限	前半 ①事前課題 ②講義		テーマ A (60 分) **① 資料の読解**　┐ 事前学習 ② 事前課題　┘ ③ 講義　┐ 本学習 **④ 事後課題**　┘
	休憩 (15 分)		休憩 (10 分)
2時限	後半 ①事前課題 ②講義	II	テーマ B (60 分) **①' 資料の読解**　┐ 事前学習 ②' 事前課題　┘ ③' 講義　┐ 本学習 **④' 事後課題**　┘
			休憩 (10 分)
	まとめ・質問作成	III	まとめ (45 分) **⑤ まとめプリント**　┐ 事後学習 **⑥ 相互説明**　┘ ⑦ 質問作成

 それがこのテーマ A とテーマ B ですね (表 10.1)。

 そう。そして、その 2 つのテーマについて**講義**する前に、それぞれ 5 分ほど時間を与えて**資料**を読ませることにした (①資料の読解)。これがその資料で、各講義の導入部を 800 字強の文章にまとめたものだよ (図 10.1)。考え方としては歴史の授業と同じだね。

図 10.1　資料

 事前に資料を読んで歴史的事実を学ばせておき、授業ではその出来事の背景因果について説明するようにする。そうすれば、学生たちの思考は刺激され、精緻化方略の使用が促される。篠ヶ谷先生の「学習フェイズ関連づけモデル」(p.89) に沿った授業デザインをここでも採用したわけですね。

 そう。最初に資料を読んで既有知識を増やしておき (表 8.2 (a))、そのあと、資料に書かれていた内容に肉づけするような講義をするようにした (表 8.2

(d))。例えば、2 日目の午前中の「中間言語」に関する講義だけど、最初にテーマ A として「対照分析と母語干渉」を取り上げ、資料の読解を通して以下のことを学習させた。

> （初日に学習した）習慣形成説では第二言語の習得を「母語とは異なる新しい言語習慣を形成すること」と考え、誤用は習慣化の訓練が不十分な場合や学習者が誤った言語習慣を身につけてしまった場合に生じると考えられていた。そのため、1950 年代から 1960 年代にかけて学習者の母語と目標言語を比較し、互いの相違点と類似点を明らかにしようとする対照研究が盛んに行われた。　　　　　【資料の要約】

そしてそのあと、「②事前課題」として英語母語話者の文法の誤用例を 5 つほど取り上げ、母語干渉の観点から誤用の原因について考えさせた。ここまでが事前学習。

資料で紹介された「母語干渉」という用語の意味をきちんと理解できているか、「ブルームのタキソノミー」(p.29) で言う「応用」のレベルで確認しようとしたわけですね。時間にしてどのくらいですか。

資料の読解と事前課題を合わせて 15 〜 20 分かな。

各テーマごとの授業時間が 60 分ですから、全体の 3 分の 1 〜 4 分の 1 ということになりますね。結構長いですね。事前課題は私たちのときもありましたけど、あのときはそんなに長くなかったような……。

そうだね。当時は講義前のウォームアップ的な扱いで、「学生を退屈させないため」という意味合いが強かったように思う。だけど、今回は「資料の内容理解を確認する」という明確な目的があったので、それに合わせて課題の内容も一部変更したんだ。

「③講義」（本学習）ではどのような話をされたんですか。

基本的な用語とその意味については資料のなかで説明済みなので、ここでは「目標言語と母語との違い」と言っても様々なパターンがあることなど、資料で読んだ内容の補足をすることに重きを置いた。また、文法以外の誤用例についても紹介し、母語干渉説に関する理解を深めてもらった。

この「④事後課題」というのはテーマ A のまとめのようなものですか。

いや。まとめはまだ先で、これは直前の講義で学習した内容に関し、学生たちの思考を刺激することを目的としたものだよ。講義中は僕の話を聞き、

消化することで精一杯だろうと思ったので、講義が終わって少し気持ちに余裕ができたところで講義内容について別角度から考えさせようと思ったんだ。例えば、「講義では母語干渉の負の面ばかりを強調したけれども、それとは逆に正の面はないのだろうか」と投げかけたり、「○○語を母語とする学習者はどのような誤りをするのか」を予想させたりした。

前者は、講義を聞く態度の質問紙（表 4.3）にあった「ほかの見方、考え方もあるのではないか」（質問 6）、後者は「それがもし本当なら、○○はどうなるのか」（質問 10）、あるいは「ほかにどんな例があるか」（質問 13）ですね。この活動にはどのくらい時間をかけたんですか。

10 分くらいかな。

とすると、先生が講義をする時間は実質 30 分、授業全体の半分だけですね。

そうだね。僕がこれまで 20 分くらいかけて説明していた基本的な用語の説明も、資料として読ませれば 3 〜 4 分で済んでしまうと気づけたのは、今さらではあるけど、大きな収穫だった。その分、グループで考える時間が長く取れ、理解を深めることもできたからね。

そのあと、10 分間の休憩を挟んで、テーマ B についても同じように授業を進められたんですね。

うん。テーマ B の「誤用分析と中間言語」では、最初に「母語干渉説の検証」と題して「ノ」の過剰使用を取り上げ、長い間中国語話者の典型的な誤用とされていたけれども、その後の研究で英語母語話者や韓国語母語話者の発話ばかりか、母語の習得過程においても同様の誤りが観察されたことから、「言語間の違い＝母語の影響」というとらえ方に対し疑問が持たれるようになったことを紹介した。そのうえで、欧米ではすでに 1960 年代の後半から研究者の関心は言語間の違いによる説明（対照分析）から、誤用を生み出す学習者の心理に向けられるようになっていて（誤用分析）、中間言語という新たな概念の登場によって第二言語の習得研究は大きく発展したことを説明した。

講義の前に資料を読むことについて学生たちの反応はどうでしたか。

おおむね好評だったみたい。実は、この年（2017 年度）の最終日に受講生 22 人（留学生 2 人を含む）に授業評価をお願いしたんだけど、「講義の初めに資料を読んで概略を把握しておくことは、授業の内容を理解するのに役立った」という質問（5 件法）に対し、「5」が 17 人、「4」が 4 人、「3」が 1 人と答えていて、平均値も 4.73 だった。また、翌年も同じ質問をしてみた

けど、平均値はやはり 4.78（受講生 32 名：留学生 1 名を含む）と肯定的だった。これが、学生たちのコメントだよ。

> (a) テーマごとに初めに資料を読むことは、そのテーマの全体を把握でき、どのような内容をするかをわかったうえで、くわしくほりさげることができたので集中しやすかったし、理解しやすかった。
> 【2018 年度】
> (b) 毎回トピックを読んでこれから学ぶ概要を大まかにつかんでから詳しい解説をしていくという流れだったので大変わかりやすかったです。
> 【2018 年度】

10−3　事後学習

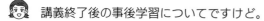 講義終了後の事後学習についてですけど。

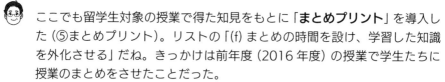 ここでも留学生対象の授業で得た知見をもとに「**まとめプリント**」を導入した（⑤まとめプリント）。リストの「(f) まとめの時間を設け、学習した知識を外化させる」だね。きっかけは前年度（2016 年度）の授業で学生たちに授業のまとめをさせたことだった。

 そのときは「まとめプリント」ではなかったんですか。

 うん。このときは「日本人学生にもまとめの時間が必要かもしれない。試しに一度……」という軽い気持ち、つまり思いつきだったから、方法も A4 サイズの白紙を配り、自分なりにノート化してみるという雑なものだった。ところが、こちらの予想をはるかに超えて、みんな一生懸命書くんだよ。僕としては、歴史の授業の「まとめプリント」のように、2 つの立場の異なる仮説・理論を図式化するとか、重要事項をメモとして書き添える、あるいは重要だと思うことを箇条書きにするといった程度のことしか期待していなかったんだけどね。

 ところが、みんな、懸命にカリカリと……。

 うん。最終日に実施した振り返りにもこんなコメントが見られたよ。

> (c) 今までやったことがなかったので、とても新鮮な感じがした。自分がその授業で理解したことを自分なりに整理してまとめるのは、ご

ちゃごちゃした頭のなかを書き出してまとめるので、自分で見ても
わかりやすくなると思うし、人に説明とかもできるようになって、
自分の力になるのではないかなと思った。質問と同じように授業を
まとめることによって振り返りや、次の授業との関連づけもできる
ので良かったと思う。　　　　　　　　　　　　　　　【2016 年度】

(d) 講義の途中に書くのではなく、授業が終わってから書く点が良いと
思いました。板書ではなく習ったことを改めてまとめることで、自
分が本当に理解した所とそうじゃない所がはっきりわかりました。
「講義のまとめをする」のと「質問作成」は両方するのがとても授業
理解に効果的だと思いました。　　　　　　　　　　　【2016 年度】

(e) 一段落つくごとにまとめシートを書くのはとても良いことだと思い
ました。記憶が新しいうちにまとめることで普段より覚えられまし
た。また、どうまとめるかを考えるため、その物事のつながりや関
係性が見えてきて、自分なりに理解してまとめることができました。
　　　　　　　　　　　　　　　　　　　　　　　　　【2016 年度】

(f) まとめシートを書いているとき、授業中はさらっと聞き流していた
ことばやフレーズがあることに気づくことが何回かありました。そ
の度に理解が深まったなと感じました。図にしてまとめるのがどう
しても出来なくて、文章だらけだったと思います。
　　　　　　　　　　　　　　　　　　　　　　　　　【2016 年度】

(g) このまとめをすることで、内容を関連づけて確認することができた
し、また、自分がどこが理解できてないのかとかも確認できてよかっ
たです。自分でまとめたものだからこそ、あとあと見て復習もしや
すいと思います。また、このまとめをすることで質問も出しやすかっ
たです。ただ、本当に手がつかれますね……。　　　　【2016 年度】

 効果絶大ですね。

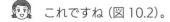 そうだね。でも、「うまく図式化できなかった」
という学生もいたし、「手が疲れた」（笑）とい
う学生も複数いたので、翌年度からチャート式
の「まとめプリント」を導入することにしたんだ。

これですね（図 10.2）。

うん。ただ、こういうフレームを提供すること
で学生たちの負担が減る一方、学生のコメント
にもあった「『どうまとめるか』というところか

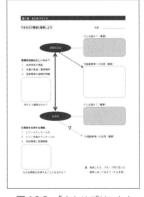

図 10.2　「まとめプリント」

ら自分で考えることで物事のつながりや関係性も見えてくる」という効果が薄れるのではないかという懸念もあったんだ。そこで、その点を補う意味で、「まとめプリント」の記入が終わったあとに学生同士ペアになって、1人2分で「まとめプリント」の図を説明し合う活動を取り入れることにした（⑥相互説明）。

「知識の外化」ですね。学生の反応はどうでしたか。

振り返りのなかで「まとめプリント」が講義内容の理解に役立ったかどうかを尋ねる質問（5件法）をしてみたんだけど、全体の平均値は2017年度が4.86、2018年度が4.78だった。両年度とも平均値が4.50を超えているから、「肯定的評価」と見なしていいと思う。また、活動中何度か「この部分についてもう一度説明してほしい」と要望されたり、「ここはこういうことですか」などの質問を受けたりしたよ。そのことからも、他者に説明することで自分の理解が不十分な点に気づくという効果もあったように思う。

> (h) まとめプリントを作成することはとても学習の助けになりました。また、すべてを書くのではなく空所補充の形だったことで、負担の軽減と、要点を的確に理解することにつながったと思います。
> 【2017年度】
> (i) 先生のまとめ方もすごくわかりやすく、特に毎回の授業のまとめプリントは自分の理解度を知るのと、理解を深めるのにすごく役に立ちました。そのほかの授業でも同じように自分なりのまとめプリントを作ってみようかと思いました。　【2018年度】
> (j) 少し内容を理解するのに時間がかかりそうと思ってしまったが、授業の最後で「まとめプリント」を使ったことによって、授業の要点をまとめ理解するのに役立ちました。　【2018年度】

そして、このまとめの活動のあと、質問を考えてもらうんですね（⑦質問作成）。時間はどのくらいですか。

できるだけ長く取るようにしている。まとめの時間が全体で45分。そのうち「まとめプリント」の記入に15分。相互説明は1人2分の説明をペアで2回ずつ行うから10分というところかな。なので、残りの20分ほどが質問を書く時間ということになるね。

歴史の授業ではすべての質問に評価をつけ、紙媒体で回答されていましたけど、この授業ではどうされたんですか。

授業が終わって夕方6時前にホテルに戻り、それから午前と午後の講義の質問、50～60問だけど、そのすべてに回答を準備するというのは、どう考えても時間的に無理なので、初めは次の授業の冒頭で特に重要な質問にだけ回答していた。だけど、その年の振り返りに「質問をしても答えが返ってこないのは寂しい」というコメントがあったものだから、翌年からはすべての質問に回答することにしたよ。

4日間通して相当な数ですよね。

うん。150～180問。一番多かった年で240問かな？ 1人で2つ、3つ書く学生もいるからね。

そのすべてに回答しているんですか。

うん。「寂しい」と言われちゃあねえ（笑）。ただ、時間的にはやはりどうしても無理なので、授業ではこれまでどおり何人かの質問にだけ答えるようにして、残りの質問は集中講義が終わってから文書で回答することにした。通常業務に戻ると週末以外なかなか作業ができないので、回答の送付は講義終了から2週間後ぐらいになってしまうんだけどね。

大変ですね。

うん。でも、終わると、ちょっとした達成感も味わえるし、僕にとっても勉強になるからね。それに……。

「寂しい」と言われちゃあねえ（笑）。

（笑） でも、同じ内容の質問にはまとめて答えるなどの工夫はしているし、2018年度からは質問をメールで送信してもらうようにしたので、自分で入力する必要がなくなり、かなりの負担軽減にはなったよ。

10-4　講義の進め方と教材

講義の進め方や教材についてはどんな改善をされたんですか。先生のリストのなかに「(c) 講義のフレームを示し、それに沿って講義をする」というのがありましたけど、今回の講義でもそのようなフレームを示されたんですか。

歴史の授業の「背景・問題・意図・方法・結果」のようなはっきりとしたものはないんだけど、2つの理論・仮説（テーマAとB）を比較・対比しなが

ら講義するようにしたことは、広い意味で「フレームの提示」と言えるかもしれないね。初日のオリエンテーションで学生にさっきの表（表10.1）を示し、「こういう流れで進めていくよ」と伝えるようにもしたから。で、これが学生たちのコメント。

> (k) 90分講義を2つ組み合わせた180分を3つに分けて授業を行う講義スタイルは、とても良かったと思います。1時間と決められた時間を提示することで集中力も上がり、10分休憩で頭を整理することができました。　　　　　　　　　　　　　　　　【2017年度】
>
> (l) 講義の進め方が飽きずに集中できる方法だったので長い講義でも集中して受けることができた。　　　　　　　　　　　　　　　【2017年度】
>
> (m) 非常に新鮮かつ効果的な手法の授業でした。授業がすべて1つのパターンでまとまっていると、頭の整理がとてもしやすかったです。　　　　　　　　　　　　　　　　　　　　　　　　　　　【2018年度】

フレームの提示は講義内容の理解だけでなく、学生の集中力維持にも役立ったようですね。

そのようだね。また、「(i) 図や表、イラストを豊富に用い、視覚的に理解できるようにする」という点についても、これは以前から心がけていることだけど、もとの論文に掲載されていたグラフやデータをできるだけ多く示すようにしている。そのほうが学生たちも具体的に考えられるだろうし、疑問も浮かびやすいだろうと思って。

教材についてはいかがですか。

「(h) 講義に集中できるよう、アウトライン形式や図表形式の補助教材を用い、メモの負担を減らす」という点については、これまでもスライドを使って講義をしてきたし、初日に全15回分の**スライド資料**（図10.3）をまとめて配布するようにしてきたから、特に変更した点はないかな。

図10.3　スライド資料

学生としては、先生が補足した点をメモしたり、大事なところにマーカーで線を引く程度で済むということですね。「(e) 講義は『考えるための土台』と割り切り、情報を与えすぎないようにする」という点についてはいかがですか。

以前と比較して講義内容を意図的に減らしたということはないけど、授業の導入部を 800 字強の文章にまとめて黙読させたことは、結果的に学生たちの負担を減らしたと思う。僕の実質的な講義時間は 30 分ほどになったしね。

そうですね。同じ内容でもそのすべてを一方通行の講義で聞くのと、その 3 分の 1 か 4 分の 1 だけでも、資料の読解のような能動的な形で勉強するのとでは、学生たちの負担も違うでしょうし。

うん。振り返りでもその点を指摘したコメントがいくつか見られたよ。

> (n) 授業の時間をこまかく区切ってあったので、ほかの授業より集中することができたと思います。　　　　　　　　　　　　【2018 年度】
> (o) 講義の展開の仕方がとても独特で最初は少しとまどいましたが、質問の時間や資料を読む時間、ディスカッションの時間と区別されており、眠くなりにくかったです。　　　　　　　　　　　【2018 年度】
> (p) 最初に資料を読んで課題に取り組み、説明を聞き、また課題に取り組み、まとめをするというルーティン化した授業はやりやすかったです。最初の資料も難しすぎず、考えればできるレベルで良かったです。　　　　　　　　　　　　　　　　【2018 年度】

3 つ目のコメントを見ると、資料の難易度調整（=(g) 資料の難易度を学生たちが「少し易しい」と感じるレベルに調整する）もうまくいったようですね。

う〜ん、この学生のコメントだけではなんとも……。できるだけ平易なことばでわかりやすく書いたつもりではいるけどね。

でも、先ほどのお話では、学生たちも「講義の初めに資料を読んで概略を把握しておくことは、授業の内容を理解するのに役立った」と感じていたようだし、資料の内容を理解できていなければ、「授業内容の理解に役立った」とは思わないんじゃないですか。

そうだね……。まあ、これは来年度の授業で確かめてみよう。

はい。それ以外に何か気づかれたことはありましたか。

そうだなあ。初日に全 15 回分の講義資料（事前学習用の資料＋スライド資料）にカラーの表紙を付け、ファイルにとじて配布したことに、学生たちがびっくりしていたことかな。

振り返りにそのようなコメントが？

それもあるけど、もう 1 つ。実は、初回の授業の前に教室の入り口にファイルを積み重ねておき、来た学生に一部ずつ取るように指示したんだ。そのあと、機材のセッティングをしながら学生たちの様子をうかがっていたところ、みんなパラパラとめくってなかを見ていたんだよ。授業の概要について書かれたページを読んで、隣の学生と何やら話している学生もいれば、1 人静かに資料を読んでいる学生もいた。そのせいかな、いつもと初日の入りが違うように感じたね。**ARCS モデル**[2]（ケラー，2010）の「A」をうまく刺激できたのかもしれない。

クラスの雰囲気が違ったと？

うん。ARCS モデルというのは、ものすごく大雑把に言えば、「ちょっと難しそうだけど、面白そうだし、役にも立ちそうだからやってみた。そうしたら、意外にうまくできて自信にもなったし、やってよかったと思った」。そんなふうに言ってもらえる授業にするということだよね。初日に資料をまとめて配布したことが学生たちの注意・関心を引いたのではないかと感じたよ。

きっとそうですよ。小学生のとき、新学期最初の授業で教科書をもらったときのことが思い浮かびました。あれ、ワクワクするんですよね。

確かに。僕はそのワクワクが長続きしなかったけど（笑）。

10-5 　今後の課題

この集中講義ですけど、これで「見直し完了」と考えていいんですか。

いや、残念ながら。「転移」という課題がまだ 2 つ残っているのでね。

転移？

うん。1 つはこの実践で育んだ批判的に講義を聞く態度がほかの授業でも生かされているかという点（**態度の転移**）。もう 1 つは、この講義で学習した知識がその他の場面、例えば自身の外国語学習の振り返りや教育実習の場で使える知識になっているか（**知識の転移**）という点だね。

それは具体的にどのような方法で実践し、どのように評価されるんですか。

前者については集中講義が終わって 5 カ月後に何人かの学生に集まってもらい、「講義を聞く態度」に関する質問紙調査を再度行った。そして、その

追跡調査の結果を集中講義中に行った事前・事後調査の結果と比較したんだ。一方、後者については事前課題として初回の授業で「私の考える効果的な外国語学習法」について思いつくことを自由に書いてもらった。そして、事後課題として最後の授業で「4日間の集中講義を終えて、今あなたが考える効果的な外国語学習法について、改めて書いてみてください」と指示したんだ。

結果はどうでしたか。

まず、学生たちの講義を聞く態度だけど、非常に残念な結果だった。これは追跡調査に協力してくれた10人だけを事前・事後・追跡の3点で比較したものなんだけど、事前の平均値が3.36、事後の平均値が5.17だったのに対し、追跡調査の平均値は3.62で、事後調査から大きく下がっていた（図10.4）。もちろん事前調査との間に有意差もなかった。

そうですか。

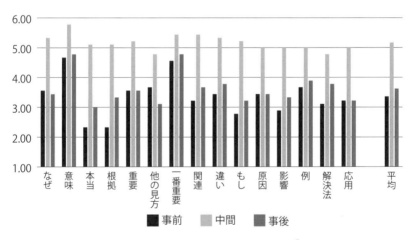

図 10.4　講義を聞く態度の変化（2017 年度[3]）

一方、知識の転移については、事前・事後の学生たちの記述に、集中講義で習った「専門用語」や「関連用語」がどの程度の頻度で現れるかを調べてみた。

専門用語というのは例えばどんなものですか。

「意味交渉」とか「言語転移」とか、要するに第二言語習得の理論に関する用

語だね。一方、関連用語というのは必ずしも第二言語習得に特化しているわけではないけれども、「ディスカッション」とか「学習者」とか、第二言語習得の講義で頻繁に出てくる用語のことを言う。

 そういう用語がより多く出てくるようになっていたら、「効果的な外国語学習法」について考えを述べる際、無意識のうちに授業で学習した知識を活用していたと見なすわけですね。

そう。あくまでも目安の 1 つとして……だけどね。で、これがその結果なんだけど（表 10.2）、事前調査の総語彙数（内容語のみ）は 1,281 語で[4]、そのうち専門用語は 8 語（0.6%）、関連用語は 82 語（6.4%）だった。一方、事後調査では総語彙数 1,077 語に対し、専門用語が 69 語（6.4%）で、関連用語は 63 語（5.8%）という結果だった。

表 10.2　自由記述に現れた語彙の数と内訳

	事前	事後
専門用語	8	69
関連用語	82	63
一般語彙	1,191	945

専門用語のほうは使用頻度が高まっていますね。

そうだね。統計上も一応有意だったけど、正直もう少し専門用語を使ってくれていたら……と。これは事前・事後両方の調査に参加した日本人学生 20 名（学部 3 年生のみ）を対象とした分析結果なので、1 人あたり 3 〜 4 回しか使っていない計算になるからね。そこで、翌年度（2018 年度）の講義では事後課題の前に 5 〜 6 人のグループで話し合う時間を設けることにした。

どのような手順でされたんですか。

まず、授業のハンドアウトや資料を読み返すなどして、外国語を学ぶうえで「これは大事だ」と思うこと、例えば「インプットをたくさん与えることが重要！」というようなことを付箋に書き出し、それをボードにどんどん張り出していってもらった。そして、そのあとグループで話し合い、ボードに貼り出されたコメントのなかから特に重要だと思うものを 3 つ選んでもらった。

その「3 つ選ぶ」という指示には何か意味があるんですか。

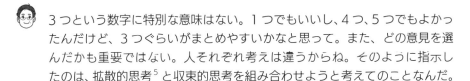

3つという数字に特別な意味はない。1つでもいいし、4つ、5つでもよかったんだけど、3つぐらいがまとめやすいかなと思って。また、どの意見を選んだかも重要ではない。人それぞれ考えは違うからね。そのように指示したのは、拡散的思考[5]と収束的思考を組み合わせようと考えてのことなんだ。

拡散的思考と収束的思考？

拡散的思考というのは「多様なアイデアを考え出し、幅広く創造的に考える」ことを意味し、収束的思考とは「答えや結論に向けて情報やアイデアを分析したり、統合したりする」ことを意味する（ロススタイン他, 2015）。道田先生は考える力を育てるために、ある問題に対していきなり正解を求めるのではなく、拡散的思考によってまずは様々な可能性を考えさせ、そのうえで収束的思考によって1つに絞っていく方法を提案されていて、これを「思考プロセスのレンズモデル」と呼んでいてね[6]。それを真似てみようと思ったんだ。あと、丸野先生たちの研究もね。

「入試制度の廃止」をテーマにした話し合いをさせたところ、いくつかの視点を行ったり来たりしつつ徐々に深まっていく螺旋型の展開を示したのは収束群だけだった（丸野他, 2001; 本書 p.32）という研究ですね。

うん。その研究を真似て、僕の授業でも学生たちにまず拡散的思考をさせ、そのあと収束的思考をさせようと試みたわけさ。結果、講義を聞く態度については前年度と比べて少し前向きにとらえられるものだったよ（図10.5）。

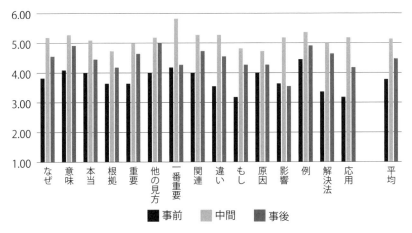

図10.5　講義を聞く態度の変化（2018年度）

「大きく下がった」とまでは言えませんね。事前から事後にかけて大きく高まった一方で、事後から追跡では落差の小さいものもありますから（例.「他の見方」「解決」）。

 そうだね。実際、事前・追跡間で有意差も見られた。ただ、これも調査対象者は12人と規模が小さいし、話し合いがこの結果にどのように影響したのか、理論的にきちんと説明することはできないから、とりあえずホッとしたという程度だけどね。一方、知識の転移については前回との違いがはっきりと現れた。これがその結果だよ（表10.3）。これは前年度と同じく事前・事後両方の調査に参加した日本人学生28名（学部3年生のみ）を対象とした分析結果なんだけど、事前調査では総語彙数1,962語に対し、専門用語は14語（0.7%）、関連用語が66語（3.4%）だった。

表10.3　自由記述に現れた語彙の数と内訳

	事前	事後
専門用語	14	253
関連用語	66	239
一般語彙	1,882	2,566

 事前調査の段階ではあまり変わりませんね。

 うん。ところが、事後調査では総語彙数3,058語に対し、専門用語は253語（8.3%）、関連用語も239語（7.8%）に増えていた。総語彙数を基準にすると、分母が大きいので、よくわからないんだけど、学生1人あたりの平均使用数で比べてみると、前年度との違いがはっきり見えるよ（図10.6）。

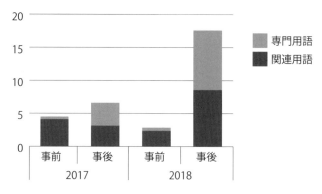

図10.6　専門用語と関連用語の1人あたりの平均使用数

おおっ、確かに。

もちろん、条件を厳しく統制して行った比較実験ではないので、話し合い活動との因果関係を強く主張することはできないけどね。

理論的に説明できるようにする必要があるということですね。

そう。あと、話し合い活動のなかでどんなやりとりがされていたのかも分析が必要かな。そうすれば、知識の転移を促すための方法が見つけられるかもしれないしね。お、着いたね。

注

1 本章は小山悟（2020）に基づく。

2 学習者の学習意欲を高めるための方法を「A」は Attention（注意）、「R」は relevance（関連性）、「C」は confidence（自信）、「S」は satisfaction（満足感）という 4 つの側面から整理・提言したもの。

3 小山悟（2020）では数値だけを示している。

4 語数は KH Coder を使って感動詞を除く内容語をカウントした。また、専門用語は 2 語または 3 語から構成されている語もすべて 1 語としてカウントしたが、その他の一般語彙ついては KH コーダーの判断に従った。よって、「人間関係」のような語は「人間」と「関係」の 2 語としてカウントされている。

5 ロススタイン他（2015）では「発散思考」。

6 道田泰司「考える力を育てる授業づくり—多様な教育現場での問題共有を目指して—」日本語教育学会教師研修会配布資料（2016 年 12 月 3 日）.

第11章　結びに代えて

11-1　CBI における成績と評価

👩 出版社の方、まだいらしてないみたいですね。

👨 さっき、10分ほど遅れるって連絡があったよ。そう言えば、まだ答えていない質問があったね。

👩 ああ、はい。私が「『良い質問』ということばに少し抵抗がある」とお話しした件ですね (p.76)。

👨 うん。大学でも話したように、学生たちの書いた質問に評価をつけることに関して「学生の疑問に優劣をつけるとは何事か」と過敏に反応する人が一定数いることは事実だ。だけど、質問の質を高めようにも、自分の書いた質問の評価がわからなければ、高めようがないわけで、改善の手がかりとしての評価は必要不可欠だと僕は思っている。それと、参勤交代について勉強したあとに「大名たちはどこに泊まり、何を食べていたのか」と尋ねた質問について「講義のポイントをとらえていない」と否定的に評価したことに関してだけど (p.141)、これも「この授業で求めているものとは違う」と言っているだけで、悪い質問だとは言っていない。例えて言うなら、流暢に話せるようになることを目標とした会話クラスの期末試験で「正確さは必要ないと言うのか」と批判され、戸惑っている……。そんな感じかな。

👩 正確さはもちろん重要だけど、このクラスでは流暢さを高めることを目標としていて、評価もそこを基準にしているだけということですね。

👨 そう。そのうえで (最近流行のルーブリックのように) 評価基準を具体的に示し、そのような質問が書けるようになるための方法も具体的に指導しているつもりだよ。答えになっているかな？

👩 はい。「評価」の話が出たついでに、もう1ついいですか。先生は歴史の授業で具体的にどんなふうに成績をつけていらっしゃるんですか。

👨 僕の授業は内容主導の CBI だから、一般の講義と同じで、授業で学習した内容 (幕末・明治の歴史) をどの程度理解したかで評価するようにしている。あと、学生たちがどの程度批判的に考えられるようになったのかもね。

👩 ということは、学生たちが書いた質問の質の評価も成績に入れているということですね。

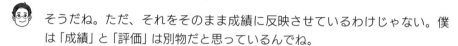

そうだね。ただ、それをそのまま成績に反映させているわけじゃない。僕は「成績」と「評価」は別物だと思っているんでね。

どういうことですか。

評価というのは、簡単に言えば、その日学習した内容を学生たちがどの程度理解したのかを測ったり（形成的評価）、あるいは、1学期15回の授業が終わったときに学生たちに「できるようになっていてほしい」と願ったこと（到達目標）が、実際どの程度できるようになったのかを判定したりするもの（総括的評価）だよね。質問を見れば、その学生が授業内容をどの程度理解しているかが一目瞭然だし、どの程度批判的に考えたのかもある程度見える。そういう意味では、質問の質を評価し、それをもとに成績をつけるというのがもっとも理にかなっているし、適当だと思う。

はい。

ただ、記憶や理解と違って、質問力というのは「努力した分だけ確実に伸びる」という性質のものじゃないから、質問の評価をそのまま成績に反映させると、一部の学生にはとても辛いことになってしまう。自分では先生の指導どおり一生懸命考えているつもりなのに、一向に良い評価をもらえない。そんな状況が続けば、学生たちの気持ちは萎えてしまうよね。

確かにそうですね。

「教えて考えさせる授業」（p.92）を提唱した市川先生は、大学受験をうまく切り抜けるための学習を重視してきた学生の場合、結果主義・暗記主義・物量主義に陥っていることが多い（市川, 1993）と指摘されているんだけど、それはおそらく留学生も同じだと思う。そういう学生たちにとって、質問を考えるというのはそれまで経験したことのない学び方で、なかなかすぐには適応できないだろう。しかも、そこで感じるフラストレーションは、旧来の方法で良い成績をとってきた学生ほど、大きいだろうね。だから、結果として最後まで良い質問が書けるようにならなかったとしても、それに向けて一生懸命努力したなら、ある程度良い成績が取れるように配慮している。

つまり、「成績」は到達目標から見た純粋な「評価」に学生の努力を加味したものということですか。

そういうこと。もちろん、あくまでも「加味」であって、努力だけで良い成績が取れるということではないよ。そんなことをすれば、今度は本当に良い質問が書けるようになった学生が不公平に感じてしまうからね。重要な

のはバランスで、僕の場合、頑張って良い質問を書こうと 1 学期努力すれば「A」は取れるけれども、「S」が取れるのは実際に良い質問が書けるようになった学生だけ……というイメージかな。

学生の日本語力がどの程度伸びたかは見ないんですか。

もちろん見ているよ。日本語以外の何かを日本語で学ぶなかで日本語の習得を目指すというのが CBI だからね。ただ、成績に関して言えば、対象外だね。

じゃあ、成績に入れているのは……。

①質問の質、②宿題の提出状況、③教室活動、④期末試験の 4 つかな。

「宿題の提出状況」というのは、「講義ノート」や「まとめプリント」を期日までに提出しているかどうかということですよね。「教室活動」というのは？

これは基礎点のようなもので、真面目に授業に取り組んでいれば、全員が満点をもらえる。

期末試験はどんな内容のものですか。

基本的な用語と背景因果の理解を確認するもので、難易度的には「この試験で 90 点以上取れないようなら、僕の授業を受けたとは言えない」という程度のものだね。深いところの理解は、質問の質で評価しているからね。

私の授業も評価をするとしたら、そんな感じでいいんでしょうか。

いいんじゃないかな。わずか 2 週間で学生たちの批判的思考力や日本語力に目に見える変化が生じるとは思えないしね。送り出し側が何を求めているかにもよるけど、話し合いや教え合いの活動にどのくらい真剣に取り組んでいたかや、最後の成果発表で何をどう話したのかを評価すればいいんじゃないかな。あちらの先生方もきっと、そういう学生たちのリアルな学びの様子と長崎で何を学んできたのかを知りたいんじゃないかな。

そうですね。

11-2　楽しさ重視の原点

もう少し時間があるみたいだね。ほかに何かあるかい？

じゃあ、もう 1 つだけ。これは前からお聞きしたかったことなんですけど、

先生が作られる教材はどれも「楽しさ」を非常に重視されていますよね。先生が書かれた初級テキスト（小山悟, 2008）の最後のモデル会話に主人公の回想シーンがあって、そのなかで文脈指示の「そ」と「あ」が導入されているのを見たとき、すごく驚いたのを今でも覚えています。モデル会話に回想シーンなんて初めてでしたし。地域の日本語教室向けに作られた教材集（小山悟, 2015b）もすごく面白かったです。

（笑）　ありがとう。まあ、楽しい教材を作りたい、楽しい授業にしたいと思って、「授業で使える何か面白いものはないかな」と四六時中探しているからね。

CBI もそんな感じで始められたんですよね。で、お聞きしたいんですけど、先生のその楽しさを追求する原点というのは何なんですか。

これはまたものすごい質問が最後に来たね（笑）。

すみません。ずっと気になっていて《だって、先生、授業や教材の話をするとき、いつもすごく楽しそうなんだもん》。

まあ、いろいろあるんだけど、1 つは僕が英語が嫌いというか、苦手だったことかな。いろいろな国のことばができるって、世界が広がるし、楽しいじゃない？　僕も大学 3 年生のとき、ボランティアでインドネシアに行って、小さな村でホームステイしたことがあるんだけど、すごく楽しかったんだ。村の子どもたちと遊んだりして……。

そうだったんですか。初めて聞きました。

あまりに楽しかったから、翌年また参加してね。村の子どもたちともっと話したいと思って、今度は事前にインドネシア語を少し勉強して行ったんだ。『みんなの日本語 初級』で言うと、1 ～ 5 課あたりの初歩的な文法と単語を 30 語くらいだったけど。そうしたら、そのことを知った引率の先生が粋な計らいをしてくれてね。村に到着して最初の日曜日、入村式というか、僕らと村人たちの顔合わせの会があったんだけど、そのとき先生が突然「おい、小山。お前、インドネシア語を勉強してきたんだろう。それを今ここで披露せい！」って言うんだよ。で、壇上に上がって、覚えたての片言のインドネシア語で自己紹介したら、もう拍手喝采。一躍村の人気者になっちゃって……。それから毎日、道ですれ違う村人や子どもたちから声をかけられるようになったんだ。

へえ。ひょっとして、それが日本語の教員になろうと思ったきっかけだったんですか。

まあ、そうだね。で、そのとき、インドネシア語は 1 ～ 2 週間勉強しただけでこんなに楽しく会話できるようになったのに、なんで英語はいまだに苦手意識が抜けないんだろうって。まあ、できる人はどんな教材や教え方でもちゃんとできるようになるので、結局は僕自身の責任なんだけど、僕のような飽きっぽく、計画性のない人間でも楽しく学べ、進歩を実感できる授業をしたいという思いは日本語の教員になったときからずっとあったね。

そうだったんですか。

もちろん、楽しいだけでなく、ちゃんと聞いたり話したりできるようにしなきゃいけないから、大学院では第二言語習得論について勉強し、どうすればより効果的に学べるのかを一生懸命考えたよ。自分の英語がどうして上達しなかったのかについてもね。

そうして生まれたのがトピックベースの教科書（小山悟, 2002, 2007, 2008）だったんですね。

そうだね。それともう 1 つ、亡くなられた恩師の影響が大きかったね。長年アメリカの大学で日本語教育に携わってこられた方で、お会いしたときはすでに 60 半ばを過ぎていらっしゃった。とても厳しい先生で、修論の一部が学会誌に載ったときも「君は間違っても研究者になろうと思うな」と言われたよ。

うひゃ～、厳しいですね。

でも、まあ、そのことばがあったからこそ、今日まで勘違いすることなくやってこられたのだと思う。最近、多いでしょ。学会誌にも載らないような博士論文を書いて研究者気取りになっている人。

せ、先生……《ときどき出る悪魔の顔……》。

修士課程を終えて数年後、僕が在外研究でオーストラリアに行っているときに亡くなられたんだけど、帰国後に改めて先生の書いた『読み方の教育』（駒井, 1987）という本を読んだんだ。そのとき、「今までバリバリの研究者だと思っていたけど、研究者である以上に教育者だったんだなあ」と。「お元気だったときにもっといろいろお話しして、学んでおけばよかった」と後悔したよ。

『読み方の教育』って、アルクの通信講座のテキストのことですか。

そう。すでに絶版だけど、名著だよね。今でもときどき読み返しているよ。僕の日本語教材観を大きく変えてくれた本だからね。

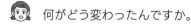

何がどう変わったんですか。

先生はその本のなかで「読めるようになるためには読む訓練が必要だ」と、多読の重要性を説いていらっしゃるんだけど、なかでも「できるだけ初歩の段階から速読・多読の訓練を」とおっしゃっている点がすごく新鮮だったね。

多読を中級や上級ではなく、初級のうちから？

うん。「読む」という行為が「文字で書かれた文章を見て、文章の内容を理解すること」であるならば、「読む練習」は語句の認知だけではなく、文章の内容を把握する練習でなければならない。それには、少なくとも600字程度の長さが必要で、そうでなければ、文章として何かまとまった意見を述べたり、筋のある話をすることはできないのだけれども、初級の教科書に載っている文章には質・量ともに満足できるものがない（駒井, 1987）。そうおっしゃっているんだ。当時の読み物はどれも精読用で、読む訓練というよりはその課で学習した文型・文法の使い方を確認するために作られたようなものばかりだったからね。

はい。

そんななか、『Reading Japanese』(Jorden & Chaplin, 1976) だけは各課に 800 〜 1,500 字の文章が載せてあって、できる限り既習の文型と語彙・漢字だけを使う努力がされていると評価されていてね。例えば、これ。

> 　3日続いた休みは年に1、2度しか無いが、先月のゴールデン・ウィークには、ずっと前からぜひ一度行ってみたいと思っていた日光へ遊びに行くつもりだった。家内を連れて行こうと思っていたから、出かける1週間前に前売りの特急券を2枚買っておいた。
> 　特急券を買った次の日にカナダの友だちから電話をもらった。会社の用事があって4、5日前から東京に来ているが、1日だけでいいから、休み中にどこかへ連れて行ってくれないかという電話だった。
> 　いっしょに日光へ行ったらおもしろいだろうと思って、すぐ駅へもう一枚特急券を買いに行ったが、もう全部売り切れだった。交通公社に電話したら、「ゴールデン・ウィークの特急券は売りはじめたら3、4時間のうちに売り切れになってしまうし、ホテルやモーテルや旅館もなかなか予約できない。」と教えてくれた。とにかく、買っておいた特急券はすぐキャンセルできたから、日光へ行くのはやめた。
> 　友だちが来てくれた日には、静かな日本料理屋でゆっくり食事をしてから、その近所の上野公園を歩いて、それから映画を見に行った。日本

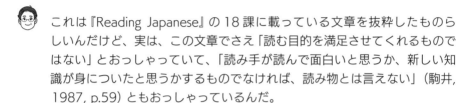

の映画館も日本の映画もめずらしいと言って喜んでくれた。日本語が少ししかできない友だちでも映画のすじは分かったが、「今週の問題」は分かりにくかったようだ。

　帰りには、また公園を通って、出口のそばのビヤホールに寄って、冷たいビールを飲んだ。家に帰って寝たのは12時過ぎだった。

（Jorden & Chaplin, 1976, pp.326-327）

これは『Reading Japanese』の18課に載っている文章を抜粋したものらしいんだけど、実は、この文章でさえ「読む目的を満足させてくれるものではない」とおっしゃっていて、「読み手が読んで面白いと思うか、新しい知識が身についたと思うかするものでなければ、読み物とは言えない」（駒井, 1987, p.59）ともおっしゃっているんだ。

確かに面白くはないですね。

しかも、こんなツッコミまで入れていらっしゃる。

　　　この友だちはどんな友だちなのか？　カナダから東京へ4、5日前に来ていながら、その間何の連絡もしてこず、自分の都合のよいときに電話してきて、誰もが前々から計画を立てているに違いない連休の1日を案内に使ってくれという友だち？　そんな友だちのために、なぜ前々からの旅行の計画をあきらめるのか？　しかも、この友だちに付き合って過ごした時間は夕食から深夜までのせいぜい6、7時間。この6、7時間のために1年に1、2度しかない連休の計画をキャンセルするとは……。それほど大切な客なのに、案内したところは日本料理屋と上野公園だけで、なんと食事の後映画館で時間をつぶしている。あまりと言えばあまりに「ありきたり」である。

（駒井, 1987, pp.59-60）

さすが先生の先生（笑）。

そのうえで、「内容的に言って、この話は読み手の知能レベルを侮辱していると言われてもしかたがない」（駒井, 1987, p.60）とまでおっしゃっているんだ。返すことばもないよね。

はい。

一方、これが先生が書かれた多読用の文章。当時先生が勤務されていた大

学の初級テキストに合わせて作られたものだそうだ[1]。

> 将軍ジム・テイラーはお酒が好きです。毎日仕事が終わると、クラブへお酒を飲みに行きます。今日は、将軍の奥さんのメリーの誕生日ですが、将軍は「メリーが待っているだろうから、今日は早くうちへ帰ろう。でも、1杯だけなら飲んでもいいだろう」と思ってクラブへ入っていきました。1杯飲んで帰ろうと思っていると、その時将軍の友だちが3人入ってきて、「やー、ジム、久しぶりだな。もう1杯飲もう」。気が付いた時は、もう12時でしたが、こんなことは今晩だけではないようです。将軍テイラーがタクシーを家の前で降りると、将軍の家の電気は、全部消えていました。「メリーは怒って寝てしまったのだろう。こんな時は起こさないほうがいい」と思って、暗い家の中を静かに静かに歩いてメリーが寝ているはずのベッドルームに入っていきました。服を静かに脱いで、寝ようとした時、ベッドの中のメリーが言いました。「ジム、私は頭がとても痛いんです。すみませんが、薬屋へアスピリンを買いに行ってくださいな。」「家にないのか?」「買ってあったのは、みんな飲んでしまいました。」「そうか。それは困ったね。じゃ、買いに行こう」と言って将軍テイラーは、また暗い部屋の中で服を着て、外へ出て行きました。薬屋は、店に入ってきた将軍を見ると、びっくりして、「おや、テーラーさん。あなたは将軍じゃないんですか?」「そうだよ。将軍になったのはもう5年も前だよ。」「それじゃ、将軍。今日はどうして船長の服を着ているんですか?」
>
> （駒井, 1987, pp.60-61）

 せ、先生……（苦笑）。

 この文章を読んだとき、僕は大笑いしちゃってね。と同時に、「初級レベルの日本語でこんな教材が作れるんだなあ」とも思ったんだ。これに比べたら、日本語の教科書に載っている文章って、本当、恐ろしくつまらないよね。もちろん、先生もこのような（ご本人いわく）不真面目なものばかりでなく、日本事情のクラスで使えるような真面目なものも書かれているんだけど、いずれにしても先生がおっしゃるように、「面白い」と思わせるか、「新しい知識が身についた」と思わせることが、学生たちの学習意欲を高めるうえで非常に重要な要素だと思ったよ。

それで、いつか自分もこういう教材を作りたいと思われたんですか。

 そう。加えてもう１つ。大学院のゼミで外国語教授法について勉強していたとき、先生がいつも「個々の教員が持つ経験的知識の重要性」を強調されていたことも、今の僕に大きな影響を与えていると思う。当時はサジェストペディアやCLL、サイレントウェイといった一風変わった教授法が様々提案されていた時代でね。それぞれ独特の教育観を持ち、その効果が声高に謳われていた。先生はそういう教授法の理論的な研究を否定されていたわけではないんだけど、現実を直視しない空虚な議論にはかなり否定的でね。これは僕が修士１年のときにあるシンポジウムで先生がされた講演の内容を文字起こししたものなんだけど、これと同じことをゼミでいつもおっしゃっていたよ。

> 大体に於いて、現場の教師は自分が使っている教授法がどんな名前かなど気にもしていません。教師に押しつけられた過酷な学習条件のなかで、自分のクラスの学生が本当に要求しているのは何かを考え、どのような教材と教授法を用いるのが一番良いか考える訳ですが、自分が満足出来るような学習条件下で教えられることなど、先ず無いと言って良いでしょう。それでも、目や耳に入って来る色々な教授法理論のなかから、考慮すべき理論や仮説は考慮し、どの教授法かに拘らず使えそうな考えやテクニックを取り出して試して見るのが現場の教師です。ですから、現場の先生方は、理屈よりも経験的知識を重んじ、試行錯誤を繰り返しながら、色々な方法を取り混ぜて少しでも良い授業をしようと努めているのです。外国語教授法の本は、現場で外国語を教えていない大学の先生方によって執筆されるのが普通であるようです。ですから、教育現場では有り得ない理想的な教育環境や学習条件を想定したものが多く、現場の先生からすれば「机上の空論」以外の何ものでもないような教授法まで横行しています。私は教授法の研究を止めろと言うつもりはありません。外国語教育についても、外国語学習についても、又言語学的知識にしても、まだまだ分からないことだらけです。教授法の理論的研究も良いでしょうし、言語学理論の研究もおおいに進めて頂きたく思います。でも、たまには、現場で悪戦苦闘している日本語教師のことも考えて、符牒を使って自分たちだけにしか分からない論文を書いて優越感に浸る代わりに、日本語教育に役立つ言語学的事実や知識を日本語教師間に広めることも考えて頂きたく思います。

（駒井, 1995, pp.195-196）

今これを読んで、先生がなぜ第二言語習得論から教材開発、そして授業デザインへと研究領域を広げてきたのか、その理由がわかったような気がします。それと、今日大学で先生が「CBIを最善の教授法だと思っているわけではない」（p.15）とおっしゃった理由も、改めて理解できました。

そう。それはよかった。

恩師の先生がおっしゃったという「読み手が読んで面白いと思うか、新しい知識が身についたと思うかするものでなければ、読み物とは言えない」ということばはトピックベースやコンテントベースという考えにつながりますし、「仕掛けの開発」というのもその先生が大事にされていた経験的知識を学術的に裏づけたものですよね。

そうだね。もちろん先生も僕も理論より経験的知識のほうが重要だなどとは思っていない。理論に振り回されるのもよくないけど、自身の経験に捕らわれすぎるのもまずいからね。重要なのは理論と経験を関連づけ、そこから教授法や教材など、具体的な何かを生み出す力なんじゃないかな。そして、その成果を社会に還元することが専門家の役目でもあると思う。

それで「レシピ」……。

なかには「語学の授業は少人数の細かくレベル分けされたクラスでなければだめだ」などと環境や条件のことばかり強調したり、やりもしないうちに「初級者対象の授業で批判的思考なんて無理」などと決めつける人もいるけど、僕はその2つのセリフだけは言わないようにしている。もちろん僕だってそういう理想的な環境で教えたいし、初級の授業で批判的思考の訓練をするのが容易でないこともわかっている。でも、社会や科学の進歩って、「この難題をどうにかして解決したい。でも、どうすれば？ そんなの無理？ いや、必ず何か手立てがあるはずだ」と諦めずに考え続けたから成し遂げられたと思うんだ。人も同じで、難しい環境に置かれてこそ成長できると思うし、諦めず、常識に捕らわれず考え続けてきたからこそ、今の僕があるんだと思う。

先生、今自分に酔ってました？

ちょっとね（笑）。

先生。お待たせして、すみません。

あ〜、どうも。

あ、こちらも来ました。ゆかりちゃん！ こっち、こっち！

お待たせ〜。先生、お久しぶりです。

あれ、山川君？

はい。今は村上ですけど。ご無沙汰しています。

《うん？　ゆかり？　山川？　村上？　どこかで……》

2人は知り合いだったの？

はい。学生時代に先生の授業を見学させていただいたとき、ゆかりちゃんが先生の TA をしていて。で、そのあと、いろいろ話しているうちに、意気投合しちゃって。

そうだったんだ。知らなかったなあ。

というわけで、私たち、行きます。先生、今日は長い時間、ありがとうございました。短期研修、頑張ります。

うん、頑張って。

じゃあ、失礼します。

うん、じゃあ。

その後、彼女からは確定した授業内容の詳細（表 11.1）と研修のプログラム（表 11.2）が送られてきた。「長崎と原爆」については、話題の広がりを考えて「長崎と日本」に変えたそうだ。研修が終わったら、成果報告も兼ねてまた研究室に遊びに来るという。どんな話が聞けるのか楽しみだ。

表 11.1　テーマ学習の内容

テーマ1「長崎と日本」

Q. 長崎は日本の文化・産業の発展にどう貢献してきたのか

Ⅰ.【貿易の中心地】1570年の長崎開港から鎖国政策によって国内で唯一の貿易港となるまでの歴史

Ⅱ.【学問の中心地】蘭学研究が奨励され、全国からたくさんの学者や学者の卵が長崎にやってくるようになった時代の歴史

Ⅲ.【造船の町】日本の造船業と石炭業を支えた幕末・明治から原爆投下によって壊滅的な被害を受ける昭和初期までの歴史

テーマ2「長崎とキリスト教」

Q. 長崎にはなぜカトリックの教会が多いのか

Ⅰ.【キリスト教伝来】1549年のキリスト教の伝来から長崎が「東の小ローマ」と呼ばれるほどの国際都市に発展するまでの歴史

Ⅱ.【禁教の時代】信者の急激な増加によってキリスト教に対する警戒心が高まり、やがては多くの殉教者を出すに至るまでの歴史

Ⅲ.【信徒発見】大浦天主堂の建立をきっかけに潜伏キリシタンの存在が明るみとなり、明治6年にキリスト教の布教が認められるまでの歴史

テーマ3「長崎と中国」

Q. 華僑の人々は長崎の発展と繁栄にどのように関わってきたのか

Ⅰ.【江戸時代】唐人屋敷への移住を強いられながらも、最盛期には1万人もの中国人が暮らし、長崎の文化や伝統行事に影響を与えた時代の歴史

Ⅱ.【明治〜昭和初期】戦争によって日中関係が悪化するなか、それでも長崎で暮らし続け、ついには原爆投下という悲劇を体験した苦難の時代の歴史

Ⅲ.【戦後】日中国交回復を契機に失われかけていた華僑の伝統文化を復活させ、長崎市民として市とも協力しながら長崎の復興と発展に貢献した歴史

表11.2　研修のプログラム（詳細）

週	曜	午前		午後	
第1週	日	来日（宿舎へ移動）・夕方歓迎会			
	月	―	開校式	オリエンテーション	導入
	火	テーマ学習①	テーマ学習②	地域との交流（公民館訪問）	
	水	テーマ学習③	テーマ学習④	日本文化体験①：茶道	
	木	テーマ学習⑤	テーマ学習⑥	研修旅行オリエンテーション	（自由行動）
	金	研修旅行（雲仙・島原）			
	土				
第2週	日	（自由行動：休み）			
	月	まとめ①	郷土料理（調理・試食）		社会見学オリエンテーション
	火	社会見学①：造船所（終了後、長崎駅前で解散）		市内見学（自由行動）	
	水	社会見学②：名産品工場（終了後、長崎駅前で解散）		市内見学（自由行動）	
	木	まとめ②	発表準備	日本文化体験②：華道	
	金	発表準備	成果発表	修了式（終了後解散）	―
	土	帰国（空港へ移動）			

注

1 水谷・水谷 (1977)『An Introduction to Modern Japanese』(The Japan Times) の 18 課に準拠。

参考文献

< 和文 >

秋田喜代美（1989）「質問作りが説明文の理解に及ぼす効果」『教育心理学研究』36(4), 307-315, 日本教育心理学会.

生田淳一・丸野俊一（1999）「質問生成を中心にした対話型模擬授業セッションによる小学生の授業場面での質問行動の変容」『認知体験過程研究』7, 51-66, 認知・体験過程研究会.

生田淳一・丸野俊一（2005a）「質問作りを中心にした指導による児童の授業中の質問生成活動の変化」『日本教育工学会論文誌』29, 577-586, 日本教育工学会.

生田淳一・丸野俊一（2005b）「教室での学習者の質問生成に関する研究の展望」『九州大学心理学研究』6, 37-48, 九州大学大学院人間環境学研究科.

生田淳一・丸野俊一・加藤和生（2001）「大学生の授業中の発言スタイル(1) ─『質問を思いつくか、するか』という視点からの検討─」『日本教育心理学会総会発表論文集』43(0), 272, 日本教育心理学会.

池尻良平（2011）「歴史の因果関係を現代に応用する力を育成するカードゲーム教材のデザインと評価」『日本教育工学会論文誌』34(4), 375-386, 日本教育工学会.

池尻良平・山内祐平（2012）「歴史的思考力の分類と効果的な育成方法」『日本教育工学会第 28 回全国大会論文集』495-496, 日本教育工学会.

石井英真（2002）「『改訂版タキソノミー』によるブルーム・タキソノミーの再構築 ─知識と認知過程の二次元構成の検討を中心に─」『教育方法学研究』28, 47-58, 日本教育方法学会.

市川伸一（1993）「認知カウンセリングとは何か」市川伸一（編）『学習を支える認知カウンセリング ─心理学と教育の新たな接点─』9-33, ブレーン出版.

市川伸一（2008）『「教えて考えさせる授業」を創る ─基礎基本の定着・深化・活用を促す「習得型」授業設計─』図書文化社.

市川伸一（2010a）「教えて考えさせる授業の実践（5）『教えて考えさせる授業』を展望する」『指導と評価』56(12), 32-33, 図書文化社.

市川伸一（2010b）「認知心理学は教育実践にどう関わるか」市川伸一（編）『現代の認知心理学 5　発達と学習』310-332, 北大路書房.

市川伸一（2018）「基調講演　習得・活用・探究の学力を育てる ─小・中・高・大を見通した授業づくり─」『The journal of learner-centered higher education』7, 25-37, 創価大学学士課程教育機構.

市川伸一・南風原朝和・杉澤武俊・瀬尾美紀子・清河幸子・犬塚美輪・村山航・植阪友理・小林寛子・篠ヶ谷圭太（2009）「数学の学力・学習力診断テスト

COMPASS の開発」『認知科学』16(3), 333-347, 日本認知科学会.

市川伸一・堀野緑・久保信子（1998）「学習方法を支える学習観と学習動機」市川伸一（編）『認知カウンセリングから見た学習方法の相談と指導』186-203, ブレーン出版.

植阪友理（2010）「メタ認知・学習観・学習方略」市川伸一（編）『現代の認知心理学5　発達と学習』172-200, 北大路書房.

植阪友理・瀬尾美紀子・市川伸一（2006）「認知主義的・非認知主義的学習観尺度の作成」『日本心理学会第70回大会発表論文集』890, 日本心理学会.

牛島義友・坂本一郎・中野三郎・波多野完治・依田新（編）（1969）『教育心理学新辞典』金子書房.

牛田英子（2007）「ナショナル・スタンダーズの日本語教育への応用 ―国際関係大学院における日本語カリキュラムの開発―」『世界の日本語教育　日本語教育論集』17, 187-205, 国際交流基金日本語国際センター.

榎本安吾（1997）「学習者のレベル別によるタスクのタイプと相互交渉の量」『Proceedings of The 8th Conference on Second Language Research in Japan』8, 13-35, 国際大学大学院国際関係学研究科語学プログラム.

大島純・千代西尾祐司（2019）『主体的・対話的で深い学びに導く　学習科学ガイドブック』北大路書房.

岡崎眸（1994）「内容重視の日本語教育 ―大学の場合―」『東京外国語大学論集』49, 227-244, 東京外国語大学.

尾坂柚稀・山本博樹（2014）「大学生の質問行動を促進するための質問生成過程への介入 ―質問の型リストを用いた高次な質問の促進―」『日本教育心理学会第56回総会 発表論文集』792, 日本心理学会.

小野田亮介・篠ヶ谷圭太（2014）「リアクションペーパーの記述の質を高める働きかけ ―学生の記述に対する授業者応答の効果とその個人差の検討―」『教育心理学研究』62, 115-128, 日本教育心理学会.

小野田亮介・利根川明子・上淵寿（2011）「講義型授業において大学生はどのように意見を外化するか ―リアクション・ペーパーの記述内容の分析を通した検討―」『東京学芸大学紀要 総合教育科学系1』62, 293-303, 東京学芸大学学術情報委員会.

小山義徳（2012）「自己質問方略の効果と今後の課題」植阪友理・Emmanuel Manalo（編）『Working Paper Vol.1 August 2012 シンポジウム「学び方の上手な学習者を育てるために ―学習方略プロジェクトH23年度の研究成果―」』15-22, 東京大学大学院教育学研究科附属学校教育高度化センター.

小山義徳（2014）「質問方略の使用を促す授業実践の効果 ―自発的に問いを立てて学ぶ学習者の育成―」『日本教育心理学会　第56回総会　発表論文集』667,

日本教育心理学会.

小山義徳・E. Manalo（2013）「大学生の自己質問スキルの理解と支援」植阪友理・Emmanuel Manalo（編）『Working Paper Vol.2 August 2012 シンポジウム「心理学からみた効果的な学び方の理解と支援 ―学習方略プロジェクトH24年度の研究成果―」』15-22, 東京大学大学院教育学研究科附属学校教育高度化センター.

楠見孝（2011）「批判的思考とは ―市民リテラシーとジェネリックスキルの獲得―」楠見孝・子安増生・道田泰司（編）『批判的思考を育む ―学士力と社会人基礎力の基礎形成―』140-148, 有斐閣.

熊谷由理・深井美由紀（2009）「日本語学習における批判性・創造性の育成への試み ―『教科書書きかえ』プロジェクト―」『世界の日本語教育　日本語教育論集』19, 177-197, 国際交流基金日本語国際センター.

J. M. ケラー/ 鈴木克明（監訳）（2010）『学習意欲をデザインする ―ARCS モデルによるインストラクショナルデザイン―』北大路書房.

向後千春（2006）「大福帳は授業の何を変えたか」『日本教育工学会研究報告集』6, 23-30, 日本教育工学会.

駒井明（1987）『NAFL 日本語教師養成通信講座 6　読み方の教育』アルク.

駒井明（1995）「外国語教授法理論と経験的知識」阿部泰明・坂本正・曽我松男（編）『南山大学日本語教育・日本語学国際シンポジウム報告書: 南山大学日本研究センター（外国人留学生別科）設立二十周年記念南山大学外国語学研究科日本語教育専攻大学院開設記念』189-196, 南山大学外国語学部日本語学科合同研究室.

小山悟（2002）『J.BRIDGE to Intermediate Japanese』凡人社.

小山悟（2007）『J.BRIDGE for Beginners vol.1』凡人社.

小山悟（2008）『J.BRIDGE for Beginners vol.2』凡人社.

小山悟（2014）「中上級学習者を対象としたCBI の実践報告 ―「歴史」の授業における学習者の質問の変化―」『日本学刊』17, 69-85, 香港日本語教育研究会.

小山悟（2015a）「高校『日本史』教科書の語彙と文構造の分析 ―ワークシート作成のための目標言語調査―」『九州大学留学生センター紀要』23, 69-85, 九州大学留学生センター.

小山悟（2015b）『イラスト満載!　日本語教師のための活動アイディアブック』スリーエーネットワーク.

小山悟（2015c）「質問作成の活動は学部生の講義の聞き方に影響を与えたか? ―批判的思考力の育成を目指した日本語教授法の開発に向けて―」『日本学刊』18, 77-91, 香港日本語教育研究会.

小山悟（2016a）「少人数ゼミ『日本語教育入門』の実践報告」『基幹教育紀要』2,

137-148, 九州大学基幹教育院.

小山悟（2016b）「考える活動をベースにした授業の作り方 ―地域の日本語教室の実情に合った地域の日本語教室独自の教え方とは?―」言語教育の「商品化」と「消費」を考えるシンポジウム運営委員会（編）『言語教育の「商品化」と「消費」を考えるシンポジウム報告集　Kindle 版』.

小山悟（2017）「批判的思考を促す日本語の授業 ―母語話者対象の集中講義との比較―」『九州大学留学生センター紀要』25, 91-106, 九州大学留学生センター.

小山悟（2018）「歴史を題材としたCBIで学習者の批判的思考をどう促すか ―デザイン実験による指導法の開発―」『日本語教育』169, 78-92, 日本語教育学会.

小山悟（2019）「CBIは日本語の習得を促すのか ―学習内容と関連の深い語彙と文法の観点から―」『日本学刊』22, 65-79, 香港日本語教育研究会.

小山悟（2020）「講義後の話し合いは知識の転移を促し、批判的に講義を聞く態度を強化したのか」『九州大学留学生センター紀要』28, 33-48, 九州大学留学生センター.

小山悟（2021）「授業後の質問作成を通したアクティブラーニング ―留学生を対象とした実践とその改善―」道田泰司・小山義徳（編）『問い・質問・発問に関する実践と理論―主体的で探究的な学びの実現に向けて―』123-142, ひつじ書房.

近藤有美（2009）「メディア・リテラシー要素を取り入れた日本語教育の実践 ―日韓報道を比較して韓国人大学生は何を見つけたか―」『2009 年度日本語教育学会秋季大会予稿集』165-170, 日本語教育学会.

近藤有美・川崎加奈子（2015）「地方の伝統祭礼を通した総合日本語クラスの実践」『言語教育実践イマ×ココ』3, 74-82, ココ出版.

佐藤慎司・ロチャー松井恭子（2011）「『内容重視の批判的言語教育（CCBI）』の理論と実践 ―初級日本語の文字プロジェクト―」『Proceedings of 18th Princeton Japanese Pedagogy Forum』37-52, プリンストン大学.

篠ヶ谷圭太（2008）「予習が授業の理解に与える影響とそのプロセスの検討 ―学習観の個人差に注目して―」『教育心理学研究』56, 256-267, 日本教育心理学会.

篠ヶ谷圭太（2010）「高校英語における予習方略と授業内方略の関係 ―パス解析によるモデルの構築―」『教育心理学研究』58, 452-463, 日本教育心理学会.

篠ヶ谷圭太（2011）「学習を方向づける予習活動の検討 ―質問に対する回答作成と自信度評定に着目して―」『教育心理学研究』59, 355-366, 日本教育心理学会.

篠ヶ谷圭太（2012）「学習方略研究の展開と展望 ―学習フェイズの関連づけの視点から―」『教育心理学研究』60, 92-105, 日本教育心理学会.

徐芳芳（2015）「中国語を母語とする中級日本語学習者の文章理解に及ぼす説明予期の効果 ―読解前教示を操作した実験的検討―」『広島大学大学院教育学研究

科紀要．第二部,文化教育開発関連領域』64, 177-186, 広島大学大学院教育学研究科.

白畑知彦・若林茂則・村野井仁（2010）『詳説　第二言語習得研究 —理論から研究法まで—』研究社.

菅谷奈津恵（2002）「日本語学習者によるイク・クル、テイク・テクルの習得研究 —プロトタイプ理論の観点から—」『言語文化と日本語教育』23, 66-79, お茶の水女子大学日本言語文化学研究会.

鈴木克明・市川尚・根本淳子（2016）『インストラクショナルデザインの道具箱101』北大路書房.

鈴木克明・根本淳子（2012）「教室改善と研究実績の両立を目指して —デザイン研究論文を書こう—」『医療職の能力開発（日本医療教授システム学会論文誌）』2(1), 45-53, 日本医療教授システム学会.

瀬尾美紀子・植阪友理・市川伸一（2008）「学習方略とメタ認知」三宮真智子（編）『メタ認知—学習力を支える高次認知機能』55-73, 北大路書房.

関内隆・宇野忍・縄田朋樹・葛生政則・北原良夫・板橋孝幸（2007）「東北大学全学教育における授業実践・評価・改善サイクルの新たな取組 —『授業実践記録』作成と『ミニットペーパー』の活用—」『東北大学高等教育開発推進センター紀要』2, 197-210, 東北大学高等教育開発推進センター.

田中毎実（1997）「公開授業のめざしたもの」京都大学高等教育教授システム開発センター（編）『開かれた大学授業をめざして —京都大学公開実験授業の一年間—』玉川大学出版部.

田中一（1996）「質問書方式による講義 —会話型多人数講義—」『社会情報』6(1), 113-127, 札幌学院大学社会情報学部.

田中裕（2007）「質問書方式による考える力をつける教育実践」『神戸山手短期大学紀要』50, 35-49, 神戸山手短期大学.

田中裕（2008）「質問書方式による考える力をつける教育実践 2」『神戸山手短期大学紀要』51, 15-33, 神戸山手短期大学.

田中裕（2009）「質問書方式による考える力をつける教育実践 3」『神戸山手短期大学紀要』52, 63-80, 神戸山手短期大学.

田中真理（1999）『視点・ヴォイスに関する習得研究 —学習環境とcontextual variability を中心に—』（平成 8 年度〜平成 9 年度科学研究費補助金基盤研究（C）（2）研究成果報告書 課題番号 08680323）.

近松暢子（2008）「日本研究と言語教育の狭間で」畑佐由紀子（編）『外国語としての日本語教育 —多角的視野に基づく試み—』119-134, くろしお出版.

近松暢子（2009）「米国におけるコンテント・コミュニティーベース授業の試み —米国シカゴ日系人史—」『世界の日本語教育　日本語教育論集』19, 141-

156, 国際交流基金日本語国際センター.

近松暢子（2011）「ツールを超えた思考プロセスとしての日本語へ —コンテントベースにおける批判的・創造的思考活動の可能性—」『Journal CAJLE』12, 1-22, Canadian Association for Japanese Language Education.

中央教育審議会（2008）『学士課程教育の構築に向けて』.

中央教育審議会（2012）『新たな未来を築くための大学教育の質的転換に向けて』.

中村重穂（1991）「専門教官と日本語教官との協同による社会科学系留学生のための日本語教育」『日本語教育』74, 172-185, 日本語教育学会.

西谷まり（2001）「内容中心の日本語教育」『留学生教育』6, 19-33, 留学生教育学会.

日本語教育学会（編）（2005）『新版　日本語教育辞典』大修館書店.

羽多野結花・吉田弘道・岡田謙介（2015）「『教育心理学研究』におけるp値と効果量による解釈の違い」『教育心理学研究』63, 151-161, 日本教育心理学会.

バトラー後藤裕子（2011）『学習言語とは何か —教科学習に必要な言語能力—』三省堂.

比佐篤（2010）「大学の授業における講義質問票と主題記入票の活用」『関西大学高等教育研究 —創刊号』創刊号, 13-23, 関西大学教育開発支援センター.

フーゲンブーム智子（2011）「大学上級レベルでの内容重視授業の試み」『Proceedings of 18th Princeton Japanese Pedagogy Forum』127-136, プリンストン大学.

深尾百合子（1994）「工学系の専門読解教育における日本語教育の役割」『日本語教育』82, 1-12, 日本語教育学会.

藤岡典子（2015）「コンテントベース教授法における言語に焦点を当てたタスクの中での気づきの有効性」『南山大学外国人留学生別科創立40周年記念事業日本語・日本語教育研究大会論集』73-82, 南山大学国際教育センター.

伏見陽児・麻柄啓一（1993）『授業づくりの心理学』国土社.

米国学術研究推進会議 / 森敏昭・秋田喜代美（監訳）（2000）『授業を変える —認知心理学のさらなる挑戦—』北大路書房.

B. S. ブルーム・J. T. ヘスティングス・G. F. マドゥス / 梶田叡一・渋谷憲一・藤田恵璽（訳）（1973）『教育評価法ハンドブック —教科学習の形成的評価と総括的評価—』第一法規出版.

細川英雄（2004）『考えるための日本語』明石書店.

堀野緑・市川伸一（1997）「高校生の英語学習における学習動機と学習方略」『教育心理学研究』45, 140-147, 日本教育心理学会.

益川弘如（2012）「デザイン研究・デザイン実験の方法」清水康敬・中山実・向後千春（編）『教育工学研究の方法』177-198, ミネルヴァ書房.

松田文子（2000）「複合動詞の意味理解方略の実態と習得困難点」『言語文化と日本語教育』20, 52-65, お茶の水女子大学日本言語文化学研究会.

松田文子（2002）「日本語学習者による複合動詞『～こむ』の習得」『世界の日本語教育　日本語教育論集』12, 43-62, 国際交流基金日本語国際センター.

丸野俊一・生田淳一・堀憲一郎（2001）「目標の違いによってディスカッションの過程や内容がいかに異なるか」『九州大学心理学研究』2, 11-33, 九州大学大学院人間環境学研究科.

三木かおり・山内弘継（2005）「教室の目標構造の知覚、個人の達成目標志向、学習方略の関連性」『心理学研究』76(3), 260-268, 日本心理学会.

水谷修・水谷信子（1977）『An Introduction to Modern Japanese』The Japan Times.

水本篤・竹内理（2008）「研究論文における効果量の報告のために ―基礎的概念と注意点―」『英語教育研究』31, 57-66, 関西英語教育学会.

道田泰司（2001）「質問書方式における疑問の分類」『日本教育心理学会第 43 回大会発表論文集』166, 日本教育心理学会.

道田泰司（2005）「批判的思考から研究を考える」『日本化学会情報化学部会誌』23, 54-60, 日本化学会・情報科学部会.

道田泰司（2007）「問いのある教育」『琉球大学教育学部紀要』71, 105-117, 琉球大学教育学部.

道田泰司（2011a）「批判的思考の教育 ―何のための、どのような?―」楠見孝・子安増生・道田泰司（編）『批判的思考を育む ―学士力と社会人基礎力の基礎形成―』140-148, 有斐閣.

道田泰司（2011b）「授業においてさまざまな質問経験をすることが質問態度と質問力に及ぼす効果」『教育心理学研究』59, 193-205, 日本教育心理学会.

道田泰司（2013a）「批判的思考教育の展望」『教育心理学年報』52, 128-139, 日本教育心理学会.

道田泰司（2013b）「三つの問いから批判的思考力育成について考える」『日本化学会情報化学部会誌』23, 54-60, 日本化学会・情報科学部会.

道田泰司（2015）「話し合いによる質問作成の過程」『琉球大学教育学部紀要』86, 101-108, 琉球大学教育学部.

三宅なほみ・飯窪真也・杉山二季・齊藤萌木・小出和重（2017）『協調学習　授業デザインハンドブック　第 2 版 ―知識構成型ジグゾー法を用いた授業づくり―』東京大学CoREF.

三宅なほみ・白水始（2003）『学習科学とテクノロジ』放送大学教育振興会.

三宅芳雄・三宅なほみ（2014）『教育心理学概論』放送大学教育振興会.

向山陽子（2004）「意味重視の指導に文法説明を組み込むことの効果 ―連体修飾節

を対象として一」『第二言語としての日本語の習得研究』7, 100-120, 第二言語習得研究会.

村野井仁（2006）『第二言語習得研究から見た効果的な英語学習法・指導法』大修館書店.

村山航（2003）「テスト形式が学習方略に与える影響」『教育心理学研究』51, 1-12, 日本教育心理学会.

山内博之（2009）『プロフィシェンシーから見た日本語教育文法』ひつじ書房.

湯澤正通（2009）「自己質問作成による活用力の向上」吉田甫・エリック ディコルテ（編）『子供の論理を活かす授業づくり 一デザイン実験の教育実践心理学一』143-161, 北大路書房.

横田淳子（1993）「内容中心の日本語教育 一留学生の専門への橋渡し教育として一」『東京外国語大学留学生日本語教育センター論集』19, 43-60, 東京外国語大学留学生日本語教育センター.

横溝紳一郎（2000）『日本語教師のためのアクション・リサーチ』凡人社.

D. ロススタイン・L. サンタナ/ 吉田新一郎（訳）（2015）『たった一つを変えるだけ 一クラスも教師も自立する「質問づくり」一』新評論.

<英文>

Abrami, P. C., Bernard, R. M., Borokhovski, E., Wade, A., Surkes, M. A., Tamim R., & Zhang, D. (2008). Instructional interventions affecting critical thinking skills and dispositions: A stage 1 meta-analysis. *Review of Educational Research, 78*, 1102-1134.

Brinton, D. M., Snow, M. A., & Wesche, M. (2003). *Content-based Second Language Instruction.* The University of Michigan Press.

Brown, A. L. (1992). Designing experiments: Theoretical and methodological challenges in creating complex interventions in classroom settings, *The Journal of the Learning Sciences, 2*(2), 141-178.

Collins, A. (1992). Toward a design science of education. In E. Scanlon & T. O'Shea (Eds.), *New directions in educational technology* (pp.15-22). Springer-Verlag.

Doughty, C., & Williams, J. (1998). Pedagogical choices in focus on form. In C. Doughty & J. Williams (Eds.), *Focus on form in classroom second language acquisition* (pp.197-261). Cambridge University Press.

Ellis, R. (1995). Interpretation tasks for grammar teaching. *TESOL Quarterly, 29*(1), 87-105.

Jorden, E. H. & Chaplin, H. I. (1976). *Reading Japanese.* Yale University Press.

King, A. (1989). Effects of self-questioning training on college students' comprehension on lectures. *Contemporary Educational Psychology, 14*, 366-381.

King, A. (1991). Improving lecture comprehension: Effects of a metacognitive strategy. *Applied Cognitive Psychology, 5*, 331-346.

King, A. (1995). Inquiring minds really do want to know: Using questioning to teach critical thinking. *Teaching of Psychology, 22*, 13-17.

Krashen, S. D. (1982). *Principles and practice in second language acquisition.* Pergamon Press.

Krathwohl, D. R. (2002). A revision of Bloom's taxonomy: An overview. *Theory into Practice. 41*(4), 212-218.

Krueger, M. & Ryan, F. (1993). *Language and content: Discipline-and content-based approaches to language study.* D. C. Heath and Company.

Met, M. (1997). *Content-based Instruction: Defining Terms, Making Decisions* (NFLC Reports). The National Foreign Language Center.

Nation, P. (1990). *Teaching and learning vocabulary.* Heinle & Heinle.

Nation, P. (2001). *Learning vocabulary in another language.* CUP.

Pica, T. (1983). Adult acquisition of English as a second language under different conditions of exposure. *Language Learning, 33*(4), 465-497.

Pica, T., Kanagy, R., & Falodun, J. (1993). Choosing and using communication tasks for second language instruction and research. In C. Crookes, & S. Gass (Eds.), *Tasks and second language learning: Integrating theory and practice* (pp.9-34). Multilingual Matters.

Rosenshine, B., Meister, C., & Chapman, S. (1996). Teaching students to generate questions: a review of the intervention studies. *Review of Educational Research, 66*, 181-221.

Schmidt, R. W. (1990). The role of consciousness in second language learning. *Applied Linguistics, 11*(2), 129-158.

Swain, M. (1985). Communicative competence: Some roles of comprehensible input and comprehensible output in its development. In S. Gass & C. Madden (Eds.), *Input in second language acquisition* (pp.235-253). Newbury House.

VanPatten, B. (1996). *Input processing and grammar instruction in second language acquisition.* Ablex.

VanPatten, B. (2007). Input processing in adult second language acquisition. In B. VanPatten & J. Williams (eds.). *Theories in second language acquisition* (pp.115-135). Laurence Erlbaum.

Waring, R. (2006). Why extensive reading should be an indispensable part of all language programs. *The Language Teacher, 30*(7), 44-47.

小山　悟　(こやま　さとる)

九州大学留学生センター准教授

博士（日本語学・日本語教育学：名古屋外国語大学）。南山大学大学院
修士課程（日本語教育専攻）修了後、同大学外国人留学生別科非常勤講師、
九州大学留学生センター専任講師を経て現職。専門は日本語教育、第二
言語習得論。

イラスト／レイアウト・装丁デザイン：Creative0 株式会社

日本語 CBI シリーズ
コンテントベースのデザインレシピ
―学習者の批判的思考を促す日本語の授業―

2023 年 7 月 31 日　初版第 1 刷発行

著　　　者　小山 悟
発　　　行　株式会社 凡人社
　　　　　　〒102-0093　東京都千代田区平河町 1-3-13
　　　　　　電話 03-3263-3959
印刷・製本　倉敷印刷株式会社

ISBN 978-4-86746-013-9
©KOYAMA Satoru 2023 Printed in Japan